KB182110

장재의 철학

기(氣) 해석과 성리학적 개념 체계

정 용 환

景仁文化社

서 문

이 책은 성리학자였던 장재의 사상에 대해 현대인이 이해하고 사유할 수 있는 철학적 범주로 재해석하는데 중점을 두었다. 장재 텍스트에 대한 철학적 범주화와 재해석의 과정은 다양한 사이 세계에 의해 추동되었다. 장재와 고대 유학의 관계, 장재와 도가·불가의 관계, 장재와 주희·왕부지의 관계, 장재의 기와 원자의 비교, 성리학적 종법제와 현대 사회이론의 마찰 등 수 많은 시점과 관점의 차이는 재해석을 가능케 하는 긴장의 화약고와 같았다. 이러한 다양한 관점들의 사이를 왕래하면서 그 속에서 장재의 사상적 위치를 해석하였다.

처음 연구를 시작할 때만해도 장재의 철학이 기를 중시하므로 정주(程朱)의 이기론과 매우 다를 것이라고 막연하게 추측했다. 그러나 장재의 저작들을 읽어나가면서 그러한 추측이 빗나갔음을 알았다. 장재는 한 명의 유학자이자 성리학자일 뿐이며, 성리학이라는 거시적 틀에서 볼 때 장재의 기 철학과 정주의 이기론은 동일한 지평 위에 있다. 이전의 선입관이었던 '장재의 사상이 기 일원론임에 반해 정주의 사상이 이기 이론원이라는 분석틀'에 나는 매력을 상실하였다. 그보다는 장재가 중국 사상사에서 유행하던 기 관념을 어떻게 유가적 혹은 성리학적 틀로 재해석했느냐에 더 많은 관심을 두었다. 나의 관심뿐만 아니라 장재의 본래 관심도 도가와 불가를 비판하고 유가를 정당화하는데 있었다.

기에 대한 장재의 성리학적 재해석은 유가적 본체를 기 안에서 발굴한 데 그 특징이 있다. 즉 유가적 본체와 본성을 기 관념과 연계하여 해석한 것이다. 흔히 '기(氣)'라고 하면 한의사, 기공사, 양생술, 풍수지리 등을 떠올릴지 모르나 장재의 '기'라는 말은 존재 일반을 가리킨다. 장재는 기 철학을 통하여 신체적 건강이나 풍수지리를 논한 것이 아니라 성리학적 본성론을 존재론에 접목시켰다. 장재의 기는 중국 사상사에 보편적인 음기/양기의 물리적 상호 감응의 도식을 받아들이지만, 거기에서 나아가 기에 '태허'나 '천지지성'과 같은 성리학적 본체론을 도입하고 있다. 장재는 기 안에 성리학적 본체가 내재한다고 봄으로써 유가의 입장에서 본체－쓰임의 통일적 관계를 수립하였다.

서론에서는 선행연구들을 다루었다. 기 철학에 대한 유물론/유심론의 구분법에 의한 이해, 성리학적 이－기와 아리스토텔레스의 형상－질료의 비교, 유기체론에 의한 이해, 내재/초월 범주에 의한 이해 등을 평가하였다. 이 책에서는 선행연구들 중에서 유기체론과 내재/초월의 범주를 상당부분 수용하였다.

본론(제2장～제5장)에서는 장재 기 철학의 중국 사상사적 위치, 존재론, 수양론, 사회철학 등의 분야를 차례로 논의하였다. 제2장의 「장재 기 철학의 중국 사상사적 위치」에서는 불가와 도가에 대한 비판과, 후대 성리학자였던 주희와 왕부지의 평가를 다루었다. 장재는 불가와 도가를 불합리한 것이라고 비판하면서 유가를 참된 것으로서 계승하였다. 장재가 파악하는 불교의 허무주의, 유식설, 윤회설 등과, 도가의 비사회성, 이기주의 등에 대해서 서술함으로써 이단(異端)에 대한 장재의 태도를 확인하였다. 다음으로 장재의 기에 대한 주희와 왕부지의 해석을 다루었다. 주희는 기가 이(理)의 조정 아래 생성 소멸되는 것으로 보면서 장재의 기 순환론을 비판하였고, 형이상자(形而上者)와 형이하자(形而下者)의 문제를 기 개념만으로 설명하는 것에 의문을 표하였다. 즉 주희는 장재가 이(理)를 명시적으로 드러내지 못한 것에 불만을 느꼈다. 한편 왕부지는 주희의 이기론에 근본적으로 동의하면서도 '기'가 생멸한다는 주희의 견해를 비판하면서 장재의 기 순환론을 다시 옹호하였다. 주희의 논의는 장재의 기 철학에 함축되어 있는 이(理)적인 지평을 명료화하였고, 왕부지는 장재의 기(氣)적인 지평을 풍부하게 하였다.

제3장은 존재론 분야이다. 장재의 기 철학이 성리학적 본체를 취할지라도 음기/양기의 도식은 도가와 유가에 보편화된 일반적 구조였다. 중국 사상사에 일반화되었던 음기/양기의 구도를 데모크리토스의 원자론과 비교함으로써 그 차이를 일별할 수 있다. 장재의 기는 세계의 구성요소라는 점에서 기계적 원자론이 쉽게 연상될지 모르지만 원자론과는 다르게 전체론적 시각을 전제한다. 즉 장재의 기 철학은 혼연적 개체(holistic particular)를 상정함으로써 원자적 개체(atomic particular)를 상정하는 원자론과 구별된다. 오히려 음기/양기의 통일성은 그레이엄(A. C. Graham)의 상관적 사고(correlative thinking)로서 더 잘 분석될 수 있다. 신탬(syntagm)과 패러다임(paradigm)이라는 구조주의적 도식은 음기/양기의 특성을 잘 기술할 수 있다. 또한 장재의 기는 혼연성과 상관성에서 나아가 본체론적 구조를 취하고 있다. 장재의 '태허(太虛)'와 '신(神)' 등의 개념은 물질과 정신을 통일하는 존재론적 본체이다. 장재는 노불에서도 공히 일반화되어 있던 '태허'와 '신' 개념을 매개로 성리학적 본체론을 구성하기 시작하였다. 장재가 존재론에서 취하고 있는 본체의 구도는 심성론에서도 일관되게 유지되며, 오히려 심성론으로 넘어가면 성리학적 본체가 더욱 분명해진다. 장재는 심성을 천지지성(天地之性)과 기질지성(氣質之性)으로 분류함으로써 성리학적 본체를 확실하게 천명하였다. 이러한 장재의 심성론은 유가의 이념을 성리학적으로 재해석한 것이고, 나중에 주희의 이기론으로 집대성되었다.

제4장은 수양론 분야이다. 장재는 천지지성이라는 성리학적 본체

를 구축함으로써 성인이 되는 학문(聖學)을 추구하였다. 장재는 '본성－기질수양－무위적 실천'이라는 과정을 통하여 공자와 같은 성인이 되고자 하였다. 수양의 대체는 내재하는 천지지성을 자각하여 기질이 거기에 익숙해지도록 하는 것이다. 기질 수양의 유위적 노력을 통하여 궁극에는 마음대로 하여도 법도에 어긋나지 않는 무위(無爲)적 실천의 경지에 도달한다. 성인이 도달한 무위적 경지란 아무 일도 하지 않고 무위도식하는 방임이 아니라, 높은 가치를 능숙하게 실현할 수 있는 경지이다. 인숙(仁熟), 의리(義利), 예악(禮樂), 문질(文質), 독서(讀書) 등의 조목이 성인되기의 구체적 과정이다. 수양론의 이러한 조목들은 장재 자신의 삶이 구체적으로 어떠했는지 떠올리기에 충분할 것이다.

제5장은 사회철학 분야로 장재의 혈연적 환원론에 대해 비판적으로 고찰하였다. 장재의 사회 구성론은 혈연에 근거한 가족주의적 친근감에 근거한다. 장재의 기 사상은 우주 전체를 하나의 가족처럼 유비하면서 가족주의 윤리를 사회 혹은 우주에까지 적용한다. 그러나 유비 논리에 근거한 가족주의 윤리로 인간의 사회성을 설명하는 데는 약점이 있다. 가족주의적 유비논리는 비혈연적 사회관계를 의사(擬似) 혈연관계로 환원함으로써 자아와 타자 사이의 원초적 낯설음이 본래 없었다는 듯이 가정한다. 모든 이웃에 대해 아버지, 어머니, 형님, 동생 등의 관계로 은유적으로 압축함으로써 이방인으로서의 타자란 없었다는 듯이 가정한다. 은유적 압축을 통하여 우주 안의 모든 존재는 건(乾)과 곤(坤)으로 귀속됨으로써 친근하고 익숙한 하나의 가족이 된다. 이러한 우주 가족이란 다분히 낯설음의 창조적 흥미를 앗아가고 만다. 유가에서는 자기가족처럼 타인을 대하는 것을 가장 좋은 대우라고 생각하지만, 정말 그러할까? 자기 자식도 때로는 낯선 대상, 혹은 이웃집 아이처럼 키워야 좋을 때가 있다. 사회관계는 혈연적 환원론에 의해서만 지배되어서는 안 되고, 서로 간의

낯설음에 대해 협의하고 교류할 수 있는 새로운 연대의 방식을 터득해야 할 것이다.

이 책은 나의 박사학위논문을 부분적으로 수정한 것이다. 많은 가르침을 주셨던 지도교수인 한형조 선생님께 깊이 감사드린다. 한국학중앙연구원에서 공부하는 동안 동서양의 사유에 대하여 진지하게 강의해주셨던 여러 선생님들, 열기를 뿜으며 강독과 대화를 함께 나누었던 선후배들과 동료들의 개발에 감사드린다. 끝으로 이 책의 출판을 선뜻 맡아준 경인문화사에 감사드린다.

<차 례>

제 1 장

◈

서　론

우리는 '기(氣)'라는 말을 익숙하게 사용하는 문화권에 살면서도 그 개념을 엄밀하게 정의하여 이해하고 있지 않다. 기 개념은 유교의 이기론과 도교의 양생술 등에서 널리 사용되었지만 19세기말 근대화 이후 반성적 의식의 저편으로 사라지고 있다. 한의학, 풍수지리설, 명리학, 종교의 교리 등에서 부분적으로 나름의 체계를 가지고 있는가 하면, '분위기', '기분', '양기', '음기', '기가 세다' 등처럼 현대의 일상 언어에서도 기를 어원으로 하는 낱말이 다수이지만, 학문적 토론을 거쳐 일반 대중에게 정확한 지식을 제공하려는 노력은 미미하다. 학문적 반성이 지속적으로 수반되지 않은 채 '기'라는 낱말이 계속 사용되는 것은 우리 언어 체계의 혼란함과 박약함을 보여주는 것이며, 그것은 결국 반성적 사고를 통해 '기' 개념을 명료하게 하여 그 가치를 평가하기를 요청한다.

일상 언어에서 기를 어원으로 하는 낱말들을 사용할 때 얼마나 정확한 의미체계를 가지고 있는지 살펴보자. '전기(電氣, electricity)'와 같은 낱말은 현대 물리학의 이론체계를 표현하기 위하여 사용된 경우로 음전기와 양전기에 의한 의미체계가 분명하게 있다. '기상(氣象)', '기후(氣候)' 등의 경우도 현대 기상학의 이론체계를 학습함에 따라 저기압과 고기압 등의 개념을 획득한다. 한편 '그 사람은 기질(氣質)이 맑다.'는 문장에서 '기질'이라는 낱말은 몸이 건강하다는 것인지, 지능이 높다는 것인지, 감수성이 있다는 것인지, 양심이 바르다는 것인지 그 의미론적 지평이 명확하지 않다. '심기(心氣)가 불편하다.'에서 '심기'라는 낱말 역시 정신적 상태를 가리키는지, 육체적 상태를 가리키는지, 심신이 결합된 상태라고 한다면 어떻게 결합된 것인지 의미론적 지평을 가늠하기 쉽지 않다.

'기질'이나 '심기' 등의 의미론적 지평은 전통 성리학 사상으로 거슬러 올라간다. 따라서 현대의 '전기'와 다른 의미체계를 가진 성리학적 기 개념을 이해하기 위해서는 우리에게 익숙지 않은 어색한 대지에 첫발을 내딛어야 한다. 전통 성리학의 서두를 열었던 장재의 기 개념을 이해함으로써 현대인에게 낯선 세계관을 접하게 될 것이다. 장재의 기 철학은 성리학의 태동기에 유가 이념을 정당화하기 위한 해석학적 모험이었다. 장재의 기 철학은 유가 사상에 근거하여 '기질'이나 '심기'와 관련된 존재론, 인식론, 수양론의 체계를 구성하였으며, 조선시대에는 그러한 성리학적 세계관이 광범위하게 일반화되었다. 장재의 사상에 내재한 기(氣)의 의미 체계를 탐구함으로써 유가사상에 기초하여 기 관념을 어떻게 재해석하였고, 당시 사회에 대해 어떤 유가적 대안을 제시했는지 알 수 있을 것이다.

제1절 유가적 기 담론의 형성

'기'라는 말은 존재 일반을 가리키는 광의적 개념이다. 기 개념을 설명하는 음기/양기의 구도 역시 중국 사상사에서 통시적으로 수용되어 왔다.[1] 유가, 도가, 법가 등을 막론하고 음기/양기를 일반적 도식으로서 전제하고 있었다. 음기/양기의 구도에서 보자면 유가 사상이 도가나 법가와 다를 것이 없겠으나, 음기/양기의 심층에 이치라는 범주를 옹립한다는 점에서 사상사적 독특성을 갖는다. 중국 사상사에서 일반적으로 음기/양기의 구도는 단순히 물리적, 생리적, 본능적 전개 과정을 의미하는 반면, 유가 사상은 그 심층에 본성으로서 도덕적 이치를 내장시킨다. 유가의 본성론적 입장에 의하면 인간은 물리적, 생리적, 본능적 삶 이상의 도덕적 본성을 가지고 있다. 유가 사상은 도덕적 본성을 무시하고서 물리적 삶에서 존재의 의미를 찾으려는 타 사상을 비판함으로써 자기정체성을 찾는다. 장재의 기 철학 역시 본성론에 근거하여 도가, 불가 등의 입장을 비판하는 유가적 담론을 전개하였다.

장재에 의한 성리학적 기 담론 이전에는 음양오행에 근거한 천인

1) 기(氣) 개념의 중국 사상사적 전개를 연구한 학자로는 장립문(張立文)을 들 수 있다. 그의 연구에 의하면 기의 유래는 기상 현상에서 찾을 수 있다. 『說文解字』에 의하면 기는 안개 또는 운기(雲氣)이다. 즉 상형적인 지각물이다. 『左傳』에도 '六氣'를 '陰陽風雨晦明'이라고 말하면서 기상 현상과 관련시킨다. 기가 애초에는 기상에서 유래하였으나 점차 운동의 근저를 구성하는 '정기(精氣)'의 개념을 구성한 것으로 보인다. 정기란 정미한 물질, 숨결, 혈기 등을 가리킨다. 『管子』는 여러 학파의 기에 관한 논의나 사상을 회통하여 정기라고 규정하였다. 다음으로는 원기(元氣)를 들 수 있다. 원기란 만물을 생성하는 근원적인 기이다. 『易緯』「乾鑿度」에 보면 太易 → 太初 → 太始 → 太素 등의 순서로 사물의 생성을 말한다. 기타 왕충(王充), 장형(張衡) 왕부(王符) 등의 원기론(元氣論)도 있다. 도가의 양생술에서는 원기도인(元氣導引)의 방법으로 무병장수하려고 하였다(張立文 주편, 김교빈 (외) 번역, 1992, 『氣의 철학』 상, 예문지, 32～87쪽). 한편 장재의 기(氣)는 정기(精氣)와 원기(元氣) 등과 같은 중국 전래의 개념에 유가의 도덕적 이념을 결합하였다는 데서 특성을 찾을 수 있다. 즉 기상현상, 생명현상 등 물리적 운동과 관련되어 있던 기(氣)를 성리학적 지평에서 규범적으로 이해하려는 데 장재 사상의 특징이 있다.

감응설이나 도가의 관조적 태도가 기 담론의 주류를 이루고 있었다. 천인감응설에 근거한 『황제내경』과 동중서의 『춘추번로』 등이 널리 보편화된 기 담론들이다. 또한 추연은 흙(土), 나무(木), 쇠(金), 불(火), 물(水)의 순서로 오행이 상극하는 순서에 따라서 왕조가 교체된다는 오덕종시설(五德終始說)을 주장했다. 천인감응설과 오덕종시설에 따르면 천지를 대우주로 보고 사람을 소우주로 보면서 삶이 대우주의 운행 법칙에 일치해야 인간과 사회의 건강을 확보할 수 있다. 그러나 천인감응설이 극단화되면 정치에서는 점성술사나 예언가의 언설이 횡행하고, 양생술에서는 진시황제가 불로초를 구하였듯이 불로불사의 신선이 되려는 신비적 수련법이 등장한다.

한편 도가의 관조적 태도는 자연적 기의 변화에 삶을 맡기는 것을 최고로 친다. 그래서 장자(莊子)는 자신의 처가 죽자 두 다리를 뻗대고 항아리를 두드리며 노래를 불렀다. 당시 장자의 논적이었던 혜시가 너무 심한 처사가 아니냐고 따지자 장자는 관조의 철학으로 응수하였다. "사람의 시초를 살피면 본래 태어남이 없다네. 태어남이 없을 뿐만 아니라 본래 형체가 없다네. 형체가 없을 뿐만 아니라 본래 기(氣)가 없다네. 까닭 모를 황홀한 사이에 섞여서 변화하여 기가 생겼고, 기가 변화하여 형체가 생겼고, 형체가 변화하여 태어나게 되었다네. 이제 다시 변화하여 죽음으로 가니, 이것이 바로 서로 짝을 이루어 봄 여름 가을 겨울이라는 네 계절이 흘러가는 것과 같다네."[2] 라고 장자는 말하였다. 장자는 자연스레 흘러가는 물리적 변화를 담담하게 수용하고 관조함으로써 평정심을 구하려고 하였다.

장재가 보기에 천인감응설에 근거한 신비주의적 술사류와 노장의 물리적 변화에 대한 관조적 냉엄함은 기에 깃든 형이상자를 모르는

---

2) 『莊子』「至樂」. "是其始死也, 我獨何能无概然! 察其始而本无生, 非徒无生也而本无形, 非徒无形也而本无氣. 雜乎芒芴之間, 變而有氣, 氣變而有形, 形變而有生, 今又變而之死, 是相與爲春秋冬夏四時行也"

처사였다. 장재는 물리적이고 생리적인 욕구보다 더 중요한 차원의 욕구가 기 속에 내재한다고 믿었다. 그것은 다름 아니라 나중에 주희에 의해서 일반화된 이기(理氣)론에서의 이치(理)이다. 기 속에는 이치가, 형이하자에는 형이상자가, 기질지성 안에는 천지지성이, 현상 속에는 본체가, 기물(器) 속에는 도리(道)가 깃들어 있다는 것이다. 장재의 기 철학적 담론은 양생술사, 도가, 불가 등의 물리적이고 생리적인 기 개념을 유가적 가치론에 의해서 재해석한 것이다. 장재의 유가적 기 해석 이후 성리학에서는 얼마나 오래도록 부귀하게 살았느냐에 연연치 않고, 이치와 본성을 얼마나 실현했느냐에 의해서 삶의 가치판단을 내렸다.

장재의 기 철학적 노불 비판의 연원은 맹자로 거슬러 올라간다. 맹자는 생리적 본능을 본성이라고 주장하는 고자가 인간의 본성을 제대로 알지 못했다고 비판하면서 대안으로서 성선설을 주장하였다. 맹자에 의하면 생리적 욕구보다 고차원의 도덕적 본성이 사람에게 내재한다. 맹자의 존재해석은 생리적 욕구를 추구하는 소체(小體)와 도덕적 본성을 추구하는 대체(大體)의 구분을 만들어낸다. 맹자의 소체/대체의 구분은 공자가 소인/군자의 대비로써 사람을 도덕적으로 재단했던 것을 계승하여 생리적 본능/도덕적 본성 간의 대비를 사용하였다. 맹자의 이러한 구분법에 따를 경우 인간의 욕망 역시 '본능적 욕구'와 '당위적 욕구'로 나뉜다. 맹자는 '당위적 욕구'를 '可欲'이라고 표현하였다. 생리적 본능이 삶의 최고의 가치가 아니듯이 욕구 자체도 최고의 가치가 아니다. 맹자 사상에 의하면 최고의 가치는 당위적 욕구이며, 사람은 본성적으로 마땅히 욕구해야 할 것과 욕구하지 말아야 할 것의 차이를 지각할 수 있다.

공자의 소인/군자, 맹자의 소체/대체의 구분은 송대 성리학자에게도 사람을 판단하는 기준으로서 수용되었다. 특히 맹자의 생리적 욕구/도덕적 본성의 구분법은 장재의 기질지성/천지지성의 구도로 그대로 계승되었다. 장재를 포함하여 성리학은 기질지성을 배제하지 않는다는 점에서 생리적 본능을 삶의 가치로서 인정한다. 그러나 기질지성 자체를 최고의 가치로 보지 않고 궁극적으로 그 안에 내재하는 천지지성으로서의 본성을 추구하는데 성리학의 제일 목표가 있다. 이러한 점에서 성리학의 기 관념은 기계적 원자론이나 양생술과 출발점이 다르다. 성리학에서의 '기'라는 말은 궁극적으로 '이치(理)'를 지향하고 있으며 장재도 예외가 아니다. 장재의 기 철학은 물리법칙이나 생리법칙을 포괄하면서도 가장 궁극적인 존재의 의미를 찾으려는 형이상학적 시도이다. 환언하자면 장재의 기 철학은 유가사상의 핵심인 인의예지(4덕)의 본성적 가치를 존재론적으로 정당화하려는 노력이다. 기에 대한 장재의 재해석은 이론적으로는 성리학적 본성론을 논증하였고, 사회현상적으로는 유가적 가족주의에 근거한 공동체를 활성화시켰다. 장재는 양생술의 개인적 보양, 선불교의 좌선, 노장류의 관조적 태도 등을 비판하면서 가족적 친화감에 근거하여 의장전(義莊田), 족보편찬, 묘제, 예법 등의 제도화에 이론적 토대를 마련하였다.

따라서 장재의 기 철학은 기본적으로 성리학적 이기론 구도에 의해서 파악할 수 있다. 장재의 기 철학은 성리학적 '이치'와 '본성'을 강화시키기 위한 창의적 해석의 시도이며, 노장과 양생술사와 운명론자 등에 의해서 지배되어 왔던 기 담론을 유가 사상적 담론으로 전환시키기 위한 시도이다.

제2절 선행연구 분석

장재의 기 철학과 관련한 선행연구의 접근법으로는 유물론/유심론에 의한 구분, 성리학적 이(理)・기(氣)와 아리스토텔레스의 형상・

질료를 비교하는 시각, 유기체론적 접근법, 현상/초월에 의한 분석 등을 들 수 있다.

첫째 유물론/유심론의 이분법에 의해서 장재의 기 철학을 설명하려는 태도를 들 수 있다. 유물론/유심론의 구분은 근현대 중국의 사회주의 체제의 옹호와 함께 급속하게 유포된 것으로 장재의 기 철학이 유물주의적 관점에 관심이 있었음에도 불구하고 궁극적으로는 관념론적 신비주의로 귀착되고 말았다고 비판한다. 이러한 비판은 장재 기 철학의 성리학적 맥락과 역사적 상황을 무시한 것이어서 적실하다고 할 수 없지만 장재 기 철학의 성리학적 관념성을 잘 지적하고 있다. 표면적으로 보면 장재의 기가 물질 현상만을 설명하는 것으로 보일 수 있지만, 궁극적으로는 성리학적 천리(天理)를 지향하고 있으며 당시의 도가와 불가에 대한 사회비판 이론으로서 기능하고 있다. 또한 장재의 기는 유물론적 경향과 더불어 유심론적 경향을, 현상(條理)과 더불어 천리를, 유기체와 더불어 이념적 규범을 동시에 지니고 있다. 따라서 유물/유심, 조리/천리 등에 의한 이분법적 양자택일의 태도를 지양하고 오히려 양 측면을 포섭할 때라야 장재 기의 중층성을 해석할 수 있을 것이다.

둘째 성리학적 이-기를 아리스토텔레스의 형상-질료에 등치시키려는 시도를 들 수 있다. 이-기와 형상-질료의 비교는 아리스토텔레스의 사상과 성리학 사상을 엄밀하게 설명하는 좋은 연구 방법이기는 하지만, 단순하게 양자를 병치시킬 때는 맥락이 다른 범주들을 동일시하는 오류를 범할 위험이 크다. 성리학의 이-기는 성선설에 근거하여 이치(理)를 본체로 삼아 통해 수양론을 전개한다. 따라서 성리학적 이-기 구도는 아리스토텔레스의 형상-질료에 곧바로 등치할 수 없는 유가 사상의 독특한 범주이다.

셋째 유기체론에 의거하여 성리학적 기를 파악하는 경우를 들 수 있다. 유기체론적 시각에 의하면 기 관념은 우주를 한 덩어리의 유기적 전체로 본다. 뿐만 아니라 인간도 거대한 하나의 유기체 속에 속해 있는 부분으로 파악된다. 음기/양기의 상관적 도식에 의해서 우주 안의 존재들은 공동적인 상관자로서 하나의 덩어리로 짜여 있다. 그러나 이러한 유기체론적 분석은 성리학적 기 관념만이 아니라 도가와 법가를 포함하여 중국 사상사 일반에 적용될 수 있는 보편적 개념이다. 따라서 그러한 분석은 장재 기 철학의 성리학적 특수성을 밝히는 데까지 이르지는 못했다. 장재의 기 개념을 밝히기 위해서는 성리학적 기 관념의 특수성을 밝힐 수 있는 새로운 분석 범주가 필요하다.

넷째 현상/초월의 범주에 의한 분석을 들 수 있다. 이 구분법은 장재 기 철학의 성리학적 특수성을 설명하는데 유효하다. 장재의 기는 현상적 측면에서는 생리적이고 물리적인 욕구를 가리키지만 그 안에는 초월적 본성이 내재되어 있다. 장재가 기질지성 안에 천지지성이 내재한다고 말한 것처럼 현상은 단순히 물리적 영역에 머물지 않고 초월적 본성과 연관되어 있다. 현상/초월의 범주는 성리학적 기 개념에 내재하는 유가적 이념을 설명하는데 적실하다고 판단된다. 장재의 기 철학 역시 현상적이고 물리적인 기 개념에 초월적이고 본성적인 유가의 기획을 담아내려는 시도이다.

이 책에서는 선행 연구 중에서 유기체론적 접근법과 현상/초월의 구분법을 수용하였다. 유기체론적 접근법에 의해서는 장재 기 철학의 중국사상사와 공통되는 일반성을 설명할 수 있고, 현상/초월의 구분에 의해서는 장재 기 철학의 성리학적 기획이 무엇인지 설명할 수 있다. 그러면 각각의 선행연구들을 구체적으로 살펴보자.

1. 유물론과 유심론

장재의 기 철학에 들어 있는 성리학적 규범성을 심층적으로 탐구하기 위해서는 철학적 해석의 틀 역시 동반해야 하는데, 뜻밖에도 장재의 기 철학에서 규범성을 시사 받을 수 있는 발단을 유물론과 유심론의 구분에서 볼 수 있다. 장재의 사상을 유물론과 유심론의 혼합으로 이해하는 후외려(候外廬)의 관점을 다음과 같이 요약해 볼 수 있다.

> 장재는 유물주의적 우주관으로 어떻게 유심주의 이학사상체계를 정립하였을까? 장재는 자연과학에 관심이 지대했지만 결국 유가경전에서 본체론적 토대를 구했다. 따라서 본체론에는 억측과 유심주의 내용이 들어 있다. 신(神), 천성(天性), 천리(天理) 등이 물질성과 규범성을 동시에 가진다. 이 두 가지 범주에 근본적 공존의 틀을 부여함으로써 근본적 상호모순을 상정하지 않았다. 장재 이학의 최종 목표는 인간이 어떻게 하면 봉건사회 속에서 한 몸이 편안하는데, 주어진 삶을 누리면서 도덕수양을 강화하는데, 현실에 만족하며 봉건도덕의 의무를 지켜나가는데, 그리고 이를 빌어 사회계급의 질서를 안정시키고 통치제도를 강화하는데 있다. 천지를 음양, 강유, 인의로 해석한 것은 자연의 도덕화이다.[3)]

---

3) 후외려, 박완식 번역, 1993, 『송명이학사』, 이론과 실천, 126～128쪽을 요약. 또한 장재의 철학을 관념론적 신비주의로 보는 견해로 북경대 철학과 연구실의 경향을 꼽을 수 있다. “기는 하나의 통일체이고 그것은 두 부분을 포함하며 이 두 부분은 상호작용하고 상호대립하면서도 하나의 실체에서 통일된다. 대립면의 상호작용이 곧 변화와 운동의 근원이고 대립면이 통일체로 합하여지는 것을 셋이라고 한다. 대립면의 투쟁과 상호전화를 주장함에도 불구하고 투쟁의 결과가 조화로 귀착된다고 생각하여 결국 형이상학적 조화론이라는 신비주의로 빠져들었다.” 중국 북경대 철학과 연구실, 홍원식 번역, 1997, 『중국철학사 3』 송・명・청 편, 자작아카데미, 75～79쪽.

이러한 관점은 중국 공산주의 치하에서의 유물론과 관념론의 대립 구도에 맞추어 장재의 사상을 재단한다. 유물론적 진보사관을 바탕으로 장재의 사상을 아직 덜 성숙한 것으로 다룬다. 장재가 기(氣)를 강조하였으므로 유물론적 측면에서 해석하면서도, 유가의 도덕과 윤리를 그대로 계승하였으므로 유심론적 경향이 혼합된 것으로 해석한다. 유심론적 경향에 대해서는 신비주의 혹은 미신적 경향을 가진 것으로 여긴다. 이러한 구도는 세계를 정신과 물질로 양분하여 놓고 거기에 합당하지 않는 부분을 이론적 부정합이라고 비판하고 있다. 이것은 일종의 프로크루스테스(procrustes)의 침대라고 할 수 있으며, 장재의 사상 자체를 보여주기에는 지나친 이분법에 의지하고 있다. 유물론과 유심론에 의한 이분법적 재단은 장재의 사상적 발원지라고 할 수 있는 유가 사상의 틀 내부로 들어가지 않았을 뿐만 아니라, 불교가 성행했던 장재 사상의 시대적 맥락도 충분히 고려하지 않았다. 과거의 사상을 지나치게 현재적 구미에 따라 대입하기보다, 최대한 과거 그대로의 것에 접근하려는 실증주의적 거리두기를 통하여 오히려 옛 것의 예스러움을 더 잘 직시할 수 있을 것이다.

비록 유물론과 유심론의 구분이 극단적이기는 하지만 여전히 장재의 기 철학을 논의하는 단초를 주는 측면도 있다. 유물론과 유심론의 구분을 옛 공산체제의 유물사관에 따라 극단적으로 사용하지 않는다면, 즉 유물론만이 사실에 부합하며 유심론을 터무니없는 미신으로서 일도양단하는 극단적 재단을 동반하지 않는다면, 유물론과 유심론의 구도는 장재 기 철학의 존재론과 수양론에 대한 실마리를 제공할 수 있다. 유물론이 존재를 관념이 아닌 구체적 실재라는 측면에 주목하듯이, 장재의 기 역시 현재에 출석하고 있으며 부재에서는 어떤 존재론적 의미도 창출해 낼 수 없음을 알려준다. 장재에 의하면 부재라는 것은 전혀 논의의 대상조차 될 수 없으며 오직 현존하는 것만이 의미를 발출할 수 있다. 그는 “없는 것은 없다.”라는 유명한 명제를 선언한다. 따라서 기(氣)는 현존하는 것이며 모든 존재론적 의미가 출발하는 토대이다. 장재의 기질지성에서 기의 일차적 의미로서의 현존 개념을 찾을 수 있다. 장재는 기질지성을 통해서 식욕이나 색욕과 같은 인간의 감각적 욕구를 규정한다. 인간은 음기/양기의 상관적 취산에 따라 감각적 욕구로서 현재에 출석하고 있다.[4] 이와 같이 장재의 기 철학은 기가 현재에 출석하고 있다는 측면에 착안함으로써 감각적 활동에 의한 존재증명을 시도한다.

또 다른 장재의 유물론적 경향은 초월적 창조자(God)와 불멸의 영혼을 부정하는데서 찾을 수 있다. 장재는 우주가 음기/양기의 자연스러운 운동에 의해 변화해가는 과정이라고 파악하면서, 어떤 초월자가 의도적으로 만든 것이라고 생각하지 않는다. 장재는 『易』 텍스트의 변화 개념을 신봉하면서 존재의 변화 과정에 주목한다. 그에 의하면 우주 안의 모든 존재는 실재하는 기가 반응을 일으키면서 변화해 가는 과정에서만 이해될 수 있다. 그 이상의 무로부터의 창조는 결코 성립되지 않는다. 기의 변화라는 측면에서 본다면 사후에 영혼이 존속한다는 종교적 믿음도 성립할 수 없다. 장재는 불교의 윤회설과 죽지 않으려는 양생술 등을 기의 변화에 자연스럽지 못한 것이라고 비판하였다. 그는 생노병사의 변화 과정은 기가 모이고 흩어지는 자연스러운 물리적 운동이므로 수용해야 마땅하다고 생각하였다. 기의 반응과 변화에 한정하여 세계를 파악하는 장재의 태도는 분명 유물론적 경향을 지닌다.

한편 장재는 유물론적 현존(presence) 개념에만 머물지 않고, 후외려가 유심론적 경향으로 지적하였던 신(神), 천성(天性), 천리(天理) 등 유심론적 규범성의 측면에서 기(氣)의 본질을 파헤치고 있다. 인간은 음기/양기의 상관적 감응에 따라서 감각적 욕구를 지닌 현존이기도 하지만 기의 심층부에는 감각적 욕구 이상의 의미를 더불어 구

---

4) 장재 기(氣)의 존재론적 상관성은 이 책의 존재론에서 다루고 있다.

비하고 있다. 이렇게 본다면 인간이란 감각적 혹은 생리적으로 반응하는 소체(小體)로서의 기질지성 안에 이념적 대체(大體)로서의 천지지성이 내재한다.

그렇다면 유물론과 유심론의 구별에서처럼 이러한 천지지성으로서의 이념이 봉건시대의 관념적 도덕 이데올로기에 불과한 것일까? 형이상자로서의 천지지성이 유물사관에서 파악하는 억압의 이데올로기를 위해 고안되었던 것은 아니다. 장재는 천지지성이야말로 기질지성 이상으로 실존의 자연스러운 특성이라고 생각하였다. 천지지성은 본성이라는 측면에서는 이념적이지만 기질 안에 내재한다는 점에서 현실적이다. 왜냐하면 천지지성이란 현실 이탈적이기보다 맹자의 양지처럼 현실적 맥락에서 고차원의 존재 의미를 알리는 계기이기 때문이다. 장재가 보기에 삶이란 물리적 반응을 넘어서 마음에 내재한 본성을 발휘해야 한다. 장재에게는 인간의 본능적 감정이 자연스럽듯이 본성 역시 자연스럽게 발출되어야 할 것이었다. 가을에 지는 낙엽 하나하나가 단순한 물질 덩어리일 수도 있으나 송대 시인 구양수(歐陽修, 1007～1072)에게는 말년의 소삽(蕭颯)한 슬픔으로 공감되었듯이, 맹자에게는 우물에 빠지는 아이를 보고서 출척(怵惕)한 마음이 들었듯이, 장재의 기(氣) 역시 마음에 내재한 본성을 발휘함으로써 존재의 이념을 현실에 드러낸다. 천지지성은 마음에 내재하면서 끊임없이 삶의 메시지를 던지는 계시와 같은 것이다. 마음의 이러한 측면을 이해할 때 장재의 기(氣)가 물리적 본능을 넘어서 마음 속 본성의 자각으로 들어감을 알 수 있다.

2. 이-기와 형상-질료

성리학의 이－기를 아리스토텔레스의 형상－질료에 등치할 수 있는 지, 만약 등치할 수 없다면 왜 그러한 지를 짚어보고자 한다. 성리학의 이(理)－기(氣)를 아리스토텔레스의 형상－질료에 비교하려는 충동은, 양자 사이의 동이(同異) 여부를 떠나서 자연스러운 것이다. 언뜻 보기에 성리학의 이－기와 아리스토텔레스의 형상－질료는 유사해 보이기 때문이다. 이러한 연구의 관건은 성리학의 이(理)를 아리스토텔레스의 형상에, 기(氣)를 질료에 등치시킬 수 있느냐가 관건이다. 동서양의 여러 연구자가 이－기와 형상－질료의 관계성에 대해서 연구하였지만 현재의 대체적인 판정은 양자의 개념이 서로 일치하지 않는다고 보는 쪽이 우세하다. 따라서 이－기를 형상－질료로 등치시키는 것은 지나친 것이다. 양자의 비교를 통하여 과연 이－기의 어떤 독특성이 있어서 형상－질료와 등치되지 않은 지를 알 수 있다.

풍우란(馮友蘭)은 그의 중국철학사를 기술하면서 "기(氣)는 질료이고, 이(理)는 형상이다",[5] 혹은 "이(理)는 그리스 철학에서 형상이라고 불리는 것과 유사하고, 기는 질료라고 불리는 것과 유사하다."라고[6] 설명하였다. 카순 창(Carsun Chang) 역시 기와 질료가 공간(capacity)을 차지하고, 또한 이－기는 질료－형상과 같이 불가분의 관계에 있다는 점에서 유사하다고 파악한다.[7]

그러나 이들의 연구는 양자를 차분히 분석하기보다는 피상적으로 병치시키고 있다. 성리학적 이기론은 이(理)를 형상(form)에 기(氣)를 질료(matter)에 등치시켜 해석할 수 없는 내용적 간극이 있다. 니이담

---

5) Fung Yu-lan, tr. Derk Bodde, 1953, *History of Chinese Philosophy*, vol. 2, Princeton University Press, p.482.

6) 앞의 책, 507쪽.

7) Carsun Chang, 1958, *The Development of Neo-Confucian Thought*, Vision Press, pp.255～256. 참고로 배종호의 논의도 풍우란이나 카순 창과 동일한 관점을 취하고 있다. 배종호, 『韓國儒學의 哲學的 展開』, 연세대출판부, 1985, 14～15쪽.

(Joseph Needham)과 해톤(Russell Hatton)의 연구는 양자가 불일치하다는 것을 밝히는 대표적인 사례이다.[8] 형상－질료적 사유에서는 어떠한 형상이 질료를 조직했느냐에 따라서 개체의 본질(essence)이 서로 다르지만 이기적 사유에서는 원래부터 세계는 동일한 일리(一理)로 구성되어 있기 때문에 모든 개체의 본질은 영원히 달라질 수 없다.

---

8) Joseph Needham, 1991, Science and Civilisation in China, vol. 2, Cambridge University Press, pp.475~476. 니이담에 의하면 형상은 개별 유기체에게 통일성을 부여하고 목적을 주는 개별화(individuation)의 지표라는 점에서 이(理)와 같지만 다음의 이유 때문에 서로 등치시킬 수 없다.

1. 몸의 형상은 영혼(soul)이지만 이(理)는 영혼처럼 생기를 지니고 있지 않다.
2. 형상은 사물에 실체성을 부여하지만 기(氣)가 이(理)에 의해서 존재하는 것은 아니다.
3. 이(理)는 기(氣)에 논리적으로 선행할 뿐, 기(氣)가 이(理)에 의존하지 않는다.
4. 형상은 사물의 본질(essence) 혹은 근원적 실체(primary substance)이지만, 이(理)는 기(氣)의 실체(substance)도 아니고 형상(form)도 아니다.
5. (형상－질료의 관계처럼) 이(理)가 기(氣)보다 현실적인(real) 것은 아니다.
6. 질료는 잠재적 형상이지만, 기(氣)가 잠재적 이(理)인 것은 아니다.
7. '形而上'의 해석: '形而上'은 'mataphysics'를 의미하지 않고, 자연 세계의 모든 곳에 존재하는 보이지 않는 조직화의 장(invisible organising field)이다.
8. 순수 형상(pure form)과 순수 현실성(pure actuality)은 신(God)이지만, 이(理)와 기(氣)에는 주재(主宰)가 없다.

이(理)와 기(氣)를 형상과 질료가 서로 다른 개념이라는 것을 세세하게 연구한 또 다른 학자로는 해톤(Russell Hatton)을 들 수 있다. 그는 아리스토텔레스의 스콜라적 해석자인 수아레즈(Francis Suarez)의 형상－질료 이론과 성리학의 이기 관계의 동이를 분석하였다. 아울러 그는 니이담의 논의가 형상(form)에 대한 이해가 불충분하다고 지적한다. Russell Hatton, "ch'i and prime matter", *Philosophy East and West* 32. no.2(April, 1982), pp.159~175, University of Hawaii Press. Russell Hatton, 1982, "A Comparison of *li* and Substantial Form", *Journal of Chinese Philosophy* 9, Dialogue Publishing Company, Honolulu, Hawaii.

지시와 정의의 문제와 관련하여서도 형상－질료적 사유에서는 형상에 따라 존재의 본질이 정의(definition)되고 질료적 측면에서 지목될 수 있다.[9] 형상－질료적 사유에서는 존재물의 형상이 서로 다를 경우 그 본질을 정확히 분리하여 정의할 수 있지만, 이기적 사유에서는 모든 존재가 동일한 이(理)를 가지게 되므로 존재들의 차이는 기(氣)가 청탁한 정도와 강도에 따른다.[10]

형상－질료적 사유의 중요한 특징은 유와 종차에 따른 존재의 구조적 특성 즉 존재의 본질을 명석판명하게 구별하여 정의내리고 분류하는 데 있다. 형상－질료적 사유에 따른다면 유사성(similarity)에 의한 유개념과 차이성(dissimilarity)에 의한 종차에 따라서 사물의 본질을 정의한다.[11] 예를 들어 형상적 정의에 따른다면 "사람은 생각하는 동물"이라고 할 수 있는데, 이 문장에서 '동물'이라는 것은 사람과 다른 동물을 하나로 일반화하는 유개념이고, '생각한다'는 것은 사람과 다른 동물과의 종차를 규정하는 종개념이다. 반면 이기적 사유에서는 이(理)에 종차를 설정하지 않는다. 이기론에서 이(理)는 전체성, 통일성, 완전성의 측면에서 정의되고, 기(氣)는 청탁과 강유의 제약자로서 기능한다. 성리학의 중요한 사상 가운데 하나인 이일분수(理一分殊)의 일리(一理)와 분수리(分殊理)의 관계에서도 분수리는 통일적 일리와 그 본질상 동일하다. 영원불변적 본체인 이(理)에서 성리학의 본체를 이해할 수 있다. 맹자의 성선설(性善說) 역시 이러한 본체론을 확연히 가지고 있으며 나중에 성리학의 이기론적 본체

---

9) Aristotle, tr. W. D. Ross, *Metahpysics*, Random House, pp.794～795.

10) 조선조 성리학의 인물성(人物性) 동이(同異) 논쟁에서 인성과 물성의 동론을 주장했던 이간(李柬)과 이론을 주장했던 한원진(韓元震)은 애초부터 판연하게 정의내리기 힘든 정도와 강도의 문제를 가지고 논쟁하였다.

11) Russell Hatton, 1982, "A Comparison of li and Substantial Form", *Journal of Chinese Philosophy* 9, Dialogue Publishing Company, Honolulu, Hawaii, pp.60～62.

론으로 전개되었다.

가치론적 관점에서 볼 때 아리스토텔레스의 형상적 사유에서는 저급의 형상과 고급의 형상 사이에 가치적 차이가 있지만 성리학에서 말하는 이(理)에는 가치론적 고하가 없다. 또한 성리학의 이일분수(理一分殊)와 이통기국(理通氣局)에서는 이(理)의 완전성이 기품(氣稟)에 의하여 제한되므로 기(氣)는 이(理)를 실현하기 위한 수양의 과정이 요구된다. 여기에서 기품의 구애된 바를 초극해 가는 과정이 형상적 자기 초월의 과정과 유사해 보이지만, 그것은 기품의 정련화일 뿐 이(理)들 사이에 가치론적 고하가 없다는 점에서 이기론과 형상－질료의 이론은 구조적으로 다르다.

발생론적 측면에서 볼 때 유가는 일반적으로 우주의 시초를 묻지 않는다. 유가는 기독교적 전통에서의 창조자, 아리스토텔레스의 부동의 원동자와 같은 근원적 창조자를 상정하지 않는다. 아리스토텔레스의 형상－질료의 관계에서 볼 때 우주 안의 모든 존재는 불완전하기 때문에 자신보다 더 높은 차원의 형상을 추구지만 오직 신만은 완전한 형상을 가지고 있으므로 다른 모든 존재의 제일 원인이자 부동의 원동자이다.[12] 우주의 목적론적 정점에 신이 위치하여 다른 존재들이 갈망하는 대상이 된다. 이러한 아리스토텔레스의 형상－질료 이론은 형상, 기체(질료), 결여로 구성되어 있으며 질료가 형상을 수용함으로써 또는 형상에 관여함으로써 존재할 수 있다.[13] 아리스토텔레스는 자연의 전체 계획을 이해하려면 저급의 형태들이 고급의

12) Aristotle, tr. W. D. Ross, *Metahpysics*, Random House, p.693.
13) 앞의 책, 701～702쪽. 플라톤의 이데아에 현상이 관여하는 것과 동일한 구조이다. 아리스토텔레스는 플라톤과 달리 형상이 질료 속으로 내려온다는 점에서 다르다. 따라서 어떤 종류에 대하여 플라톤은 이데아가 하나이지만 아리스토텔레스에게는 다수일 수 있다. 예를 들어 플라톤에게 책상의 이데아는 오직 하나만 존재하지만 아리스토텔레스에게는 책상은 설계자의 실천에 의해 다수가 존재할 수 있다.

형태들의 빛 속에서 이해되어야 한다고 확신하였다.[14] 모든 현상적 존재는 근원적 창조자 혹은 목적론적 정점을 끊임없이 갈구하면서 더 완전한 형상에 접근하고자 투쟁할 것이다.

더 완전한 형상을 획득하기 위해서는 이성적 사유를 통해 더 완전한 질서와 구조에 접근해야 한다. 이러한 형상적 통일성은 마치 헤겔의 변증법적 과정처럼 자기부정을 포함하지 않고서는 실현될 수 없다. 모든 존재는 자신의 본성에 가장 잘 맞는 형상을 실현하면서 동시에 자기를 넘어서는 더 높은 질서를 위하여 봉사하지 않으면 안된다. 그 중에서 신은 전체의 통일자이자 완전한 것이며, 다른 개별적 존재들은 부분이며 불완전한 것들이다. 완전한 것은 순수 긍정태이며 불완전한 부분들은 전체에 대해서 항상 결핍된 요소를 포함하고 있다. 근원적인 것과 부차적인 것, 완전한 것과 결핍된 것의 차이에 의해 하위의 형상이 상위의 형상에게 변증법적으로 봉사하면서 거기에서 자기초월이 일어난다. 다만 형상의 본질상 오직 신만이 자기부정을 포함하지 않고, 여타의 모든 것은 자기부정의 과정을 자기내부에 지니지 않을 수 없다. 아리스토텔레스의 형상－질료적 사고에 따르면 개별적 존재들은 우주의 통일적 질서를 깨닫고 실현하기 위하여 끊임없이 진화해 가야 한다. 수직적 진화과정을 통하여 더 높은 단계의 질서를 자각하게 될 것이다. 이처럼 형상－질료적 사고는 존재론적 구조에 의미론적 위계구조를 결합하여 세계를 해석한다.

형상－질료적 사유와 이기적 사유의 유사성이 개체의 자기 변화과정에 있다고 한다면, 가장 다른 점은 형상－질료적 사유에서는 낮은 형상이 높은 형상의 질료가 되지만 이기적 사유에서는 어떤 이(理)가 다른 이(理)의 질료가 되지 않는다는 데 있다. 형상－질료적 사유에서 고급의 형상은 저급의 형상을 포섭하고 저급의 형상은 고급의 형상에 통일되는 관계이다.[15] 가령 '오동나무'라는 식물은 수

---

14) 에른스트 캇시러, 최명관 역, 1988, 『인간이란 무엇인가』, 서광사, 40쪽.

분, 햇볕, 공기 등을 질료로 하는 형상이지만, 그 '오동나무'가 악기를 만드는 장인에게 가면 '거문고'라는 다른 차원의 형상을 구현하기 위한 '목재'로서 질료 혹은 수단이 된다. 그러나 이(理)에는 고하의 차이가 없으므로 하나의 이(理)가 다른 이(理)를 위한 수단이 될 수 없다. 즉 이(理)에서는 더 높은 수준의 질서를 위하여 자기초월 해야 하는 저급의 이(理)는 상정되지 않는다. 이(理)는 형상적 사유에서의 최고의 형상인 신과 같이 완전하며, 영원불변하므로 변증법적 자기부정을 일으키지 않는다. 주희는 이(理)의 이러한 특성을 감정이 없고, 조작이 없고, 계산이 없고, 막힘이 없는 깨끗한 세계라고 표현하였다.[16)]

존재물의 본성이라고 할 수 있는 이(理)는 기의 강도와 청탁에 따라서 제약될 뿐이다. 그래서 주희는 이와 기의 관계를 거울에 비치는 빛, 물에 비치는 빛, 그릇에 담긴 물, 구름이나 안개에 가려진 해와 달, 재에 덮인 불씨, 흐린 물에 잠긴 구슬, 물 위에 뜬 달 등 여러 비유로써 설명하였다.[17)] 이와 기는 현실적으로 결합되어 있어 분리될 수 없는 불상리(不相離)의 관계이지만[18)] 이념적으로는 서로 확연하게 구분되는 불상잡(不相雜)의 관계이다.[19)] 정주학파가 주창한 '성

---

15) 여기에서 '초월'의 의미는 저급의 형상이 고급의 형상으로 내용적 비약을 한다는 측면에서 사용하였다. 또한 아리스토텔레스 논리학의 유개념과 종차에 의한 정의에서도 형상적 비약과 유사한 면을 찾을 수 있다. 포섭함과 포섭됨의 관계를 통해서 종개념은 유개념으로 비약한다.

16) 『朱子語類』 1:13. "蓋氣則能凝結造作, 理卻無情意, 無計度, 無造作. 只此氣凝聚處, 理便在其中. 且如天地間人物草木禽獸, 其生也, 莫不有種, 定不會無種子白地生出一箇物事, 這箇都是氣. 若理, 則只是箇淨潔空闊底世界, 無形跡, 他卻不會造作. 氣則能醞釀凝聚生物也. 但有此氣, 則理便在其中"

17) 한형조, 1996, 『주희에서 정약용으로』, 세계사, 107쪽. 같은 책, 101～120쪽을 보면 이(理)와 기(氣)를 결합과 갈등의 관계로 해석하고 있다.

18) 『朱子語類』 4:44. "天命之性, 若無氣質, 亦無安頓處 …"

19) 성리학의 이기(理氣) 관계를 불상리(不相離)와 불상잡(不相雜)의 불일이

즉리(性卽理)'의 학설에 따른다면 이(理)는 모든 존재의 본성에 내재하기 때문에 만물은 이미 이(理)의 메시지를 본래부터 알고 있다. 그러나 이(理)는 언제나 완전할지라도 기의 청탁(淸濁)에 따라서 밝게 드러나거나 흐려져 본연의 모습이 드러나지 못할 수 있다. 모든 개체 사이의 차이는 기질이 얼마나 청탁하느냐의 차이에 불과하다. 즉 이(理)에서 본다면 모든 인간은 본질적으로 동일하며 기질의 수양에 따라 차이를 야기한다.[20] 예를 들어 형상-질료적 사유에서는 X가 전혀 다른 본질인 Y로 변화해 갈 수 있지만[21] 이기적 사유에서는 형상적 변화에 착안하지 않고 X가 x나 *X*로 즉 동일한 구조에서 기질이 강화되거나 약화된 모습으로 변화하는 것에 착안하였다. 영어와 한글처럼 전혀 다른 구조의 차이가 아닌 개인의 필력이나 필치의 차이와도 유사하다.[22]

불이(不一而不二)적 측면에서 현상학적으로 해석하고 있는 연구로는 다음의 글을 참조할 수 있다.
김형효, 1995,「율곡적 사유의 이중성과 현상학적 비전」『율곡의 사상과 그 현대적 의미』, 한국정신문화연구원.

20) 이(理)에서 본다면 인간은 동물이나 식물 등 여타의 개체와 동일한 우주의 목적 혹은 이치를 본성으로 부여받았다. 다만 기(氣)의 가린 바에 의해서 인간과 동물은 현실적 이치로서의 본성을 구현하는 등급이 다르다.

21) 아리스토텔레스적 사유에서는 변화를 실질적(substantial) 변화와 우연적(accidental) 변화로 나눈다. 실질적 변화란 풀이 소의 살로 되는 구조상의 변화이고 우연적 변화란 뚱뚱이가 홀쭉이로 되는 부수적 변화를 말한다. Russell Hatton, "ch'i and prime matter", *Philosophy East and West* 32. no.2(April, 1982), pp.160~162, University of Hawaii Press.

22) 붓글씨를 쓸 때 초보자와 숙련자가 같은 글자를 쓰지만 양자의 작품이 커다랗게 차이나는 것과 같다. 그레이엄(A. C. Graham)과 홀(David Hall)은 이와 같은 특성을 미학적 사유라고 일컫는다. 이들은 중국의 사유를 추상적, 분석적, 인과적 사유와는 다른 상관적(correlative), 공명적, 미학적 사유로 규정하고 있다. *Thingking through Confucius*와 *Ancipating China*를 참조.

이제까지 논의한 것처럼 아리스토텔레스의 형상－질료적 사유와 성리학의 이기적 사유는 등치시킬 수 없는 개념이다. 그 주된 이유를 정리하면 아래와 같다

1) 형상－질료적 사유에서는 구조적 차이에 주목하여 유와 종차로서 존재의 형상(substantial form)을 규정하지만 이기적 사유에서는 기(氣)의 청탁강유(淸濁剛柔)한 정도에 따라 존재의 차이를 판정한다.
2) 형상(form)에는 완전한 형상인 신과 불완전한 형상인 많은 개체형상이 있지만 성리학의 이(理)는 다른 이(理)를 위한 수단이나 질료로서 사용될 수 없고 오직 완전한 이(理)만 존재한다.
3) 저급 형상이 고급 형상의 질서에 참여하기 위해서는 변증법적 비약 혹은 자기초월적 기능이 요구되지만 성리학의 이(理)는 그대로 완전하고 변화가 없는 영원한 본체이다.
4) 질료는 형상을 실현하는 소재이지만 기(氣)는 이(理)를 담는 그릇이면서도 이(理)와 갈등할 수 있는 관계이다.

이러한 정리로부터 형이상자로서의 이(理)에 대해서 구현(embodiment)의 특성을 엿볼 수 있다. 이(理)는 형상처럼 저급에서 고급으로 형태변화를 하지 않지만 기(氣)를 통해서 이(理)의 계시를 얼마나 현실에 구현하느냐의 정도에 따라 기에 의존적이다. 이(理)의 메시지는 신(God)의 세계를 향하여 자기초월을 하기보다는 기(氣)를 통하여 감각적 현실에 실현되는 정도에 따라 그 공과가 평가된다. 유가의 모범인 요순(堯舜)처럼 천리(天理)를 현실에 구현하느냐 아니면 걸주(桀紂)처럼 감각적 욕구만 충족되고서 천리(天理)가 현실에 구현되지 못하느냐에 따라서 삶을 평가한다. 성리학적 이기론에 따른다면 누구나 동일한 이(理)를 마음에 품부 받고 있겠지만 형이상자로서의 본성

이 현실에 구현되지 않는다면 그것은 결국 본성의 메시지를 잃고 기(氣)의 말단으로서 존재하게 될 것이다. 장재를 포함한 성리학자가 파악하는 인간이란 감각적 욕구의 충족으로서의 삶을 넘어 본성의 메시지를 현실에 구현하며 살아야 하는 존재이다.

3. 유기체론

장재 기 철학에 내재하는 형이상자적 본성의 차원으로 들어가기 전에 물리적 차원의 기(氣)가 어떤 내용을 담고 있는지 짚어볼 필요가 있다. 장재의 사상에서 물리적 상태의 기(氣)는 단순히 독립적인 원자로서의 물질 상태라기보다 음기/양기의 상관적 감응을 기본원리로서 상정한다.[23] 음기/양기의 상관적 감응의 구도에 따라서 천체에서는 일월성신(日月星辰)이 운행하고, 땅에서는 춘하추동(春夏秋冬)과 동식물의 생장수장(生長收藏)의 변화가 일어나고, 인간에게는 부부의 애정이 발생한다. 이렇게 볼 때 형이하자적 측면에서의 물리적 기의 영역에는 음기/양기의 감응에 따라 발생하는 생리적 성장, 감각적 욕구 등이 다 포함된다. 장재는 이와 같은 물리적 영역에서의 기를 형이하자 혹은 기질지성이라는 개념으로서 정립하였다.

장재가 형이하자로 설정한 음기/양기의 반응은 유기체론에 의해서 잘 해석될 수 있다. 유가의 존재론적 상관성과 유기체적 혼연론(holism)에 대해서 연구한 학자로는 그레이엄(A. C. Graham), 청충잉(Cheng Chung-ying), 로즈몽(Henry Rosemont), 엠즈(Roger T. Ames) 등을 들 수 있다.[24] 이들의 특징은 공자부터 신유학에 이르기까지 유가 일

---

23) 장재 기(氣)의 상관적 특성과 데모크리토스적인 원자론과의 대비는 이 책의 존재론을 참고할 것.

24) 나는 장재의 기 철학을 해석할 때 존재론적인 측면에서 그레이엄의 상관적 사고를, 사회학적 측면에서 로즈몽의 전체론적 역할 윤리 등에서

반의 공통성에 주목함으로써, 유가의 내부적 차이점을 세세하게 따지기보다 거시적인 틀에서 유가의 특성을 지적한다. 이들은 유가의 주요 특성으로 존재론적 전체성, 역할 윤리, 유기체적 사고 등을 거론하면서, 서구 근대의 원자론적 과학관과 개인주의적 사회 윤리의 약점을 지적한다. 이러한 태도는 불필요한 세부 논쟁을 지양하고 거시적 틀에 근거하여 접근한다는 측면에서 유가 사상의 유기체적 저변을 일반화하는 데 장점이 있다.

청충잉은 유가의 형이상학적 세계관을 근대 과학의 인과론과 대별하면서 유기체적 세계관으로서 설명한다. 그는 근대 과학의 주관/객관의 이분법을 부정할 뿐만 아니라 서구 기독교의 조물자/피조물 등의 등식도 부정한다. 유가의 세계는 신(God)과 같은 외재적 원인에 의해서 피조 되었다기보다 세계 안에 내적 생명운동을 지닌 자발적 유기체로서 균형을 이루고 있다. 우주 안의 모든 구성 요소는 원래부터 혼연한 일체(holistic unity)여서 서로가 불가분의 통합된 질서 속에서 자발적으로 생동하는 가족과 같은 것이다.

세계관(청충잉)

(1) 근대 과학의 인과론: 원자론, 주객의 분리, 외재적 원인으로서 신, 추상적 정의.

(2) 유가의 세계관

혼연론(a principle of holistic unity) ― 우주는 전체적으로 통합되어 있고 상호 관련적인 하나의 가족이다. 유가는 전체 세계에 대한 통합된 질서를 이해하려고 노력한다. 개체 A와 B는 그 자체로 이해되지 않고 전체의 질서 속에서 이해된다.

내적 생명운동(the principle of internal life-movement) ― 개체의 본성은 신과 같은 외적 원인이 부재하며 자발적으로 생동하는 유기체이다. 개인의 수양은 천지의 법칙에 조화되는 과정이다. 개인은 도(道)의 창조적 작업에 참여한다.

시사받았다.

> 유기적 균형(the principle of organic balance) – 모든 변화와 생성은 조화를 향하여 운동한다. 그러한 생성은 외재적 원인이 아니라 궁극적 실재에게서 나오며 생성의 과정과 결과가 이미 결정되어 있지 않다. 모든 개체는 조화로운 패턴이나 질서를 내재적으로 인식한다.25)

위에서 청충잉이 제시한 유가의 유기체론이 근대과학의 인과론과 다른 점은 전체, 통합, 공감, 조화 등의 개념을 중시한다는 점이다. 가령 한의학에서 사람의 특정 부위가 아플 때 오장육부의 전체적 운행 과정과 조화를 점검하는 것이 그러한 경우이다. 반면 근대 과학은 책임 소재와 원인을 세부적으로 찾아들어간다. 암에 걸린 환자는 암세포를 절제한다. 암의 실체를 찾아서 그 원인을 제거하는 것이다. 유가의 전체론적 혼연론은 근대 과학의 인과론에 대한 대안이기보다 보충적 역할을 한다. 즉 근대 과학에서 소홀히 하기 쉬운 전체적 원인을 균형 있게 고려할 수 있도록 자극할 수 있다. 반대로 전체론이 부분적 원인을 무시하면서 모든 것을 독차지하려고 한다면 반대급부의 심각한 문제를 야기할 것이다. 부분적 원인을 무시하고서 전체의 균형만을 생각하는 것은 개별자를 너무나 무의미한 맹목자로 만든다. 예를들어 우연히 목에 걸린 가시는 가시만 빼면 되는 것이지 오장육부의 운기와는 전혀 관련이 없을 것이다. 이처럼 전체론적 경향은 전체를 고려하는 장점도 있지만 책임소재를 무화시킬 단점도 농후하다. 궁극적으로 부분과 전체, 혹은 실체와 유기체는 상호보충적인 관계이지 모순적인 관계는 아니라는 점을 지적해두고 싶다.

로즈몽은 사회적인 측면에서 유가의 인간형을 역할 소유형으로 설명한다. 유가의 역할 소유형 인간은 가정에서는 가장, 정치적으로는 신하, 부부관계에서는 남편 등과 같이 자신이 소속한 집단의 맥락에 따라서 개인의 역할이 정해진다. 누구를 대면하느냐 어떤 장소

---

25) Cheng Chung-ying, 1991, *New Dimensions of Confucian and Neo-Confucian Philosophy*, SUNY, pp.88～105.

에 있느냐에 따라서 타인과 공명하는 방식이 달라진다. 이 점에서 인간은 불변의 실체로서 정위되기보다 관계 양식에 따라서 상호보충적으로 삶을 영위하는 존재이다. 한편 현대의 권리 소유형 인간은 무슨 권리를 얼마만큼 소유하였느냐에 따라서 규정된다. 법에서 규정한 개인의 권리와 의무 등에 따라서 인간은 모두가 법 앞에 동등한 자격을 부여받는다. 현대의 권리 소유형은 개인주의 사회를 위한 선택이라고 한다면 유가의 역할 소유형은 유기체적 사회를 위한 선택이다.

사회에서 요청되는 인간형(로즈몽)

서구의 권리 소유형: 개인은 성, 피부색, 나이, 인종, 능력, 시간, 장소와 상관없는 기본적 권리를 갖는다. 즉 모든 사람은 인간의 고유한 권리를 보편적으로 갖고 있다. 보편적 도덕 권리, 생존권, 자유권, 소유권, 안전권 등이 그것이다. 권리 소유형 언어는 자유, 자율, 개인, 유용성, 원리, 합리성, 행위, 객관, 주관, 선택, 딜레마, 의무, 권리 등과 같은 규정적 언어를 사용한다. 개인은 집단의 구성원으로서 법 앞에 평등하고, 동등한 기회를 부여받으며, 신의 자식들이다.

유가의 역할 소유형: 사회적 관계와 타인과의 공명을 중요시한다. 그러므로 상호보충적, 세속적 삶을 추구한다. 개인은 저마다 독특하고 유일한 존재로서 실체화 할 수 없는 예술작품과 같은 것이다. 개인은 양적으로는 서로 비교할 수 있지만 질적으로는 서로 공통된 것이 없다. 인간 공동체에서 그러한 개인은 사회적 환경에 비추어 맥락적으로 정의된다. 이러한 개념에 근거한 독특한 개인은 미학적인 관계적 용어로써 표현된다.[26)]

---

26) Henry Rosemont, Jr., 1991, "Right-Bearing Individuals and Role-Bearing Persons", *Rules, Rituals and Responsibility*(ed. Mary I. Bockover), Open Court. Roger T. Ames, 1991, "Reflections on the Confucian Self: A Response to Fingarette", Rules, *Rituals and Responsibility*(ed. Mary I. Bockover), Open Court.
또한 Andrew Nathan은 중국인의 권리 개념을 다음과 같이 정리한다.
1) 상위집단에게 승인받는다.
2) 집단별로 다양하다.

로즈몽의 구분법에는 약간의 제한이 필요하다. 로즈몽의 권리 소유형과 역할 소유형의 구분법은 복수로도 선택 가능한 것이며 양자택일적 관계는 아니다. 만약 유가적 역할 소유형과 현대 서양의 권리 소유형을 양자택일적인 시각으로 비교한다면 이것은 지나친 적용이다. 유가 사상이 이미 천 년 이상 먹은 고대의 사상일 뿐만 아니라 유가의 역할 소유형적 특징이 현대 개인주의 사회의 대안도 아니다. 오히려 현대의 권리 소유형적 현상의 강화는 공적 제도의 보편화와도 관련이 깊다. 고대에는 공권력이 향촌의 개인에게 잘 미치지 못하고 향촌이나 가문의 관습에 의해서 개인의 역할을 습득하였다면, 현대에는 공적 영역에 속하는 법, 제도, 규약 등의 영향력이 훨씬 강력하게 보편화 되어 있다. 현대 민주주의에서는 형식과 절차상 공권력의 형성에 모든 개인이 참여함으로써 공공성의 보편화를 촉진한다. 또한 역할 소유형적 특징이 고대 사회보다 약화되었다고 할지라도 여전히 현대인의 일상생활에서 기능하고 있다는 점이다. 다만 일상의 역할 윤리가 공공의 법이나 제도와 충돌할 때 후자에 우선적 규정권이 있을 뿐이다. 역사적으로 보았을 때도 역할 소유형은 유가 사상에만 한정되지 않고 편재되어 있었던 개념이다. 유가 사상의 종법 제도에 군주/신하/백성 등의 역할이 존재했듯이 서양의 중세 봉건제도에도 영주/신하/농노 등의 역할분담이 있었다. 따라서 로즈몽의 연구는 유가 대 현대서양이라는 비교 틀을 확대하여 동서의 역사에서 더 많은 사례를 발굴해갈 때 이론적으로 더 정련될 수 있을 것이다.

---

3) 짜여져 있다.

4) 변화가능하다.

5) 공식적 사법기관보다는 직접적 사회관계에서 유효하다.

6) 모두에게 동등하게 적용되지 않고 계층에 따라서 적용된다.

Roger T. Ames, 1991, "The Mencian Conception of Ren xing人性: Does it Mean 'Human Nature'?", *Chinese Texts and Philosophical Contexts*(ed. by Henry Rosemont, Jr.).

엠즈는 인간의 본성에 대해서 유가의 유기체적 관점을 제시하고 있다. 엠즈에 의하면 인간이란 추상적 원리로서 정의되는 고정된 존재라기보다 가정적 환경, 사회적 관계, 역사적 조건, 우주적 환경 등에서 유기적으로 계속 성장하는 생성의 과정에 있는 존재이다. 인간은 정해진 규정에 따라서 기계적으로 운동하기보다 환경에 감응하면서 성장한다는 측면에서 시적인 감수성을 가졌다. 인간은 가정, 사회, 역사, 우주 등의 환경에서 부여된 개인의 역할과 본성을 계발함으로써 더 성숙한 인간으로 발전될 수 있다. 맹자의 사단(四端)과 같이 인간에게 부여된 조건을 활성화시킴으로써 질적으로 완성된 인간으로 성장할 수 있다.

인간의 본성 (엠즈)

1) 발단적 기질, 성장, 궁극적 죽음의 역동적 과정.
2) 혼연하고 포괄적인 인간의 독특한 신체적 정신적 조건.
3) 역사적 모델에 호소하여 단서를 개발한다.
4) 사회적 관계에서 정의할 수 있다.
5) 환경과의 조화를 추구하는 성취된 질서.
6) 추상적 원리와 이념의 실현보다는 역사적 모델에 호소한다. 목표 추구적(aspirational)이기보다 본성 개발적(inspirational)이고, 이론적이기보다 시적이다.
7) 사회정치적이고 우주적인 질서와 상관적이다.
8) 유사한 집단을 동일화하여 일반화한다(성씨).[27]

엠즈는 타고난 본성을 긍정하기는 하지만 후천적 개발에 초점을 둔다. 그에 의하면 인간은 발단적 기질이 신체적 역사적 우주적 조건과 조화롭게 공감할 때 가치적으로 상승한다. 이러한 엠즈의 주장은 전체적 조건을 고려하려는 시도이지만, 유가의 본성론을 올바

27) Roger T. Ames, 1991, "Reflections on the Confucian Self: A Response to Fingarette", *Rules, Rituals and Responsibility*(ed. Mary I. Bockover), Open Court.

로 지적하지 못하고 있다. 왜냐하면 맹자 이래 성리학에 이르기까지 인간의 선한 본성은 내용적으로 변함이 없이 순수하고 지고한 것이기 때문이다. 엠즈는 인간의 본성이 단일하게 부여된 초월적인 것이 아니라 학습에 의해서 계속 수정되는 과정에 있다고 봄으로써, 유가의 초월적 본성론을 설명하지 못하고 있다.[28] 유가의 본성론은 인지적인 측면에서는 초월적이고 즉각적이지만, 본성 실행의 과정에는 숙고와 노력이 동반된다. 따라서 엠즈의 논의는 유가적 본성의 초월적 보편성에 대해서 보충 설명이 추가되어야 할 것으로 보인다.

위에서 소개했던 유기체론에 의거한 여러 접근법은 유가의 텍스트에 대한 세밀한 독법이기보다 주제별로 포괄적 접근을 시도한다. 이러한 접근법은 유가의 텍스트 자체에 대한 자세한 설명을 건너뛰는 경우가 많지만 그럼에도 불구하고 현재적 관점에서 장재 기 철학의 유기체적 특성을 탐구하는 데 유용성이 크다. 그러나 유기체론적 접근법에서 아쉬운 점은 장재의 기에서 전제하고 있는 성리학적 천리(天理)를 적극적으로 보여주기에는 도가와 유가에 공통되는 너무 광범위한 개념을 제시하는 데 있다. 장재의 기는 유기체적 상관성에서 본다면 도가의 기와 유사해 보이지만 그 안에 유가의 이념을 설정해 놓고 있다는 점에서 큰 차이를 읽을 수 있다. 장재의 기는 물리적 유기성과 상관성 속에 유가의 형이상자(形而上者)적 이념을 기의 심층적 의미로서 전제하고 있다. 이 때문에 장재의 기를 이해하기 위해서는 유기체론의 심층부에 구성해 놓은 성리학적 가치를 살피지 않을 수 없다.

28) 정용환, 2005, 「맹자의 선천적이고 직관적인 선(善)의 실행 가능성」 『철학』 82집, 한국철학회, 25쪽 본문과 주 1·2) 참조.

4. 현상과 초월

장재의 기에서 성리학적 본체를 찾으려는 시도는 '현상과 초월'의 구분에서 보인다. 장재의 기는 표면적으로는 자연의 물리적 사실(fact)이지만 그 이면에는 이념적 가치(value)의 세계를 설하고 있다. 이러한 특징은 성리학 일반에서 규범이나 척도에 속하는 이(理)의 영역을 기와 연관하여 설명하는 것과 일치한다. 이것을 주희의 용어로 바꾸어 말한다면 '이기불상리(理氣不相離)'의 입장이다.

그럼에도 불구하고 장재의 기 중심적 사상이 유가의 도덕성을 온전히 설명할 수 있느냐를 두고 계속해서 논쟁 중이다. 장재 사상에 대해서 성리학의 도덕적 초월성을 온전히 구현하지 못하였다고 비판하는 관점이 있는가 하면, 장재야말로 맹자 이래의 '생생지리(生生之理)'를 계승한 적통이라고 말하는 연구자도 있다. 전자는 주로 정주학을 유가의 적통으로 삼는 반면, 후자는 정호, 장재, 왕양명을 유가의 적통으로 삼는다.

장재를 성리학의 적통으로 보지 않은 학자들에 의하면 이정(二程)은 이(理)를 중심으로 도덕적 혹은 형이상학적 초월성을 정초하였음에 반하여 장재는 기를 중심에 둠으로써 현상론 이상으로 나가지 못한 것으로 분석한다. 장재의 기 철학은 기에 중심을 둠으로써 정이(程頤)가 말하는 이(理)의 초월성을 온전히 설명하지 못했다는 것이다. 장원목의 논문을 보면 그러한 견해의 일단을 확연히 볼 수 있다.

> 이정(二程)은 장재철학이 부딪힌 한계를 직시하면서 그 벽을 박차고 장재의 전제와는 전혀 다른 새로운 전제－본체로서의 천리(天理)의 실재성에 대한 요청 혹은 믿음 －를 받아들인다. 이는 이정(二程)이 요청

한 유교적 본체가 장재에 비해 보다 절대적, 형이상학적 존재였음을 말해준다. '절대적 존재'가 상대세계의 일부를 '절대화'함으로써 얻어질 수 없는 것임은 자명하다.

(중략) 어쨌든 일기(一氣)를 넘어서는 절대적 존재로서의 천리는, 기의 운동과정에서 기로부터 발견되는 '기의 조리(氣之條理)'와는 원천적으로 다른 것이다.[29]

이러한 설명에 따르면 이정(二程)은 유가의 도덕적 본체를 형이상학적으로 절대화하였지만 장재는 기 운동의 현상적 상대성에 머물렀다. 즉 이정(二程)은 전체 현상을 포괄하여 불변하는 이치를 찾았다면 장재는 변화하는 부분적 현상에서 기를 정초하였다. 결국 장재는 불가와 도가를 비판하였을지라도 그는 현상론적 기를 벗어나지 못함으로써 유교적 가치를 절대화하지 못한 것으로 평가된다.[30]

그러나 장재를 유학의 적통으로, 정주학을 방계로 보는 정반대의 연구자들도 있다. 모종삼(牟宗三)과 채인후(蔡仁厚)의 연구에 따르면 정주학의 이(理) 중심적 사고는 이(理)를 정태적으로 파악함으로써 유가의 '생생지리(生生之理)'적 본체를 왜곡하고 말았다. 즉 정주학에서는 정태적 이(理)가 기(氣)의 배후에서 규율하므로 이(理)와 기(氣)가 횡적으로 상대적인 두 개가 된다. 그래서 이들은 정주학의 이(理)가 인식론적 횡적 포함형(靜涵型) 혹은 포섭형(靜攝型)인데 비하여, 장재의 학은 자연에서 창생(創生)하는 활물로서의 무위적 이치를 설하였다고 본다.[31]

이러한 양자의 차이, 즉 이(理)의 초월적 절대성과 이(理)의 '생생지리(生生之理)'로서의 활물형이라는 대립되는 해석은 이(理)가 정태

---

29) 장원목, 1998, 『性理學 本體論의 형성에 관한 연구』, 서울대학교 박사학위논문, 133쪽.

30) 앞의 책, 64~65쪽.

31) 蔡仁厚, 中華民國 68년, 『宋明理學』 「北宋篇」, 臺灣學生書局, 208~209쪽.

적이냐 동태적이냐에 초점이 맞추어져 있다. 그러나 이(理)가 정태적이냐 동태적이냐는 세부적 논쟁을 지양한다면 거시적인 틀에서는 이(理)라는 가치의 세계에 대해서 정주학과 장재의 기 철학이 일치한다. 장재의 기 철학은 본연지성과 형이상자를 최고의 가치로 추구하였음에 의심의 여지가 없으며, 그러한 점에서 큰 틀에서 정주학과 지향점이 일치한다.

그렇다면 장재가 말하는 기가 성리학적 가치나 이념을 배제하는 순수하게 물리적인 운동만을 지칭하는지에 대해서 물음을 던져보자. 기는 천체와 기상 등을 설명하는 것으로 보아 물리 운동을 포섭하기도 하고, 식욕과 색욕을 말하는 것으로 보아 감각적 욕구를 뜻하기도 한다. 그러나 장재는 천지지성과 태허(太虛) 등의 개념을 사용함으로써 형이상자로서의 가치론적 개념을 수용한다. 기는 오히려 물리적인 영역과 도덕적인 마음의 영역을 포괄하는 접점이다. 다만 장재는 물리적이고 감각적인 감응의 현장을 떠나서 독자적으로 홀로 존재하는 형이상자를 부정했을 뿐이다. 기질지성 안에 천지지성이 있다는 장재의 언명은 기를 벗어난 절대 부재의 곳에서는 천리(天理) 역시 성립하지 않는다는 주장이다. 그렇게 본다면 장재가 마음에 내재한 형이상자로서의 실재(reality)를 생리적 현상 아래 종속시킨 것은 아니다. 오히려 왜 이상적인 것이 현실적인 것이 되어야 하는가, 즉 왜 형이상자가 형이하자의 세계에 현상되어야 하는가를 탐구해야 장재의 기 철학을 훨씬 잘 기술할 수 있다.

장재는 이념적 형이상자가 마음에 내재하는 것이면서도 현실적인 것이어야 한다고 전제함으로써 도교류의 물리적 양생술을 기에 대한 편향된 이해라고 비판하였고, 불교의 유식이나 좌선에 대해서 현상을 도외시하고서 마음에만 편향되었다고 비판하였다. 장재는 기에 내재하는 형이상자 개념을 통하여 도가와 불가를 비판하면서 유가적 가치를 정당화하려고 하였다. 이와 같이 기 철학은 유가의 세계관에 근거하여 물리 운동의 기술(記述)적 세계와 사회윤리의 규범적 세계를 결합하려고 한다. 그러한 점에서 기(氣)는 물리 운동에 한정되지 않고 이(理)의 규범적 윤리 세계에까지 연관되어 있다.

장재의 저서[32)]와 그에 대한 주석서를 통해서도 장재의 기 사상이 현상과 초월을 아우르는 성리학의 이기론과 동일한 지평에 있다는 것을 알 수 있다. 혹자는 장재의 사상은 기가 핵심이라서 이기론으로 해석하는 것이 무리라고 생각할지 모른다. 즉 정주(程朱)학에서 말하는 태극(太極) 대신 장재가 태허(太虛)를 말하는 것을 이유로 이(理)보다는 기(氣)에 치중한 것으로 불만을 토로할 수 있다. 그러나 장재의 주저인 『正蒙』에 대해서 대부분의 주석서가 이기론적 구도에서 해석하고 있다. 그러한 전형으로는 이광지(李光地, 1643~1718)의 『注解正蒙』, 왕식(王植)의 『正蒙初義』, 왕부지(王夫之, 1619~1692)의 『張子正蒙注』를 들 수 있다.[33)] 특히 이광지는 정주(程朱)의 태극(太極)과 장재의 태허(太虛)를 분명하게 등치시킴으로써 이기론적 해석을 가한다. 그에 따르면 "태허(太虛)는 무형(無形)한 것이지만 기의 본체가 거기에 있으니 즉 태극(太極)과 일치한다. (태허는) 주자도해(朱子圖解)에서 말한 '무극이태극(無極而太極)'을 말한다."[34)] 왕식은 이광지의 주장처럼 장재의 태허(太虛)를 곧바로 정주(程朱)의

---

32) 장재의 글을 모두 모아놓은 책으로 『張載集』(四部刊要, 漢京文化事業有限公司)을 들 수 있다. 거기에는 『正蒙』, 『橫渠易說』, 『經學理窟』, 『張子語錄』, 『文集佚存』, 『性理拾遺』, 『近思錄拾遺』, 『二程書拾遺』, 『附錄』 등의 글이 들어 있다. 이하 각주의 『張載集』은 그 판본을 따랐다.

33) 李光地, 『注解正蒙』, 文淵閣四庫全書, 臺灣商務印書館.
王植, 『正蒙初義』, 文淵閣四庫全書, 臺灣商務印書館.
王夫之, 1996, 『張子正蒙注』. 船山全書 제12책, 嶽麓書社.
위의 세 주석은 모두 이기론적 세계관에 의해서 장재의 사상을 이해하고 있다.

34) 李光地, 『注解正蒙』「太和」. "言太虛無形之中而氣之本體存焉, 卽太極也. 朱子圖解云, 此所謂無極而太極也"

태극이나 이(理)에 일치하는 것으로 보지 않음에도 불구하고 이기론적 구도로서 해석하는 것은 마찬가지다. 왕식에 의하면 장재의 "허(虛)는 반드시 기(氣)를 겸하여 말하고,"[35] "태허(太虛)는 미발지체(未發之體)와 유행지용(流行之用)을 겸한다."[36]고 볼 수 있다. 왕식의 함의를 종합하자면 장재의 태허(太虛)는 비록 정주학에서의 이(理)를 단언(單言)하지 않았지만 기(氣)에서 이(理)를 겸언(兼言)함으로써 이(理) 개념을 함축적으로 표현하고 있다. 또 하나의 유명한 주석인 왕부지(王夫之)의 『張子正蒙注』를 보면 기에 대해 많은 설명을 할당하고 있지만, 그 주석서 역시 이기론을 받아들인다고 언명한다.[37] 이와 같이 장재는 본체로서의 태허(太虛)를 말할 때 이(理)와 기(氣)를 겸한 상태에서 이기(理氣)론적 구도를 취하고 있었기 때문에 이(理)라는 용어를 명시적으로 보편화하여 사용하지 않았을 뿐이다.

장재의 사상이 주희가 집대성한 성리학의 이기론적 구도의 전주곡과 같은 것이었으면서도 이(理) 개념보다 기(氣) 개념이 일반적으로 사용되었던 이유는, 당시에 성행하던 도가와 불가에 대해서 반응하려는 의도 때문이다. 장재의 기 사상은 도가와 불가의 세계관에 대해 비판하면서 등장한 유가적 대안이라고 할 수 있다. 장재가 보기에 묵가류의 순수한 이타주의와 양주류의 순수한 이기주의는 자-타의 균형을 잃고 말았다. 마찬가지로 불가의 탈현세적 태도와 도가의 양생술에 의한 생리적 집착은 양 극단으로 치닫고 말았다.[38] 장

---

35) 王植, 『正蒙初義』, 「太和」, 424쪽 하단. "虛又必兼言氣"

36) 王植, 『正蒙初義』, 「太和」, 423쪽 상단. "太虛以未發之體言者, 以流行之用言者"

37) 왕부지의 기 해석에 관해서는 이 책의 제2장을 참고할 것.

38) 신유학의 집대성자인 주희 역시 장재와 동일한 측면에서 도가와 불가를 비판하였다. 즉 그는 허무주의, 이기주의, 비사회성의 각도에서 도가와 불가를 비판한다. 이처럼 신유가는 공히 삶에 대한 초탈과 삶에 대한 이기적 집착을 양 극단의 폐단으로 여겨 함께 부정한다. 주희의 도가와 불가에 대한 비판은 다음의 논문을 참고할 것. 최진덕, 1999, 「주자(朱子)

재는 인간의 생사에 대한 이해에서부터 노불과 길을 달리하는 유가적 기 개념을 정립한다. 장재는 먼저 음기/양기의 상관적 감응의 변화 과정에 따른 기의 조화를 중요시하면서 생리-심리적인 물리적 세계를 생활의 토대로서 인정하였다. 장재에 의하면 태어남이 있으면 죽음으로 갈마드는 것이 자연스러운 이치이기 때문에 세상에는 무엇 하나라도 영원한 존재란 없다. 세상에는 영원한 삶도 영원한 죽음도 존재하지 않는다. 삶과 죽음은 서로에게서 분리할 수 없는 이어진 고리와 같다. 기의 취산 과정에 순응함으로써 삶과 죽음 사이의 변화를 받아들이고, 살았을 때는 주어진 본성을 발휘하는데 최선을 다한다.

기 안에 내재한 본성을 발휘하는 부분에서 장재의 성리학적 지평을 읽을 수 있다. 장재는 물리적 현상으로서의 삶이 한정된 것임에도 불구하고 거기에는 하늘이 준 의미가 있다고 믿었다. 기의 물리적 감응의 영역과 더불어 기의 심층부에서 정신적 이념이 발출하고 있다고 생각하였다. 이러한 측면에서 장재의 기는 도가나 불가의 기와 다른 성리학의 이기론적 구도를 취한다. 장재는 불가와 도가를 비판하면서 기 개념 안에 유가의 이념인 인의예지라는 인간의 본성을 건립한다.

의 노불(老佛)비판」『헤겔연구 8』, 한길사, 679～705쪽.

제 2 장

장재 기 철학의 중국 사상사적 위치

장재의 기 철학은 외적으로는 도가와 불가를 비판하면서 성립하였고, 내적으로는 주희와 왕부지의 이기론적 성리학으로 발전하였다. 불가와 도가에 대한 장재의 비판은 사회적 터전을 떠나 한쪽으로 편향되었다는 데 있다. 장재 사상의 구도에서 본다면 인(仁)이라는 형이상자적 이념이 생리적 욕구라는 형이하자적 기질과 교류하는 지점이 사회이지만 불가와 도가는 그 교류 지점을 잃고 말았다.[1]

1) 이 책에서 사용하는 '불가'라는 용어는 선불교, 유식, 중관 등을 포괄하는 개념이고, '도가'라는 용어 역시 노장, 황로의 처세술, 도교의 양생술 등을 포괄하는 개념이다. 장재는 불가나 도가의 서적에 대해서 구체적으로 조목조목 반박하기보다 그 전체적 지향을 문제 삼고 있다. 도가와 불가에 대한 장재의 이해는 구체적 세목에서 오해처가 많을 것으로 판단된다. 대표적인 예로 불교의 '空'은 원래 유(有)와 무(無)의 양변을 떠나는 중도를 의미하지만 장재는 '무의미'로 이해하고 있다. 여기서는 이와 같은 도가와 불가에 대한 장재의 오해처를 세세히 밝히기보다는 장재가 바라보는 도가와 불가의 전체적 판단을 서술하는 데 중점을 두었다. 따라서 불교의 여러 교파를 지칭하는 용어나 도가의 여러 분파를 지칭하는 용어 등을 세분화하기보다 '불가'와 '도가'라는 범칭을 쓰고

장재가 보기에 불가는 형이상자에 해당하는 정신에만 몰두하고서 생리적 욕구를 초탈함으로써 공허한 이념에서 돌아올 줄 몰랐고(往而不反), 도가는 선천적으로 주어진 생리적 현시만을 좇았기에 동물적 상태를 넘어서 이념적 존재로 변화할 줄 몰랐다(物而不化). 장재에 의하면 불가의 전생(前生)과 윤회 개념은 인간의 사회적 토대를 벗어난 절대 주체를 가정하였고, 도가의 불로불사의 신선술은 생리적 욕구를 극대화하려다가 사회적 관계를 방치하였다. 장재는 불가와 도가 모두 형이상자와 형이하자라는 양 날개를 온전히 구비하지 못함으로써 인간 존재의 중층성을 이해하지 못하였다고 비판한다.

기의 취산에 근거한 장재의 실재론적 입장은 유가의 입장에서 노불을 비판하기 위한 것임에도 불구하고 신유가의 범주에 속하는 정이천과 주희에게서 비판받았다. 주희는 장재가 너무 기(氣) 개념에 치중함으로써 형이상자로서의 이(理)를 간과하였다고 보았다. 한편 왕부지는 주희의 이기론을 수용하면서도 장재의 기 개념에 근거하여 유가의 세계관을 정립하였다. 역설적이게도 왕부지는 주희의 이기론이 형이상자는 잘 설명하였으나 형이하자의 세계에 대해서 빈약하다고 본다. 왕부지는 기(氣)가 지닌 음기/양기, 건/곤의 상관적 현상을 설명하는 데 많은 노력을 기울였고, 나아가 기(氣)가 소멸되지 않고 순환하는 것이라고 하면서 주희의 생멸설에 반대하였다. 장재의 기 철학은 정주학파의 형이상자적 비판과 왕부지의 형이하자적 보완을 통해서 더 풍부하게 발전되었다. 정주의 말대로 장재의 기는 이(理)를 명시적으로 드러내지 않았지만, 또한 왕부지의 말대로 장재는 성리학적 본체를 가장 중시한 사상가이다. 따라서 장재에 대한 주희와 왕부지의 대립 각을 지적하면서도, 세부적 대립에 주목하기보다 그들의 논의가 이－기라는 성리학적 구도에 일치한다는 사실에 더 주목하였다.

자 한다.

제1절 불가적 형이상에 대한 비판

불가와 유가는 각기 서로 다른 언어, 역사, 지리적 환경 등을 배경으로 하였기 때문에 양자의 사상을 비교하기가 수월치 않다. 그렇다고 하더라도 당 나라를 거치면서 많은 불교경전들이 한역되었을 뿐만 아니라 독자적인 선불교가 새롭게 흥성하였다. 송 나라로 접어들면서 불교는 귀족중심에서 벗어나 일반 대중을 대상으로 경전을 쉽게 강의한다든지, 또는 사회단체를 구성한다든지 하는 서민화가 진행되었다. 특히 북송 시대에는 동림사(東林寺)의 상총(常總)을 중심으로 결사를 만들어 대규모 조직으로써 많은 포교를 장려하였다.[2)]이러한 선불교의 표용적 태도는 정계, 학계, 서민 등을 대상으로 광범위하게 이루어졌다. 구법당에 속했던 소식(1036～1101)이나 황정견(黃庭堅, 1045～1105) 등의 시인들처럼 유불도를 넘나들면서 불가의 자유로운 태도를 즐기는 이들도 많았다. 기복신앙도 대중들에게 유포되어 절이나 암자에서 불상에 기도하고 복을 바라는 것이 다반사였다.[3)] 이러한 광범위한 불교적 사회현상에 대하여 가장 강력하게 비판하였던 사람들이 신유가 범주에 속했던 구양수(歐陽修, 1007～

---

2) 아베쇼이치 (외), 최현각 번역, 1990, 『인도의 선, 중국의 선』, 민족사, 173～191쪽 참조.

3) 『이정집』 『하남정씨문집』 권11 「명도선생행장」, 631쪽. 어떤 절에 석불이 있었는데 그 머리에서 빛을 뿜는다는 이야기가 있었다. 그래서 원근의 사람들이 보러 와서 밤낮으로 모여서 생활하였으나 관할지역 관리가 석불의 신묘함을 두려워하여 금지하지 못하였다. 이에 정호가 가서 그 스님을 꾸짖으며 "내가 듣기로는 석불이 해마다 빛을 낸다는데 맞습니까?"라고 하였다. 그 스님이 "그렇다."고 대답하였다. 정호가 말하기를 "다시 빛이 나는 것을 기다렸다가 반드시 나에게 알려주시오. 직무가 바쁜지라 갈수 없으니 석불의 머리를 가져와서 살펴보리다."라고 하였다. 이 뒤부터 다시는 빛이 나지 않았다.

1072), 범중엄(范仲淹, 989~1052), 정호, 정이, 장재 등이다. 성리학자의 불교비판의 핵심은 불가의 비사회적인 기복신앙, 현실초월적 윤회설, 공허한 고담준론 등이었다. 북송 시대 성리학의 불교비판적 관점은 남송 시대의 주희에까지 이어졌으며, 조선시대의 정도전(鄭道傳)과 권근(權近) 등의 대부분의 유자들에게 전승되었다.

장재가 비판하는 불가의 부정적 측면은 다음의 세 가지로 요약할 수 있다. 불가의 허무주의, 유식사상, 윤회설이 그것이다.

① 허무주의 비판 : 誣天地日月爲幻妄[4]
② 유식설 비판 : 釋氏不知天命 而以心法起滅天地[5]
③ 윤회설 비판 : 今浮屠極論要歸 必謂死生轉流[6]

위의 세 가지[7]가 장재의 기 철학에서 용납할 수 없는 불가의 거짓이다. 장재에 의하면 불가는 공히 천지(天地)나 인사(人事)와 같은 구체적 현상을 환망이라고 하면서 현허(玄虛)한 허무주의를 유포한다. 또한 천지자연의 객관적 이치를 모르면서 모든 현상이 마음에서 생겨난 것이라고 편향된 주장을 한다. 마지막으로 불가는 죽음의 현실을 애써 부정하면서 기질을 벗어난 윤회의 주체로서 정신을 상정한다. 이 세 가지 비판은 객관 세계의 실재성과 법칙성을 무시하는 불가의 극단적 주관주의를 겨냥하고 있다. 장재가 보기에 형이하자로서의 실재적 기(氣)에서 이탈하는 정신 실체란 신비주의적 가설에 불과하다. 장재는 불가가 음기/양기와 건/곤이라는 기(氣)의 상관적 실재를 도외시함으로써 인간의 삶을 초현실적인 정신의 자기전개라고 보는 극단적 주관주의에 빠졌다고 비판한다.

---

4) 『正蒙』「大心」.
5) 『正蒙』「大心」.
6) 『正蒙』「乾稱」.
7) 장재의 불교에 대한 비판에 대해서는 王植, 『正蒙初義』「臆說」, 419쪽 하단에 세 가지로 정리되어 있으며, 그것을 참조하였다.

1. 허무주의

주지하다시피 불가는 고통의 인연을 초탈하여 부처가 되려는 데 목적이 있고, 장재가 추구하는 유학은 인간의 삶을 원만히 실현하여 성인(聖人)이 되려는 데 목적이 있다. 장재는 인연을 초탈하여 대자유의 경지에 도달하려는 불가의 이상을 헛된 것으로 여겼다. 장재가 불가의 교설을 부정하였던 가장 큰 이유는 불가에서 취하는 인간의 현세적 욕구에 대한 부정적 태도에 있다. 장재는 불가의 중관학파에서 보이는 '공(空, sunyata)' 사상에 대하여 허무주의를 표방한다고 비판하였다.[8] 장재는 불가의 공(空)을 무존재 혹은 무의미(meaninglessness)로 이해하면서 공 사상의 궁극적 경지는 존재성과 욕구가 무화(無化)되는 상태라고 생각하였다. 장재는 공 사상에 따르는 불가의 허무주의적 태도를 이렇게 정리한다.

- 불가 : 장애를 없애고 공에 들어가는 것(銷礙入空)
- 장재의 비판 : 이른 바 기(氣)라는 것은 엉기고 모여서 눈에 보인 뒤라야 아는 것이 아니다. 강건함과 유순함, 움직임과 그침, 넓음과 맑음 등의 말은 이름 붙일 수 있는 모습들이다. 그렇다면 이러한 모습들이 기가 아니면 무엇을 가리켜 모습으로 삼겠는가? 변화의 과정이 상(象)이 아니라면 무엇을 가리켜 변화의 과정으로 삼겠는가? 세상 사람들은 (어리석게) 장애를 없애서 공(空)으로 들어간다는 불가의 교설을 취한다.[9]

---

8) 불교의 중도(中道) 체계에서 본다면 공(空)이란 존재에 대한 단견(斷見)과 상견(常見)의 양쪽 편견을 버리고 인연에 따라 생멸하는 연기법에 의해서 세상의 존재를 해석하는 중도적 입장을 말한다. 이 점에서 불가의 공 사상에 대한 장재의 허무주의적 이해는 철저하지 못한 것이지만, 한편으로 당시에 일반적으로 공 사상을 어떻게 받아들였는지를 추측해 볼 수 있다.

9) 『正蒙』「天道」. "所謂氣也者, 非待其蒸鬱凝聚, 接於目而後知之; 苟健順動止浩然湛然之得言, 皆可名之象爾. 然則象若非氣, 指何爲象? 時若非

위에서 보듯이 장재는 불가의 공을 존재론적으로는 아무 것도 없는 상태로, 의미론적으로는 무의미한 상태로 해석하였다. 장재는 기(氣)라는 개념을 사용함으로써 존재론적 실재를 인정하고 거기에서 인생의 의미를 끌어내었다. 즉 아무 것도 없는 듯이 보일지라도 실재로는 기 운동이 존재하지 아니한 적이 없다. 장재의 기 철학은 존재론적으로나 의미론적으로 실재론의 입장에 서서 불가의 허무주의를 비판한다.

장재는 『金剛經』에서 유위법을 대하는 태도에 대해 현실 부정적이라고 비판한다.

- 불가 : 모든 유위법(有爲法)은 꿈속의 환영, 거품, 그림자와 같다.[10]
- 장재의 비판 : 음식남녀도 다 사람의 본성이다. 어찌 멸할 수 있겠는가?[11]

불가는 현상적으로 드러나는 모든 유위법을 진실하지 못한 것으로 본다. 불가의 유위법은 인간의 인연법에 의해서 생겨난 것이므로 인연의 사슬을 끊을 때라야 최상의 무위법인 열반에 이를 수 있다. 이와 같이 불가에서 유위법을 무시하는 태도는 현세적 존재를 무시하고 인간의 욕구를 초탈하려는 데서 비롯되었다. 장재는 현세를 무의미하게 보려는 불가의 태도를 잘못된 것으로 판단하였다. 장재가 보기에 불가는 유위법(有爲法)과 무위법(無爲法)을 나누어 전자를 환영으로 취급하고 후자만을 참된 세계로 파악하는 이분법적 사고에 빠졌다. 『正蒙』에 주석을 달았던 왕식의 해설에 따른다면 불가에서 무위법을 존중하고 유위법을 멸시하는 양자택일적 사고를 함으로써

象, 指何爲時? 世人取釋氏銷礙入空"

10) 王植, 『正蒙初義』「太和」, 432쪽 상단. "釋氏金剛經, 一切有爲法, 夢幻泡影"

11) 『正蒙』「乾稱」. "飮食男女皆性也, 是烏可滅?"

무위법과 유위법이 서로 대응하지 못하는 학설(無對之說)이 되고 말았던 것에 반해, 유가는 유(有)와 무(無)가 대응하는 학설(有對之說)을 고수하였다.[12] 장재의 유대(有待)의 학설에서는 삶은 삶대로 의미를 가지며 죽음은 죽음대로 법칙을 갖는다. 장재에 의하면 음식을 즐기는 것과 남녀 사이의 세속적 성욕 역시 소멸할 수 없는 인간의 본성이다.[13] 따라서 삶과 죽음의 양자 중에서 현세적 삶을 환영으로 파악하는 불가의 허무주의는 현세를 저버림으로써 한쪽으로 치우친 우를 범했다.

불가에서 현세적 욕구를 무시하려는 허무주의적 태도는 지수화풍 사대(四大)의 가합(假合)에 의해서 인간을 해석하는 데서도 잘 드러난다.[14] 인간이 단순히 사대와 같은 물질의 조합에 지나지 않는다고 한다면 욕구는 헛된 것으로 취급되고 말 것이다. 따라서 지수화풍이라는 사대에 의해서 인간을 해석하려는 불가의 접근은 인간의 삶을 무의미한 곳으로 끌고 간다. 불가의 『彌陀經』에서는 현세적 삶에서 드러나는 여러 현상을 5탁으로 분류하여 부정적으로 취급하는 것을 볼 수 있다. '탁'이란 맑은 물에 흙을 섞어서 혼탁해지는 것과 같이 사람의 성질이 혼탁해지는 것을 말한다. 2만 겁(劫, kalpa: 우주의 변화를 가리키는 무한에 가까운 시간) 이후에는 세상에 혼탁함이 생겨나니 그것이 5탁이다. 5탁(五濁)은 5재(五滓)나 5혼(五渾)이라고도 하며 음탁(蔭濁), 견탁(見濁), 번뇌탁(煩惱濁), 중생탁(衆生濁), 명탁(命濁)을 가리킨다.[15] 음탁이란 겁탁이라고도 하는 것으로 인간이 윤회

---

12) 王植, 『正蒙初義』「乾稱」, 696쪽 하단~697쪽 상단. "有與無固皆性也, 宜實爲一物, 是豈無對待可以便廢者哉! 莊老與浮屠, 專尙虛無爲無對之說, 久矣"

13) 『正蒙』「乾稱」. "飮食男女皆性也, 是烏可滅? 然則有無皆性也"

14) 王植, 『正蒙初義』「乾稱」, 702쪽 하단. "佛氏指四大爲假合, 是不知人也"

15) 王植, 『正蒙初義』「乾稱」, 704쪽 하단. "彌陀經五濁惡世, 蔭濁, 見濁, 煩惱濁, 衆生濁, 命濁."

하면서 점차 더러워지는 것을 가리킨다. 견탁이란 사사로운 견해에 의혹되는 것을 말하고, 번뇌탁이란 탐내고 성내고 어리석어서 생기는 번뇌이고, 중생탁이란 견탁과 번뇌탁의 결과로 사람의 마음이 둔해지고 몸이 약해져 고통이 따르는 것을 말하고, 명탁이란 견탁과 번뇌탁의 결과로 수명이 점차 짧아지는 것을 말한다. 음탁이 5탁을 종합하여 설명한 것이라면 나머지 네 가지는 구체적인 측면을 지적하였다.[16] 불가의 5탁의 교설에 따르면 현세적 욕구에의 집착에 의해서 인간은 더욱 더러움에 물들어 간다. 장재는 불가의 5탁처럼 세상을 회의적으로 보면서 인생을 번뇌나 고통으로 보는 시각에 대해서 못마땅하게 생각하였다.

장재는 불가가 세간을 떠나서 깊은 산사로 들어가고, 사람의 욕구를 해체함으로써 고통을 벗어날 수 있다는 것에 대해서 회의주의적이라고 비판한다. 장재의 말을 들어보자.

> 불가는 '실제(實際)'라고 표현하지만 도리를 아는 자는 성(誠)이라고 말한다. 불가가 말하는 '실제(實際)'란 인생을 환망(幻妄)으로 여기고, 유위(有爲)를 혹부리로 여기고, 세상을 음탁(蔭濁)으로 여긴다. 마침내는 싫어하여 소유하지 않거나, 버리고서 보존하지 않는다.[17]

이러한 맥락에서 볼 때 불가에서 인간의 욕망을 초탈하려고 혼인을 하지 않거나 사회적 인간관계를 무시하고 출가하거나 하는 것 따위도 기본적으로는 삶에 대한 욕구를 허무하게 하는 행위이다. 장재는 불가처럼 너무나 고원하게 몇 천 겁의 시간을 내다보는 것을 공허하게 생각하였으며, 또한 현세를 번뇌로 규정하는 불가의 출발점

---

16) 丁福保 편, 1991, 『佛學大辭典』 상권, 上海書店, 576~577쪽. 5탁에 대해서는 장재 시대에 유행하였던 선불교 경전인 『楞嚴經』 권4에도 나온다.

17) 『正蒙』 「乾稱」. "釋氏語實際, 乃知道者所謂誠也, 天德也. 其語到實際, 則以人生爲幻妄, 以有爲爲疣贅, 以世界爲蔭濁, 遂厭而不有, 遺而弗存"

이 허무주의적 자세라고 판단하였다. 장재는 현실에 펼쳐진 천지의 법칙과, 인간의 욕구에 내재한 기질지성과 천지지성에 대해 관심을 가진다. 장재에 의하면 일 년에 춘하추동의 네 계절이 변화하고 인간에게 관혼상제의 시기가 변화하듯이, 존재의 의미는 현재에 실재한다. 장재는 실재론적 태도를 취하고서 불가의 해체적 태도를 허무주의이라고 비판함으로써 객관 대상과 인간의 삶이 무의미한 것으로 전락하는 것을 배격하였다.

2. 유식사상

장재의 유식설 비판은 개별자가 처한 자연, 사회, 역사 등의 유기적 전체 상황을 무시하고 개별자의 의식으로 깊이 침잠해 들어가는 과잉된 주관화를 겨냥한다. 장재는『楞嚴經』등에 나오는 불가의 육근(六根)과 육경(六境)에 의해서 드러나는 육식(六識)설에 대해, 육근에 의해서 세계를 환망으로 봄으로써 과실을 범하였다고 비판한다. 즉 불가는 세계에 대한 인식 과정을 인간의 육근으로 환원함으로써 하늘의 이치를 다하지 못하였다.

> 불가는 천명(天命)을 모르고서 마음의 법으로 천지를 기멸(起滅)한다. 작은 것으로 큰 것을 해석하고, 말단으로 근본을 해석한다. 궁구할 수 없으면서도 (세상을) 환망이라고 부르니 참으로 (여름의 풀벌레가 겨울의) 얼음을 의심하는 경우와 같다. 불가는 천성(天性)을 망령되게 꾸미되 천용(天用)을 헤아릴 줄 모른다. 도리어 미미한 육근(六根)으로써 세계를 해석하려고 한다. 지혜가 밝지 못하여 천지일월이 환망(幻妄)이라고 속임으로써 그들은 작은 한 몸뚱이에 가린다. 그들은 자신의 뜻을 큰 허공에 빠지게 한다. 그들은 큰 것을 말하건 작은 것을 말하건 중도를 잃는다. 우주를 먼지나 겨자씨로 여김으로써 큰 것에 대해 과실을 범하고, 인생을 몽환(夢幻)으로 여김으로써 작은 것에 덮인다. 어찌 이치를 궁구했다고 할 수 있겠는가?[18]

불가적 육식의 구도에서 보면 객관 대상의 특성은 인간의 여섯 가지 기관에 따라서 분리되어 대응한다. 따라서 객관 대상은 인식 주체의 육근에 근거해서만 그 특성이 인식될 수 있다. 장재는 이러한 불가의 육식설에 대하여 인식을 인식주체의 육근으로 환원한다고 하여 부정하였다.[19] 장재가 불가의 육식설을 경계하였던 것은 인식 대상의 특성을 인식주관에 의해서 조작한다고 보았기 때문이다.

주관화의 경향은 불교 일반에서 쉽게 찾을 수 있다. 『楞嚴經』에 의하면 여래의 바른 앎(正遍知)과 중생의 전도된 성품(性顚倒)을 구분하면서 주관적 의식 상태에 따른 인식 대상의 천차만별을 설명한다. 마음이 대상과 연(緣)을 쌓아 산하대지(山河大地)가 별도로 밖에 있는 것으로 착각하지만, 실제로는 마음의 작용이라는 것이다. 외부 대상과의 접합으로 형성된 미혹된 인식을 반연(攀緣)이라고 한다. 마음이 전체의 바닷물이라면 연(緣)으로 생겨난 것은 표면의 물거품인데 중생들이 물거품의 미혹에 빠졌다는 것이다. 여래가 순수한 마음을 가리키는데 중생들은 손가락만 본다는 것이다.[20] 또한 유식설의 내면화의 경향은 사분(四分)설에서도 잘 드러난다. 사분설에 의하면 인식은 상분(相分), 견분(見分), 자증분(自證分), 증자증분(證自證分)으로 나뉜다. 이 네 가지가 다 인식 상에 드러난 각각의 작용이다. 상

18) 『正蒙』「大心」. "釋氏不知天命而以心法起滅天地, 以小緣大, 以末緣本, 其不能窮而謂之幻妄, 眞所謂疑冰者與! 釋氏妄意天性而不知範圍天用, 反以六根之微因緣天地. 明不能盡, 則誣天地日月爲幻妄, 蔽其用於一身之小, 溺其志於虛空之大, 所以語大語小, 流遁失中. 其過於大也, 塵芥六合. 其蔽於小也, 夢幻人世. 謂之窮理可乎?"

19) 육식설에 대한 불가의 교설 자체를 부정할 수는 없을 것이다. 불가는 인식주체의 육근과 인식대상의 육경 사이의 상호작용을 통해서 인식이 성립한다고 봄으로써 인식을 육근으로 환원하는 인식론을 취하지 않기 때문이다. 다만 불가의 유식이론은 수양론을 개진할 때 사회 · 문화 · 역사 등의 객관적 틀보다 행위자의 미세의식을 자세히 분석함으로써 주관적 틀에 전력을 다한다. 그 점에서 장재는 유식설의 주관화 경향을 경계한다.

20) 김두재 번역, 1994, 『楞嚴經』 권2, 민족사, 44~47쪽.

분이란 인식 상의 대상이고, 견분이란 상분을 인식하는 자, 자증분이란 상분과 견분의 상호작용을 스스로 자각하는 것이고, 증자증분이란 그러한 자증분을 다시 내면에서 자각하는 것이다.[21] 이와 같이 유식의 사분설은 인간의 의식을 미세하게 분류하는데 모든 역량을 집중한다. 특히 인간이 부처가 되느냐 속인으로 남느냐에 관한 종자설에 의하면 무루종자(無漏種子)와 유루종자(有漏種子)의 구분법 등 번뇌의 원인을 마음의 종자와 관련하여 해석한다. 『俱舍論』「根品」에 의하면 개체를 구성하고 있는 요소 가운데에 번뇌의 종자가 있느냐 없느냐가 중요하다.[22] 그것은 마치 불에 탄 곡물에서 싹이 나올 수 없는 것과 같다고 한다.

장재는 불가의 이러한 태도가 대상의 객관적 실재성을 환망으로 봄으로써 주관의 의식으로 너무 기울어졌다고 지적하고 있다. 장재에 의하면 주체의 주관성과 마찬가지로 외부 대상도 실재하는 것이다. 장재의 기 철학에 의하면 인식주체와 인식대상 사이의 상호 교류하는 곳에서 균형적으로 의미를 찾아야 하는데, 유식설은 대상을 지나치게 의식화했다. 장재는 육근으로 아무리 조작하려고 하더라도 그렇게 할 수 없는 객관적 법칙이 있음을 전제하였다. 세상에는 인간의 사려로 멋대로 바꿀 수 없는 객관적 법칙으로서의 천명(天命)이 있고, 인간에게는 몽환으로 치부할 수 없는 진실된 의미가 객관적으로 부여되어 있다고 판단하였다. 장재가 보기에 인간이란 천명(天命)이나 천도(天道)에서 분여된 것, 즉 전체 자연 운동의 일부일 따름이다. 장재는 자연 전체로서의 운동을 주어진 것이자 받아들여야 할 것, 즉 음기/양기에 의한 운동 법칙을 감각적 인식 이전의 객관적인 것으로 판단하였다. 장재의 실재론적 입장을 따른다면 인간의 감각

---

21) 太田久紀, 정병조 번역, 1983, 『불교의 심층심리』, 현암사, 74～181쪽 참조.

22) 핫토리 마사아키 (외), 이만 번역, 1991, 『인식과 초월』, 민족사, 109쪽 참조.

적 욕구 또한 음기/양기의 반응 구도 안에서 의미를 지닌다.

장재의 유식설 비판은 사회, 경제, 문화, 역사, 제도 등의 하부구조를 바라보는 관점과도 관련된다. 유식설은 개별자 의식의 순화를 추구함으로써 개별자와 상관관계에 있는 사회적 하부구조를 등한시하는 경향이 있다. 가정을 떠나 깊숙한 산사에서 자신의 마음을 찾는 것, 군사와 경제 분야에 대한 전략에 관심이 없는 것, 지나치게 개별적 주체를 상정함으로써 역사적 상황을 초탈하는 것 등이 유자였던 장재의 현실적 불만이었을 것이다. 장재의 기 철학적 상관성에 의한다면 개별자의 의식은 가정, 사회, 문화, 역사, 경제, 제도 등과의 전체적 관련성 속에서 이해되고 발전되어야 하지만, 불가는 그렇지 못했다는 것이다.

3. 윤회설

장재가 불가의 윤회설을 비판하는 까닭은 생사의 순환을 관통하여 지속되는 영혼을 가정하였기 때문이다. 장재는 결단코 생사를 반복하며 지속되는 영혼이나 정신은 없다고 생각하였다.

> 오늘날 불가가 논의하는 요점은 인간이 죽음과 삶을 오간다는 것이다. 또한 도리를 얻지 못하면 윤회에서 벗어나지 못한다고 한다. 어찌 (그들이) 도리를 깨쳤다고 하겠는가?[23]

윤회설에 따르면 영혼은 아귀, 축생, 아수라, 인간 등 여러 등급의 생명으로 생사를 거듭한다. 수양의 정도에 따라서 축생으로 태어날 수도 있고 인간으로 태어날 수도 있다. 이와 같이 영혼의 윤회설을

23) 『正蒙』「乾稱」. "今浮屠極論要歸, 必謂死生轉流, 非得道不免, 謂之悟道可乎?"

주장할 경우 인간의 수양은 사후 세계에까지 연결된다. 불가의 윤회설에는 생사를 거듭하며 지속되는 영혼이 설정되어 있다. 장재가 가장 부정하고 싶었던 것은 죽어도 흩어지지 않고 유지되는 윤회하는 정신이었다.

장재는 모이고 흩어지는 기(氣)의 특성에 근거하여 죽어도 사라지지 않는 영혼을 부정한다. 영혼의 부정은 장재 기 철학의 핵심을 이루는 것으로서 그 단서는 『易』「繫辭」의 다음 구절에 대한 해석에서부터 시작한다.

> 정밀한 기가 모여 사물이 되고, 떠다니는 혼이 변화한다(精氣爲物游魂爲變).[24]

여기에서 혼(魂)은 기(氣) 범주에 속하는 것으로 사물의 생겨남과 죽음을 설명한다. 위 문장의 "떠다니는 혼이 변화한다(游魂爲變)."는 구절에서 본다면 사람이 죽으면 떠다니는 혼이 다른 것으로 변화한다. 즉 기의 모이고 흩어짐에 따르는 자연법칙의 변화만 있을 뿐이므로 죽고 나서 유지되는 영혼이란 존재하지 않는다. 영혼을 정신이나 의식이라고 볼 때 그것은 몸의 수명처럼 기의 모임에 따라 생겨나고 기의 흩어짐에 따라서 사라지는 것이므로 모이고 흩어지는 자연법칙에서 예외일 수 없다.

장재 역시 『易』「繫辭」의 사상을 계승하였다.

> 형체가 모이면 개체가 되고 형체가 무너지면 원래의 곳으로 돌아간다. 원래의 곳으로 돌아간다는 것은 '떠다니는 혼이 변화하는 것'이다.

---

24) 이 구절에서 '精'은 '모이다'로 해석할 수 있다. 『正蒙』「參兩」편에 보면 달을 '陰精'이라고 하고 해를 '陽精'이라고 하는 데서 '精'자는 기가 모여 있는 상태를 가리킨다는 것을 알 수 있다. "月陰精, 反乎陽者也, 故其右行最速, 日爲陽精, 然其質本陰, 故其右行雖緩."

> 여기에서 '변화한다'는 것은 (氣가) 모였다가 흩어지는 것, 살다가 죽는 것을 말한다. 마치 반딧불이 죽어서 참새로 된다는 것처럼 어떤 것이 다른 것으로 된다는 것을 의미하는 것은 아니다.[25)]

위의 비판에 즉해서 볼 때 불가의 영혼윤회설은 삶과 죽음을 구분하지 못하는 오류에 빠졌다. 장재는 삶과 죽음을 명백히 구분하여 서로 다른 의미를 부여하였다. 장재의 기는 계속해서 취산하므로 인간이 죽었다가 동물이 되고 동물이 다시 인간이 되더라도 거기에는 윤회하고 있는 영혼 같은 것은 상정되지 않고, 오직 기의 취산과 순환이 있을 뿐이다. 모든 존재는 기의 취산을 통해서 생겨났다가 사라진다. 현상적 존재는 기라는 실재에서 조합되어 삶을 유지하다가, 삶을 다하면 다시 자연 상태의 기 즉 태허의 기로 흩어진다. 기라는 실재만은 영원하지만 그것의 취산에 의한 현상적 개체의 생성과 소멸은 멈춘 적이 없다.

장재가 말하는 기의 취산에 의거할 때 생명을 지닌 개체 혹은 사물의 삶과 죽음은 어떻게 더 구체적으로 해석될 수 있을까? 장재가 영원의 윤회를 부정하면서 제시한 것은 하늘/땅, 음기/양기, 귀/신, 혼/백 등의 짝에 의한 선택적 계열체이다.

> 동물은 하늘에 근본하므로 호흡으로써 점차 모였다가 점차 흩어진다. 식물은 땅에 근본하므로 음양승강(陰陽升降)으로써 점차 모였다가 점차 흩어진다. 사물의 처음 생성은 기(氣)가 나날이 이르러서 불어나는 것이고, 사물이 이미 다 자라면 기가 나날이 (자연으로) 돌아가 흩어지는 것이다. (기가) 이르는 것을 신(神)이라고 하는 것은 펼치기 때문이다. (기가) 돌아가는 것을 귀(鬼)라고 하는 것은 그것이 (자연으로) 돌아가기 때문이다. 기(氣)로써 사람을 파악해보자. 태어나 이탈하지 않다가 죽으면 흩어지는 것이 혼(魂)이다. (기가) 모여서 형질(形質)을 이루는 데 비록 죽더라도 흩어지지 않는 것을 백(魄)이라고 한다.[26)]

25)『正蒙』「乾稱」. "形聚爲物, 形潰反原, 反原者, 其游魂爲變與. 所謂變者, 對聚散存亡爲文, 非如螢雀之化, 指前後身而爲說也"

기가 모였다가 흩어지는 것이 삶과 죽음이다. 사람이 태어나 살아있을 때는 음기/양기가 모여서 결합한다. 그러다가 죽고 나면 양기(陽氣)는 인간이 인지할 수 없는 형태로 사방에 흩어지고 음기(陰氣)는 아직 흩어지지 않고 남는다. 죽음의 과정에서 흩어지는 것은 혼(魂)이라고 하고 아직 흩어지지 않고서 형체로 남아있는 것 즉 시신과 같은 것을 백(魄)이라고 한다. 이와 같이 혼/백의 분리 이후에는 인간을 구성하였던 정신이나 의식은 사라진다. 이러한 장재의 기 철학적 생사관을 다음과 같이 요약할 수 있다.

삶: 기가 와서 모이는 것 혹은 불어나는 것(至, 聚, 伸, 滋息)
죽음: 기가 자연 상태로 흩어지는 것 혹은 돌아가는 것(反, 散, 鬼, 歸)

장재의 시각을 따를 경우 불가에서와 같이 육신을 바꿔가며 생사를 거듭하는 영혼의 윤회를 상정할 수 없다. 인간은 태어났다가 죽으면 자연의 법칙에 따라 흩어지는 유한한 존재이다. 이렇듯 기의 취산에 따라 성립하는 모든 사물 중에 영원한 것이란 없다. 영원적 주체가 없고 기의 취산만이 있다고 보았으므로 살아서는 일에 성실하고 죽음에 이르러서는 편안히 맞이하였다.[27]

제2절 도가적 형이하에 대한 비판

불가가 형이상자에 집착하였다면 도가는 형이하자에 집착하였다.

---

26) 『正蒙』「動物」. "動物本諸天, 以呼吸爲聚散之漸. 植物本諸地, 以陰陽升降爲聚散之漸. 物之初生, 氣日至而滋息. 物生旣盈, 氣日反而游散. 至之謂神, 以其伸也. 反之爲鬼, 以其歸也. 氣於人, 生而不離, 死而游散者謂魂. 聚成形質, 雖死而不散者謂魄"
27) 『正蒙』「乾稱」. "存吾順事, 沒吾寧也"

특히 도가 중에서도 양생술과 신선술에 매달렸던 도교로서의 도가는 더욱 그러하였다. 인간의 유위적 가식을 해체하고 무위자연으로 돌아가려는 도가의 귀무(貴無)론은 인의예지(仁義禮智)라는 사회적 통일성을 방임하고 개체의 이기성으로 숨으려고 한다. 도가처럼 사회적 이념이 존재하지 않는다면 인간의 삶이란 동물적 본능에 유사할 것이다. 장재는 도가의 무위자연(無爲自然)이 개체적 본능 그 이상의 의미를 현실에 제공하지 못한다고 본다. 장재가 보기에 도가는 주어진 개체 지향적 본능에 만족하려고 하였을 뿐 사회와 우주를 통일하는 본성적 이념을 구현하려는 열망이 부족하였다.

1. 비사회성

노장의 비사회성은 유(有)보다는 무(無)를 높이는 데서 잘 드러난다. 장재는 『老子』의 "유가 무에서 나온다(有生於無)"[28]는 설을 체와 용에 간극이 생겼다고, 즉 무가 유를 근본하였다고 힐난하였다.[29] 장재를 포함한 신유가가 이와 같은 도가의 귀무(貴無)를 싫어하였던 이유는 정치와 사회 등 세간의 일을 소홀히 하거나 해체하는 경향이 있기 때문이다.[30] 장재의 기 철학은 도가의 사고에서 무위가 인위를,

28) 『老子』 40장. "反者, 道之動, 弱者, 道之用. 天下萬物生於有, 有生於無"

29) 이에 대한 왕필의 해석 역시 유와 무의 상관적 구조에서 무를 더 근본적인 것으로 해석하였다. 王弼, 『老子 道德經』, 40장. "天下之物, 皆以有爲生. 有之所始, 以無爲本"

30) 노장이 아닌 성리학자의 글에서도 이러한 본체 생성론적 경향을 찾을 수 있다. 주돈이(周敦頤)의 『太極圖說』의 서두에 나오는 무극(無極)과 태극(太極)의 관계에서 본체가 현상을 생성하는 구조를 볼 수 있다. 물론 '무극이태극(無極而太極)'이라는 구절은 생성론적으로 해석할 것이냐 동시적으로 해석할 것이냐를 두고 주희(朱熹)와 육구연(陸九淵)이 논쟁을 벌일 만큼 성리학의 전개 과정에서 논의가 분분했다. 육구연은 이 구절이 『老子』의 '유생어무(有生於無)'와 같다고 하여 심하게 비판하였

혹은 무가 유를 해체하는 특성을 반대한다. 유가에게는 도가에서 인위적이라고 비판하는 인의예지의 사회성이야말로 가장 인간적이고 가장 자연스러운 것이었다.

먼저 도가의 주장에서 비사회적인 곳들을 짚어보자. 도가는 유가에서 주장하는 인간의 사회성을 기교에 의해서 생겨난 위선이나 왜곡으로 파악한다. 그래서 『老子』에 나오는 다음과 같은 구절들은 인간의 유위를 홀대한다.

> 천지는 인(仁)하지 않으므로 만물을 풀강아지로 여기고, 성인은 인하지 않으므로 백성을 풀강아지로 여긴다.[31]

큰 도리가 무너지자 인의(仁義)가 생겨났고, 지혜가 나오자 큰 거짓이 생겨났다. 친족에 불화가 있으므로 효도와 자애가 생겨났고, 국가가 혼란스러우므로 충신이 생겨났다.[32]

지만 주희는 태극 밖에 따로 무극이 있는 것이 아니며 무극은 태극의 무형(無形)한 상태라고 하여 무극을 태극보다 상위의 개념으로 설정하지 않았다. 비록 주희가 무극을 태극보다 근본자로 여기지 않았다고 하더라도 그의 사상에도 또 다른 근원적 본체가 전제되어 있다. 주희의 태극은 세계의 근원처이고 이로부터 존재의 의미가 추출된다는 점에서 『老子』의 무(無)처럼 세계를 생성하는 근원적 본체에 해당한다. 다만 주희의 태극(太極), 성(性), 이(理) 등의 본체가 『老子』의 무(無)와 가장 다른 점은 인의예지(仁義禮智)라는 구체적 내용이 있다는 것이다. 『老子』의 무(無)는 유(有)의 괴리를 해체하거나 유(有)의 단점을 보충해 준다는 면에서 유(有)와의 대대적 속성을 읽어내기가 쉽다(『老子』를 이러한 관점에서 분석한 연구로는 김형효, 『데리다와 노장의 독법』을 참고). 그러나 주희의 본체는 그것을 보충해줄 대대적 짝을 찾을 수 없을 만큼 이미 자기원인적인 불변의 보편적 본체이다. 그래서 주희는 천리(天理)라고 명명하였다.

『周子全書』「太極圖說」. 朱註. "上天之載, 無聲無臭, 而實造化之樞紐, 品彙之根柢也. 故曰,無極而太極. 非太極之外, 復有無極也"

31) 『老子』 5장. "天地不仁, 以萬物爲芻狗, 聖人不仁, 以百姓爲芻狗"

> 성스러움과 지혜를 버리면 백성의 이익이 백배로 늘어난다. 인의(仁義)를 버리면 백성이 다시 효도와 자애를 베풀 것이다.[33]

노장은 가식에 의해서 가려진 소박한 정서를 회복하려고 하면서, 유가에서 주장하는 인의예지가 자연스러운 감정을 억압하는 위선적인 허식이라고 비판한다. 노장의 무(無) 개념은 위선을 제거한다는 맥락에 따라 가식적 유위를 해체하는 기능을 담당한다. 중국 사상사적으로 볼 때 노장에서 비판하려는 유위의 대상은 인의예지를 내세우는 유가였음에 틀림없다. 노장에서 주장하는 귀무(貴無)론은 사상사적으로 유가의 가식적 활동을 해체하는 데 중점이 놓여있음을 쉽게 추리할 수 있다.

장재가 도가의 무를 버리고 기(氣)에 입각한 실재론적 입장에서 사물의 변화를 이해하였던 것은 유가에서 주장하는 사회적 가치를 옹호하기 위한 전략과 연계되어 있다. 장재는 성인의 경지를 인간에게 본래적으로 주어진 인의예지의 실현으로 파악하였다. 도가에서는 허식이 없는 자연스러움을 무라고 파악하였지만 장재는 인생과 사회라는 구체적 생활의 장을 본성론으로 끌어들인다. 장재는 유가에서 주장하는 인간의 자기실현과 사회적 가치야말로 소중하게 여겨야할 자연스러운 가치로 정립해야 한다고 믿었다. 도가에서처럼 무위와 유위를 구분하여 인간의 사회적 가치를 폄하하는 것은 오히려 기의 운동에서 유래하는 본래적 자연스러움을 저버리는 행위에 불과하다. 장재에 의하면 자연의 운동 자체에 사물을 낳고 키우는 힘이 내재하듯이 인간에게는 사회적 응집력인 인(仁)의 덕목이 본래적으로 내재한다.

---

32) 『老子』 18장. “大道廢有仁義, 慧智出有大僞, 六親不和有孝慈, 國家昏亂有忠臣”

33) 『老子』 19장. “絶聖棄智, 民利百倍, 絶仁棄義, 民復孝慈”

> 하늘의 이치와 네 계절에 따라 만물이 생겨나는 것, 이것은 지극한 가르침이 아닐 수 없다. 성인의 움직임은 지극한 덕을 갖추었으니 무슨 말이 필요하겠는가! 하늘이 사물을 근본하여 빠뜨리지 않은 것은 인(仁)이 만사를 근본하여 있지 아니한 적이 없는 것과 같다. 예의(禮儀) 삼백 가지와 위의(威儀) 삼천 가지 중에서 하나라도 인이 아닌 것이 없다.[34)]

장재에 의하면 사회적 연대를 견고하게 하는 인의예지의 사회성이야말로 인간이 본래적으로 소유한 자연스러운 덕목이다. 이렇게 본다면 사회적 연대는 노자가 말하는 무위자연과 충돌하는 가식적이고 인위적인 산물이 아니다. 장재를 포함한 유가의 가장 큰 특징은 도가와는 달리 사회성을 인간에게 본질적인 것으로 정의하여 그 가치를 심화하는 데 있다. 장재는 노자가 인(仁)의 덕목을 인간의 본래성에서 내치는 것을 이렇게 비판한다.

> 노자는 말하기를, '천지는 인(仁)하지 않기에 만물을 풀강아지로 여긴다.'고 하였다. 이 말은 옳다. (또 말하기를) '성인은 인하지 않기에 백성을 풀강아지로 여긴다.'고 하였다. 이 말은 그르다. 성인에게 어찌 인하지 않음이 있겠는가! (성인은) 인하지 못할까 근심할 뿐이다. 천지가 어찌 인에 뜻을 두겠는가? (천지는) 만물을 키우되 성인과 더불어 함께 근심하지 않는다. 성인이라면 인으로써 도를 넓힐 수 있다.[35)]

여기에서 장재는 인간이 노장에서 말하듯 노력과 근심을 모두 떠난 무위자연의 차가운 존재가 아니라고 설파한다. 자연의 법칙은 인간에 대하여 풀강아지 다루듯이 그저 무심할 수 있을지언정, 인간이

---

34) 『正蒙』「天道」. "天道四時行, 百物生, 無非至教. 聖人之動, 無非至德, 夫何言哉! 天體物不遺, 猶仁體事無不在也. 禮儀三百, 威儀三千, 無一物而非仁也"

35) 『張子語錄』 下, 315쪽. "老子言天地不仁, 以萬物爲芻狗, 此是也. 聖人不仁, 以百姓爲芻狗, 此則非也. 聖人豈有不仁! 所患者不仁也. 天地則何意於仁? 鼓萬物而不與聖人同憂, 聖人則仁, 此其爲能弘道也"

라면 남을 아끼고 배려하려는 사회적 본성으로서의 인(仁)을 제거할 수 없다. 사람은 마땅히 인(仁)의 정신을 실천하기 위해 노력함으로써 훨씬 더 인간적인 인간이 될 수 있다. 이 점에서 인간은 기계와 같이 처음부터 끝까지의 과정이 완전하게 정해진 존재가 아니라 본래적으로 부여받은 인의예지의 덕목을 실천하는 노력을 통해서 차츰 더 완성되어갈 수 있는 정열과 성장의 존재이다. 장재는 인(仁)이라는 사회적 친근감을 인간의 본성으로 해석함으로써 도가에서 주장하는 무위자연의 비사회적 태도를 꾸짖고 있다.

2. 이기주의

장재는 노장 사상에서 유래하는 도교의 양생술 따위에는 인간의 사회성을 해치는 이기주의적 특성이 숨어 있다고 보았다. 이미 불가의 비판에서 보았듯이 인간에게 주어진 욕구를 버리는 허무주의의 반대편에는 욕구에만 매달리는 이기주의가 버티고 있다. 인간의 욕구에 대한 절멸을 말하는 허무주의와 욕구에 집착하는 이기주의는 서로 다른 것임에도 불구하고 폐단이라는 데서는 공통된다.

> (불가의) 적멸(寂滅)을 주장하는 자들은 버리기만 할 뿐 돌아오지 않는다. (도가의) 생을 좇아 몸뚱이에만 집착하는 자들은 개체에 고정되어 변화하지 않으려 한다. 양자에 차이가 있지만 도리를 잃었다는 데서는 한가지다.[36]
>
> 기(氣)에서 바꿀 수 없는 것은 살고 죽는 것, 장수하거나 요절하는 것이다. 그러므로 살고 죽는 것에는 '명이 있다'고 말한다.[37]

---

36) 『正蒙』「太和」. "彼語寂滅者, 往而不反, 徇生執有者, 物而不化, 二者雖有間矣, 以言乎失道則均焉"

37) 『正蒙』「誠明」. "氣之不可變者, 獨死生修夭而已. 故論死生則曰有命, 以言其氣也"

삶을 방치해서도 안 되지만 집착해서도 안 된다. 장재는 도교에서 양생술이나 연단술 등을 통하여 불로불사하려고 하거나 신선이 되려고 하는 것 따위를 부질없는 욕심이라고 비판하였다. 불가는 실재하는 삶을 방치하였고, 양생술사는 자연스러운 삶의 변화를 수용하지 못하고 현재성에 고착되려는 헛된 욕심을 가졌다. 장재는 기의 변화에 순응함으로써 기의 현재성과 변화성을 동시적으로 수용하고자 하였다. 양생술사들은 삶과 죽음의 변화법칙에 순응하지 않고 신선이 되어 계속 살려고 함으로써 이치를 벗어나고 말았다. 장재는 인간에게 주어진 수명이 있다고 하면서 도가류의 과도한 양생술을 부정하였다.

양생술사가 불로불사의 신선을 동경하는 것은 기본적으로 이기적 태도에 기인하며, 그러한 이기적 태도는 감각적 쾌락주의와 연결되기도 한다. 감각적 쾌락주의는 감각에서 발생한 이기적 쾌락만이 삶의 지고한 가치라고 보는 입장이다. 고자(告子)처럼 감각적 욕구에서 삶의 의미를 찾는 경우가 이에 해당한다. 장재는 감각적 쾌락이 인간의 기질에 내재하는 것일지라도 기의 본원적인 것은 아니라고 생각하였다.

> 외부 사물을 공격하여 취하려는 것은 기(氣)의 욕구이다. 입과 배가 음식을 찾는 것, 코와 혀가 냄새와 맛을 찾는 것 따위가 다 공격하여 취하려는 성질이다.[38]

장재는 감각적 욕구를 기질지성이라고 부르면서 허여했지만 그것만을 최고의 가치로 내세우는 것을 경계하였다. 장재는 감각적 쾌락 이상의 가치, 그것을 천지지성(天地之性)이라고 불렀다. 천지지성은 기질지성과 다른 것임에도 불구하고 기질지성을 반성하면 거기에 내재한다.

---

38) 『正蒙』「誠明」. "攻取, 氣之欲. 口腹於飮食, 鼻舌於臭味, 皆攻取之性也"

> 형체가 있은 뒤에 기질지성이 있다. 기질지성을 잘 돌이켜보면 거기에 천지지성이 있다.[39]

천지지성이 기질지성 안에 있다면 그것은 감각적 욕구와 함께 드러날 수밖에 없다. 그렇다면 천지지성이란 무엇을 의미할까? 천지지성이라는 말은 이후 성리학에서 인간의 본성을 가리키는 말로 널리 사용되었는데, 유가에서 말하는 인의예지(仁義禮智)라는 사회적 본성을 가리킨다. 이러한 천지지성은 개체의 이기적 의도에 따라서 바뀌는 임시적인 것이 아니라 천지의 조화로운 운동에서 부여된 보편적인 것이다.

> 하늘의 능력을 본성(性)이라고 부른다. 사람의 꾀함을 능력(能)이라고 부른다. 대인(大人)은 본성을 다하니, 하늘의 능력을 자신의 능력으로 삼지 않고 인간의 꾀함을 자신의 능력으로 삼는다. 그러므로 '천지가 자리를 세우자 성인이 능력을 이룬다.'고 한다. 본성을 다한 뒤라야 살아서 얻을 바가 없으니 죽어서 잃을 바가 없다는 것을 알 것이다.[40]

장재는 위에서 본성(性)을 능력(能)에 대비하면서 인간에게 본래적으로 주어진 것으로서 설명한다. 인욕 사이에 본성이 내재하므로 수양의 당위성이 생긴다. 만약 기질지성에만 머문다면 인간은 감각적 욕구만을 추구하는 저급의 단계에 머물 뿐이다. 그러나 인간이 자연에서 부여받은 본성을 찾아서 함양한다면 기질을 조화로운 상태에 머물게 할 수 있다.

기질지성의 측면에서 보자면 몸의 욕구가 자연스러운 현상이지만, 양생술사들은 거기에만 머물면서 천지지성이라는 우월한 가치를 밝

---

39) 『正蒙』「誠明」. "形而後有氣質之性, 善反之則天地之性存焉. 故氣質之性, 君子有弗性者焉"

40) 『正蒙』「誠明」. "天能謂性, 人謀謂能. 大人盡性, 不以天能爲能而以人謀爲能, 故曰天地設位, 聖人成能. 盡性然後知生無所得則死無所喪"

히지 못하였다. 천지지성은 자연스럽게 발생할 뿐만 아니라 가장 완전한 가치로서 기의 근본이다. 장재의 천지지성은 기질지성에 과불급의 치우침이 없도록 조화로운 상태로 이끄는 역할을 한다. 기(氣)에는 사람의 성품이나 재주에 따라 여러 가지 치우침이 있지만 천지지성에는 치우침이 없기 때문이다.

> 사람에게 강함/부드러움, 느슨함/성급함, 재주 있음/재주 없음 등의 차이가 있는 것은 기(氣)의 편차 때문이다. 하늘은 본래 조화로우므로 치우치지 않는다. 편차가 있는 기를 수양하여 근본에로 돌아가면 치우치지 않는다. 즉 본성을 다하여 하늘에 참여한다. 본성이 아직 완성되지 않으면 좋음과 나쁨이 혼재한다.[41)]

천지지성이란 천지의 조화를 이끌어내는 힘이다. 기질지성만을 추구하면 기질의 편차에 따라서 과불급의 괴리로 흐르는 것에 반해, 천지지성을 추구하면 전체와의 조화와 평형을 유지한다.

그렇다면 장재가 말하는 조화라는 것이 구체적으로 무엇을 의미할까? 양생술사 또한 기의 운행과 조식을 증진시킴으로써 조화를 가장 중시하지 않는가? 장재가 양생술사를 비판하고 있으므로 천지지성에 의한 조화는 운기조식에 의한 조화와 곧바로 등치될 수 없다. 장재가 양생술이나 의학 등의 학문을 부차적인 것으로 취급하는 것을 볼 때도 조화란 운기조식과는 다른 것이다. 『正蒙』의 첫 편인 「太和」편을 보면 기의 떠오름/가라앉음, 올라감/내려옴, 움직임/고요함 등의 상관적 감응이 매우 신묘하게 자동적으로 진행되는 것을 '큰 조화(太和)'라고 하였다. 그런 점에서 장재의 조화는 양생술의 운기조식보다 더 거대한 체계에서 성립하며, 천지지성이라는 개념과 관련된다. 천지지성이란 운기조식의 이기적 목적에 고착되지 않고

---

41) 『正蒙』「誠明」. "人之剛柔緩急有才與不才, 氣之偏也. 天本參和不偏, 養其氣, 反之本而不偏, 則盡性而天矣. 性未成則善惡混"

천지의 큰 조화에 의해 발생하는 자연적 본성을 뜻한다. 천지지성을 따르는 것이 물리적인 건강과 조화를 가져오기 위함이 아니다. 『서명』의 마지막 구절에서 "죽어서는 편안하다."고 말하듯이 장재는 죽음이나 삶 등에 초연한 태도를 취했다. 한 밤중에 잠을 자지 않고 생각에 잠기기도 하였고, 때로는 끼니를 거르고 공부에 매진하기도 하였다. 그가 남긴 텍스트 어느 구석에도 운기조식을 내세우며 전면에 부각시킨 곳은 없다. 때문에 천지지성에 따르는 조화가 물리적 건강을 가져오느냐 마느냐는 장재의 관심사항이 아니었다. '물리적 건강'이라는 개념은 그 목적이 철저하게 개인에게 국소적인 반면에, 장재의 큰 조화는 타자와의 관계성에 초점을 맞추고 있다. 장재의 천지지성이란 기들 사이의 조화라는 커다란 통일성에 일차적 목적이 있다. 장재는 타자와 조화하고, 전체에 참여하는 삶을 추구한다. 사람들 사이에서는 사회성을 추구하고, 물리적 운동에서는 삶과 죽음의 변화에 순응한다. 장재는 천지의 조화라는 큰 틀을 가장 자연스러운 것이라고 보면서, 개체적 몸의 욕구에 한정되는 양생술에 대해 편향되었다고 물리쳤다.

제3절 장재 기에 대한 주희의 형이상학적 비판

1. 이기론에 근거한 생멸설: 기는 순환하지 않고 생성/소멸한다

장재의 기는 도가와 불가를 비판하는 이론적 토대였지만, 한편으로는 성리학 내부의 논쟁을 야기하기도 했으니, 그것이 바로 기의 취산설이다. 장재의 취산에 의한 기 실재론은 완전한 소멸과 무로부터의 창조를 부정한다. 모든 존재물은 다른 어떤 것에서 변화되어 온 것이고 또 앞으로 다른 것으로 변화해 갈 뿐이다. 무로부터의 생성과 무로의 소멸을 부정하기 위한 도구가 바로 장재의 취산설이다. 이러한 취산설의 의도는 불가의 윤회와 도가의 무를 부정하기 위한 학설임에도 불구하고 성리학의 집대성자였던 주희에게서 비판받았다. 주희는 장재의 취산설이 순환이라는 구도를 취하였다는 점에서 불가 윤회설의 한 종류라고 생각하였다.

> 『正蒙』에서 도의 요체를 표현하는 '태화(太和)', '태허(太虛)', '허공(虛空)' 등은 기(氣)만을 설명한다. '취산(聚散)'을 말하는 부분은 그 전개과정이 일종의 '대윤회(大輪廻)'이다. 그러한 사려와 고찰이 이르는 바는 인간의 본성이 부여받은 자연스러운 지식이 아니다. 도리에 대해서는 주돈이의 '무극이태극(無極而太極)'설이 제일 좋다. (중략) 정이천은 장재의 말에 참으로 과실이 있는 곳은 『正蒙』이라고 하였으니, '청허일대(淸虛一大)'를 만물의 근원으로 여기는 것에 온당치 않은 말이 있음을 대개 알 수 있다.[42]

정이천이 장재의 사상을 요약하였던 '청허일대(淸虛一大)'라는 말은 변화의 기저에 있는 태허를 의미한다. 주희는 정이천의 말에 근거하여 장재의 취산설이 소멸하지 않는 물질의 순환을 상정하였다는 점에서 불가의 윤회와 동일하다고 판단하였다. 주희는 현상의 근저에 기체로서의 태허를 상정하는 것을 부정하였다. 주희가 태허에 근거한 장재의 취산설을 윤회라고 부정하는 이유는 장재가 기의 순환을 말하기 때문이다.

42) 『朱子語類』 99:6. "正蒙說道體處, 如太和太虛虛空云者, 止是說氣. 說聚散處, 其流乃是箇大輪廻. 蓋其思慮攷索所至, 非性分自然之知. 若語道理, 惟是周子說無極而太極最好. (중략) 伊川所謂橫渠之言誠有過者, 乃在正蒙, 以淸虛一大爲萬物之原, 有未安等語, 槪可見矣"

- 장재의 주장: “기가 태허에서 취산하는 것은 물이 얼었다 녹았다 하는 것과 같다. 태허가 곧 기라는 것을 알면 무(無)는 없다.”43)
- 주희의 비판: “얼음과 물의 비유는 근원으로 환원하고 본질로 돌아가는 병이 있다.”44) “물의 성질은 얼음일 때에는 단지 얼어붙는다. 응고하면 얼음을 이루니 거기에 무슨 조화가 있겠는가? 이 얼음이 녹아서 다시 물로 돌아오면 (물의) 자취가 있게 된다. 이것은 하늘에서 부여한 본성이 사람에게 있는 것과는 저절로 다르다.”45)

주희는 두 가지 점에서 장재의 물/얼음의 비유를 비판하고 있다. 첫째는 물질적 본체를 설정할 수 없다는 측면이다. 주희는 존재물, 즉 기(氣)란 끊임없는 생성과 소멸의 연속이라고 이해하였기 때문에 사람을 구성하는 물질은 계속하여 생성되고 있는 진원(眞元)의 기(氣)에서 나오고, 더 나아가 우주 안의 모든 기는 큰 화로에서 불이 타오르는 것처럼 새로운 물질의 연속이라고 생각하였다.46) 주희는 장재가 주장하듯 변화에 관통하면서 불변하는 기 본체와 같은 실재는 없다고 생각하였기 때문에 물질의 연속적 순환을 부정하고 물질의 생멸(生滅)설을 취하였다.

둘째는 이치가 없는 물질만의 운동을 불완전하게 보았다는 점이다. 주희는 물질의 조합과 순환을 주도하는 더 고차원의 이치를 설정하고는, 모든 개체를 결합하고 이끌어가는 물질과는 별개의 조정자를 이(理)라고 불렀다. 주희는 장재의 물과 얼음의 비유처럼 물질운동에만 경도되어서는 인간의 본성이나 세계의 이치를 온전히 설명할 수 없다고 보았다. 주희에 의하면 물질의 변화를 이끌어가는

---

43) 『正蒙』「太和」. “氣之聚散於太虛, 猶冰凝釋於水, 知太虛卽氣, 則無無”
44) 『朱子語類』 99:23. “氷水之喩, 有還元反本之病”
45) 『朱子語類』 99:24. “水性在氷只是凍, 凝成箇氷, 有甚造化? 及其釋, 則這氷復歸於水, 便有迹了. 與天性在人自不同”
46) 林文孝, 1997, 山口大學哲學研究會 編, 『山口大學哲學研究』 6, 1~92쪽 ; 「他者の死と私/私の死と他者－張載・朱熹王夫之からの問い」, 18~26쪽 참고.

질서자 혹은 조정자라고 할 수 있는 이(理)가 선행하지 않으면 물질적 기(氣)가 의미를 형성할 수 없다.

> 취산하는 것은 기(氣)다. 이(理)는 기(氣)에 붙어 있을 뿐이므로 애초부터 응결하여 사물이 될 수 없다. 다만 사람의 입장으로서 마땅히 지켜야 할 것이 이(理)이니, 취산으로서 말할 수 없다. 사람이 죽으면 언젠가는 흩어지지만, 아직 다 흩어지지 않았을 때에는 제사지내어 조상의 신령을 느끼어 이르게 하는 이(理)가 있다. 세대가 먼 조상은 기(氣)의 유무를 알 수 없지만, 제사를 드리는 자가 그의 자손이라면 동일한 기(氣)를 공유하기 때문에 느끼고 통하는 이(理)가 있다. 이미 흩어진 사람은 다시 돌아오지 못하지만, 불교에서는 사람이 죽으면 귀신이 되고, 귀신은 다시 사람이 된다고 한다. 이러한 주장에 따른다면 천지 사이에는 무수한 사람이 죽음과 삶을 왕래하면서 조화를 말미암지 않고도 새롭게 생겨나게 되니, 기필코 그러한 이치(理)는 없다.[47]

주희가 말하는 기는 수명을 다하면 소멸한다. 주희는 이(理)가 배제된 단순한 물질로서의 기를 부정한다. 즉 사람으로서의 기, 동물로서의 기, 식물로서의 기 등등 구체적 의미를 지니지 않은 순수한 질료로서의 물질을 부정하는 셈이다. 그래서 이(理) 없는 기(氣)란 어불성설이다. 이 점에서 주희의 기는 원자론적 개념보다는 현대의 물질뿐만 아니라 정신까지 포함하는 생물학적이면서도 심령적인 영역을 가리킨다. 주희도 장재처럼 기의 취산을 말하지만 그것은 순환을 의미하지 않고 생멸을 의미하므로 이(理)가 기에서 떠나면 기 역시 소멸될 따름이다. 따라서 사람이 죽어서 '흩어진다'는 주희의 말은 이치를 따질 수 없는 곳으로 '사라진다'는 것을 뜻한다. 주희에 의하면

---

47) 『朱子語類』 3:19. "夫聚散者, 氣也. 若理, 則只泊在氣上, 初不是凝結自爲一物. 但人分上所合當然者便是理, 不可以聚散言也. 然人死雖終歸於散, 然亦未便散盡, 故祭祀有感格之理. 先祖世次遠者, 氣之有無不可知. 然奉祭祀者旣是他子孫, 必竟只是一氣, 所以有感通之理. 然已散者不復聚. 釋氏卻謂人死爲鬼, 鬼復爲人. 如此, 則天地間常只是許多人來來去去, 更不由造化生生, 必無是理"

기(氣)라는 물질 운동은 생성되었다가 소멸되는 한시적인 것으로서 이(理)에 의해서 의미를 획득하였다가 이(理)가 사라지면 기도 사라진다. 따라서 기(氣)는 순환적으로 취산하는 것이 아니라 이(理)에 의한 끊임없는 생성과 소멸이라고 반론하였다.

2. 이(理)는 청기(淸氣)와 탁기(濁氣)의 운동을 모두 포괄한다

장재의 기(氣)는 청기와 탁기로 구분된다. 장재가 말하였던 태허(太虛)는 감각되지 않을지라도 실재로는 존재하는 청기를 가리키고, 감각에 파지되는 기는 탁기를 가리킨다. 주희는 장재가 청기를 존재론적 근원자로 보고 탁기를 존재론적 현상자로 구분한다고 비판하였다. 주희에 의하면 장재가 말한 청허(淸虛) 역시 기일 뿐이므로 청기가 탁기에 선행하는 원인으로 보아서는 안 된다. 즉 맑은 것이든 탁한 것이든 모두 이(理)가 부여되었다는 차원에서는 동일하다.

- 진후지(陳後之)의 물음: 장재의 청허일대(淸虛一大)는 공허함에 빠진 것 아닙니까? (주희의) 대답: 공허함에 빠지지 않았다. 한 쪽으로 치우쳤다. 도리는 본래 평정(平正)하여 맑은 것에도 이(理)가 있고 탁한 것에도 이(理)가 있다. 허(虛)한 것에도 이(理)가 있고 실(實)한 것에도 이(理)가 있다. 다 이(理)의 결과이다. 장재에게는 한 쪽만 있고 다른 쪽은 없다.[48)]
- 장재는 '맑은 것이 탁한 것을 포괄할 수 있고, 허(虛)가 실(實)을 포괄할 수 있다.'고 하여, '형이상자(形而上者)'가 이(理)고 '형이하자(形而下者)'가 기(器)라는 것을 몰랐다. 허(虛)를 말하면 이미 실(實)

48) 『朱子語類』 99:41. "陳後之問: 橫渠淸虛一大, 恐入空去否? 曰: 也不是入空. 他都向一邊了. 這道理本平正, 淸也有是理, 濁也有是理, 虛也有是理, 實也有是理, 皆此理之所爲也. 他說成這一邊有, 那一邊無"

과 대응을 이루고, 맑음을 말하면 이미 탁함과 대응을 이루게 된다. 장재의 주장은 마치 좌승상이 크게 얻고 우승상이 얻지 못한 것과 같다.[49)]

주희는 장재의 취산설이 청허일대(淸虛一大)의 맑은 기를 근본자로 하고 탁한 기를 현상자로 하여 순환한다고 판단하였다. 주희에 따르면 장재의 취산설은 청허(淸虛)한 기가 상층의 조합자로서 탁한 기를 주도한다고 가정하기 때문에 본체적 기와 현상적 기로 양분하여 본원적 기에만 편중하는 우를 범하였다. 이러한 편중은 장재가 맑은 기와 탁한 기를 대비되는 짝으로 보지 않고 맑은 기를 탁한 기의 원인으로 보았기 때문이다. 주희는 맑은 기에 속하는 신(神)도 기의 범주에 속할 뿐 본체로서의 의미를 지니지 못한다고 보았다.[50)] 주희에 의하면 장재는 기(氣)가 형이하자이고 이(理)가 형이상자라는 것을 구분하지 못하였다. 기와 기의 그러함을 그러하게 하는 이(理), 즉 현상(所然)과 현상을 만들어 내는 근거자(所以然)를 구분하지 못하였다.

주희는 기 개념 위에 이(理) 개념을 가정함으로써 장재가 본체적 기와 현상적 기로 구분하는 것을 해소하려고 하였다. 주희는 주돈이의 『太極圖說』 서두에 나오는 무극과 태극을 이(理)에 등치시킴으로써 이(理)가 기의 활동을 야기하는 것으로 해석하였다. 주희는 현상적 기 운동의 정당성을 얻기 위해 기 개념을 벗어나 새로운 근본자로서의 이(理)를 설정하려고 하였음을 알 수 있다. 주희는 기(氣)만으로는 기의 활동을 보편적으로 정당화할 수 없다고 보아, 기의 청(淸)

49) 『朱子語類』 99:8. "橫渠却云: '淸者可以該濁, 虛者可以該實.' 却不知形而上者還他是理, 形而下者還他是器. 旣說是虛, 便是與實對了. 旣說是淸, 便是與濁對了. 如左丞相大得右丞相不得"

50) 『朱子語類』 99:8. "明道說: 氣外無神, 神外無氣. 謂淸者爲神, 則濁者非神乎?"

과 탁(濁)을 초월하면서도 현상적 기에 끊임없이 내재하는 보편적 원리로서 이(理)를 설정하였다.[51] 주희의 이(理)는 존재론적으로 의지, 조작, 사려 등과 같은 개별적 의도를 갖지 않으면서도 전체 개체의 존재 의미를 근거하여 주기 때문에[52] 전체 기의 존재론적 이유이자 근거라고 할 수 있다. 주희는 이(理)가 기의 존재론적 의미를 주는 근거자라는 구도에 따라 장재의 태허(太虛)를 이(理)로 해석하거나 그래야 한다고 생각하였다.

- 물음: '태허(太虛)가 곧 기(氣)다.'는 장재의 구절에서 태허(太虛)는 무엇을 가리킵니까? (주희의) 대답: 이(理)를 가리키지만 말이 분명하지 않다. 물음: 태화(太和)는 무엇입니까? (주희의) 대답: 기(氣)를 가리킨다.[53]
- '태허(太虛)로 말미암아 하늘의 이름이 있다.'는 것은 모두 이(理)를 말한다. 기(氣)의 변화로 말미암아 도(道)의 이름이 있다는 것은 사물에 나아가 말하였다.[54]

주희는 현상적으로 변화하는 기(氣)를 음기/양기, 청/탁 등의 역동적인 댓구로 해석함으로써 기를 본체와 현상으로 나누는 편중을 해소하려고 하였다. 주희에게 이(理)는 음기/양기의 대대적 구조를 야기하는 초월적 원리이자 원인으로서 기능하였다. 이(理)는 음기/양기

51) 이기론과 관련하여 한형조는 신유가의 이(理)를 '기(氣)의 척도', '존재의 의미' 등으로 해석한다. 즉 기(氣)가 자연세계라고 한다면 이(理)는 기(氣)에 대한 인문학적 혹은 이념적 척도라고 본다. 한형조, 2000, 『왜 동양철학인가』, 문학동네, 161～177쪽.

52) 『朱子語類』 1:13. "蓋氣則能凝結造作, 理卻無情意, 無計度, 無造作. 只此氣凝聚處, 理便在其中"

53) 『朱子語類』 99:13. 問: "'太虛卽氣'太虛何所指? 曰: 他亦指理, 但說得不分曉. 曰: 太和如何? 曰: 亦指氣"

54) 『朱子語類』 60:48. "'由太虛有天之名', 這全說理. '由氣化有道之名', 這說著事物上"

의 대립물의 어느 한쪽에 치우지지 않고 그 전체를 포괄하는 원인이었다. 그래서 주희는 『易』「繫辭」에 나오는 음양과 도(道)의 관계를 현상과 근거자의 관계로 파악하였다.

> 한 번은 양(陽)이었다, 한 번은 음(陰)이었다 하게 만드는 것을 도(道)라고 한다.[55)]

기를 요약적으로 표현하는 음과 양이 어느 한쪽으로 환원되지 않듯이 장재의 청기와 탁기도 근본자와 부수자의 관계로 설정해서는 안 된다고 보았다. 이(理)는 음기/양기의 대대적 운동과 변화를 이끌어가는 전체 기의 조정자라고 할 수 있다. 이(理)는 여러 개별적 기(氣) 사이의 관계를 조화시키는 형이상자이다. 주희는 기와 섞일 수 없는 초월적 이(理)가 형이하(形而下)의 현상적 기를 조화시켜 가는 과정을 이일분수(理一分殊)로 요약하면서[56)] 장재의 『西銘』이야말로 이일분수를 잘 표현하였다고 말한다. 주희는 장재의 『正蒙』에 나오는 취산설과 청허일대(淸虛一大)는 기를 전체적으로 조정하는 이(理)를 명확하게 드러내지 못했다고 비판하였다.

3. 가설적 기의 부정: 이(理) 없는 기(氣)는 없다

주희가 이(理)로써 기(氣)를 설명하려고 하였던 것은 기(氣)의 항구성을 부정하기 위한 것이다. 주희에 의하면 장재의 맑은 기(淸氣)나 태허(太虛)는 감각적으로 설명할 수 없는 어떤 물질을 가정하고 있다. 주희는 아무 것도 설명할 수 없는 가설적 물질, 소이연(所以然)이

55) 朱熹, 『易傳義』.
56) 『朱子語類』 98:90. “西銘一篇, 始末皆是理一分殊”

없는 소연(所然), 형이상(形而上)이 없는 형이하(形而下), 이(理) 없는 기(氣)는 불가능하다고 생각하였기 때문에 장재의 기(氣) 개념이 영원한 물질실체를 상정하는 환원반본(還元反本)의 병에 빠졌다고 비판하였다. 주희는 질료로서의 물질적 실체를 가정하고서 그것의 조합과 파괴로 사물을 설명하는 장재의 순환론적 취산설을 부정한다. 이러한 주희의 생멸설은 정이천의 이기론을 계승한 것이다. 정이천의 설명을 보면 왜 취산설을 부정하는지 더 분명해진다.

> 어떻게 무너진 형체에 근거하여 이미 흩어진 기가 다시 조화를 일으키겠는가? 우리의 몸에서 보면 열리고 닫히면서 계속하여 오고 간다. 코로 숨 쉬는 것을 보면 반드시 들이쉬었던 것을 다시 내쉬는 것은 아니다. 기(氣)는 저절로 생겨난다. 사람의 기(氣)는 진원(眞元)에서 생겨난다. 하늘의 기도 저절로 계속 생겨나기를 그치지 않는다. (중략) 저절로 생겨나면서 가고 오고, 굽히고 펴는 것이 이(理)다. 왕성하면 쇠하게 되고, 낮이 있으면 밤이 있고, 가면 오게 된다. 천지는 큰 화로와 같으니 어떤 것인들 녹이지 않겠는가![57]

여기에서 천지 안의 사물은 큰 화로에서 불타는 것처럼 다 무화된다는 비유는 오해를 일으키기 쉬운 부분이다. 사람이 죽으면 몸을 구성하고 있던 물질이 다 소멸하여 아무런 물질이 남지 않는다는 것으로 이해하기 쉽기 때문이다. 사실상 정이천이 말한 소멸은 장재의 취산론의 입장, 즉 순환하는 과정에서 계속적으로 지속되는 기본적 질료로서의 물질을 부정한 것이다. 숨쉴 때 들이쉬는 기와 내쉬는 기가 동일한 기가 아니라는 데서 그러한 측면을 볼 수 있다. 정이천과 주희는 초월적 조정자로서의 이(理)의 설명이 없는 기(氣)만의 기

---

57) 『二程集』 1책, 「程氏遺書」, 中華民國 72년, 漢京文化事業有限公司, 148쪽. "何復資於既斃之形, 既返之氣, 以爲造化? 近取諸身, 其開闔往來, 見之鼻息, 然不必須假吸復入爲呼. 氣則自然生. 人氣之生, 生於眞元. 天之氣, 亦自然生生不窮. (중략) 自然能生, 往來屈伸只是理也. 盛則便有衰, 晝則便有夜, 往則便有來. 天地中如洪鑪, 何物不鑠銷了?"

를 부정하였다. 모든 기(氣)는 이(理)로써 규정될 수 있다. 예를 들어 사람이라는 존재는 부모－자식의 사랑, 남편－부인의 구별 등에 따라서 그 의미를 파악할 수 있다. 이(理)의 맥락을 떠나서 무의미한 단순한 물질로서의 기를 가설적으로 설정할 수 없다. 기는 언제나 이(理)라는 포괄적 조정에 의해서 설명할 수 있다. 주희는 장재의 취산하는 기가 그러한 이(理)의 맥락적 의미를 벗어난 가설이라는 점에서 정당화될 수 없다고 보았다. 이처럼 주희가 생멸설적 경향을 취한 이유에는 이(理)의 근거를 찾을 수 없는 기(氣) 본체를 가설적으로 설정하는 것을 부정하려는 의도가 들어 있다.

> 장재는 형체가 무너져 근원으로 돌아간다고 하였다. 이것은 사람이 육신을 얻었다가 죽으면 육신이 큰 근원으로 돌아가고, 다시 근원에서 추출하여 사람이 생겨난다는 것을 뜻한다. 마친 한 줌의 황토로 탄알을 만들면 나중에 그 탄알이 예전의 황토로 돌아가고, 다시 그 황토로 탄알을 만든다는 것과 같다. 정이천은 '굽었던 기(氣)가 불어나는 기(氣)일 필요는 없다.'고 하였다. 예컨대 성인은 '정밀한 기가 사물이 되고, 떠다니는 혼이 변화를 일으킨다.'고 하였다. 이러한 관점에서 보면 정이천의 주장이 옳다. 사람이 죽으면 기가 흩어지고 태어날 때는 큰 근원 안에서 생겨난다.[58]

주희는 장재가 이(理)가 없는 상태의 지위를 기에 부여한 것을 부정하였다. 즉 사람이 죽은 뒤에도 실재하는 가설적 동일자로서의 기가 있다고 하는 것은 무의미한 물질 실체를 상정하는 것이었다. 그래서 탄알－황토－탄알과 같이 순환을 통하여 지속되는 기가 없다고 말한다. 주희는 흩어지거나 소멸하여 더 이상 의미를 추적할 수

58) 『朱子語類』 126:102. "橫渠說'形潰反原', 以爲人生得此箇物事, 旣死, 此箇物事卻復歸大原去, 又別從裏面抽出來生人. 如一塊黃泥, 旣把來做箇彈子了, 卻依前歸一塊裏面去, 又做箇彈子出來. 伊川便說是'不必以旣屈之氣爲方伸之氣'. 若以聖人'精氣爲物, 游魂爲變'之語觀之, 則伊川之說爲是. 蓋人死則氣散; 其生也, 又是從大原裏面發出來"

없는 본체로서의 기를 언급하려고 하지 않았다. 주희는 오직 현재에서 의미를 지닌 기만이 존재할 뿐이므로 이미 소멸한 기를 언급하는 것은 무의미하다고 보았다. 주희는 사람이 죽어서 혼과 백이 다 흩어지고 나면 이미 이치로써 설명하는 영역을 벗어났다고 생각한다. 주희가 보기에 장재의 취산설에서 주장하는 기의 순환은 구체적으로 아무런 연고가 없는 공허한 추상에 불과한 것이었다. 주희에게는 이(理)로써 설명되는 기만이 현실적이고 구체적인 기이다. 그래서 『易』「繫辭」에서 말하였던 '떠다니는 기(游氣)'란 동일하게 지속되면서 순환하는 본체로서의 기가 아니라 이(理)에 의해서 계속 생성되는 기를 의미한다.

▫ 물음: 떠다니는 기(游氣)와 음양(陰陽)이란 무엇입니까? (주희의) 대답: '떠다닌다'는 것은 개체로 흩어지는 것이다. 물수레의 한 쪽이 올라가면 다른 쪽이 내려오는 것과 같다. 물수레의 양쪽이 함께 돌아가며 그 순환이 그치지 않듯이 천지의 변화도 마찬가지다. 물수레가 한쪽이 올라가고 다른 쪽이 내려오는 회전에 의해서 물을 품어 올리듯이 온갖 사람과 사물이 생겨난다. 천지 사이에서 음(陰)과 양(陽)의 두 기(氣)가 계속 움직이며 돌아가는 사이에 아무도 모르게 사람과 사물이 생겨난다.[59]

기로 구성된 세계의 변화는 음양의 운동에 의해서 쉼 없이 계속된다. 한쪽 물바가지가 올라오면 반대쪽 물바가지가 내려가듯 유사한 패턴의 생명운동이 반복된다. 세계의 변화에 대한 이러한 설명은 마치 장재가 말한 기의 순환을 연상하기 쉽다. 그러나 주희가 의도하는 것은 유사한 패턴이지 물질 자체의 순환을 가리킨 것은 아니다.

---

59) 『朱子語類』 98:11. "問: 游氣陰陽. 曰: 游是散殊, 比如一箇水車, 一上一下, 兩邊只管滾轉. 這便是循環不已, 立天地之大義底; 一上一下, 只管滾轉, 中間帶得水灌溉得所在. 便是生人物之萬殊. 天地之間, 二氣只管運轉, 不知不覺生出一箇人, 不知不覺又生出一箇物"

봄/여름/가을/겨울, 낮/밤 등 기의 변화는 동일한 변화의 패턴을 보이지만 그 속에 존재하는 나무, 풀, 사람, 동물 등의 존재물은 끊임없이 생성했다가 소멸할 뿐이다. 이러한 측면에서 주희는 기의 변화에서 보이는 동일한 패턴을 이(理)에 의한 쉬지 않는 활동으로 파악했다. 주희는 저수지에서 물을 품어 올리듯 반복해서 생성소멸되는 기의 패턴을 이(理)에 의해서 이해하였다. 주희는 사람과 사물은 원자론자처럼 단순히 기의 조합인 것이 아니라 이(理)에 의해서만 생멸되는 패턴의 의미를 설명할 수 있다고 생각하였다. 장재의 취산설에서의 현상 세계는 기의 조합으로 해석되지만, 주희에 의하면 그것은 이(理)의 영원한 활동에 의해서 설명되어야 한다.

지금까지의 주희의 장재에 대한 비판을 정리하면 다음과 같다.

1) 기는 순환하지 않는다. 기는 이(理)의 조정 아래 생성되고 소멸될 뿐이다.
2) 청기를 근본자로 탁기를 현상자로 구분하면 안 된다. 신(神)은 기의 일종일 뿐이며 본체로서 기능하지 않는다. 기의 대대적 구조는 이(理)에 의해서 조정된다.
3) 물질의 원인을 물질에서 구해서는 안 된다. 현상적 형이하자(形而下者)인 기는 초월적 형이상자(形而上者)인 이(理)에 의해서 존재론적 정당성을 갖는다. 그러므로 소이연(所以然)으로서의 형이상자가 수반되지 않고 순환을 통하여 지속되는 가설적 기는 무의미하다.
4) 기는 연속해서 생멸하지만 거기에는 생멸하는 패턴이 있다. 기가 생멸하는 질서로서의 패턴은 이(理)에 의해서 성립한다.

제4절 주희에 대한 왕부지의 형이하학적 보완

장재의 사상을 계승하였던 왕부지는 주희의 생멸설을 비판하면서 장재의 취산설을 적극적으로 옹호하였지만, 『正蒙』을 해석할 때 이(理) 개념을 사용하였다. 왕부지의 『張子正蒙注』「太和」편에 보면 "고요할 때는 모든 이(理)가 갖추어져 있어 마음이 바르지 않음이 없고, 움직일 때는 본체를 잃지 않아서 생각이 진실되지 않음이 없어야 본성을 다하는 것이다."[60]고 하였다. 이처럼 왕부지는 사람에 대해 육신이라는 물질 덩어리 이상의 이치가 부여된 존재로 파악함으로써 주희의 이기 구도를 부정하지 않는다. 다만 그는 주희의 이기론이 대체를 밝혔음에도 불구하고 현상세계에 어떻게 적용되는지에 소홀했다고 비판하였다.[61] 왕부지의 이러한 평가는 주희가 장재의 청허일대(淸虛一大)를 이(理) 개념이 분명하지 않다고 비판하던 것과 대비된다. 왕부지가 생각하기에 주희는 기(氣)에 대한 연구가 미약하였다. 주희에 대한 왕부지의 비판은 주희의 기(氣) 개념, 특히 기의 순환을 부정하면서 생멸설을 주장하는 데 집중되었다.

주희에 대한 왕부지의 비판은 주로 『張子正蒙注』「太和」편에 집약적으로 드러나 있으므로 거기에서 추려내어 항목별로 살펴보기로 한다.

---

60) 王夫之, 『張子正蒙注』「太和」. "靜而萬理皆備, 心無不正, 動而本體不失, 意無不誠, 盡性者也"

61) 王夫之, 『張子正蒙注』「乾稱」. "程朱二子明其體之至大, 而未極其用之至切"

1. 기(氣)에서 형이상자를 설정하다

> 『易』에서 말하기를 '형이상자(形而上者)는 도(道)이고 형이하자(形而下者)는 기(器)다.'고 하였다. 형이상자는 맑게 통하여 모양으로 형용할 수 없는 것이다. 기(器)에는 이루거나 훼손됨이 있으며, 거기에는 모양으로 형용할 수 없는 형이상자가 붙어서 쓰임을 일으킨다. 형이상자는 일찍이 이룬 적도 없고 훼손된 적도 없다. 기(器)가 사라져도 도(道)는 쉰 적이 없다.[62]

위의 형이상자와 형이하자에 대한 왕부지의 논의는 기본적으로 주희 이기(理氣)론의 구도와 일치한다. 장재, 주희, 왕부지에게는 공히 이기론적 특성이 드러난다. 다만 장재는 이(理)라는 개념을 일반화하지 않았음에 비하여 주희와 왕부지는 명시적으로 사용하고 있다. 이들의 이기론적 공통성에도 불구하고 장재와 왕부지에 의하면 이(理)는 물질의 취산 과정에서 드러나는 것이므로 기의 운동을 초월한 이(理)는 없다. 주희가 '맑다(淸)'는 용어를 기(氣)에 한정한 것에 반하여, 왕부지는 형이상자를 설명하기 위하여 '맑게 통하다(淸通)'라는 용어를 장재의 『正蒙』에서 차용하였다. 특히 신(神) 개념에 유의할 필요가 있다. 주희에게 신(神)은 기의 일종일 뿐이지만 장재의 『正蒙』「太和」편에 보면 '맑게 통하여 모양으로 형용할 수 없는 것'이 신(神)이다. 신(神)은 분명 기 범주에 속하는 것임에도 불구하고 주희의 이(理) 개념처럼 세계 변화의 조정자로서 기능함을 알 수 있다. 신(神)은 존재론적으로 기의 범주를 벗어나지 않음에도 현상의 변화를 주도하는 형이상자이므로 기의 운동을 이해하는 데 매우 중요한 개념이다. 결과적으로 장재와 왕부지는 기라는 존재론적 실재

---

62) 王夫之, 『張子正蒙注』「太和」. 又曰, 形而上者謂之道, 形而下者謂之器. 形而上, 卽所謂淸通而不可象者也. 器有成毁, 而不可象者寓於器以起用, 未嘗成, 亦不可毁, 器敝而道未嘗息也.

안에 형이상자로서의 이치를 설정함으로써 주희의 이기론에서의 존재론적 주도자 혹은 질서를 기 개념 내에서 구축하였다.

2. 주희 생멸설의 비판과 장재 순환론의 수용

주희는 장재의 취산설이 불가의 윤회설에 가깝다고 비판했지만, 반대로 왕부지는 주희의 생명설이 불가의 이론에 가깝다고 비판한다.

> 주희는 장재의 취산설을 대윤회라고 비판하였다. 그러나 내가 보기에는 주희의 주장이야말로 불가의 '다 멸하여 없어진다(滅盡)'는 설에 가깝고 성인의 말과 다르다.[63]

왕부지는 장재의 취산설을 계승하고 주희의 생멸설을 불가의 멸진(滅盡)에 가까운 설이라고 부정하였다. 불가에서 사용하는 '멸진(滅盡)'의 원래 의미는 인연법에 따른 모든 고통을 제거한 상태를 의미하지만 왕부지를 비롯한 대부분의 유가는 '완전한 소멸' 정도로 이해하고 있었다. 위의 인용문에서도 왕부지는 불가의 멸진(滅盡)을 생멸설에 연관시켜 이해하고 있다. 왕부지에 의하면 주희의 생멸설은 『易』 등에 나오는 생사에 대한 유가의 설명과 다르다. 왕부지는 세계 안의 모든 존재는 실재론적 측면에서 설명되어야지 비실재를 끌어들이는 것은 불가의 '다 멸하여 없어진다.'는 설처럼 허망한 논의에 인도된다고 보았다. 왕부지는 물질은 변화하면서도 지속되는 것이므로, 주희처럼 존재의 완전한 소멸을 주장하게 되면 존재론적 실재를 비실재와 관련시키는 오류를 범한다고 파악하였다. 왕부지가

---

63) 王夫之, 『張子正蒙注』「太和」. "朱子以其言旣聚而散, 散而復聚, 譏其爲大輪廻. 而愚以爲朱子之說, 正斥於釋氏滅盡之言, 而與聖人之言異"

보기에 주희는 기(氣), 즉 실재에 대한 연구가 부족하였다. 이러한 측면에서 왕부지 역시 장재처럼 실재론적 입장에 있다.

> 공자는 '삶을 아직 모르거늘 어찌 죽음을 알겠는가!'라고 하였다. 그 말은 살아 있는 개체가 흩어져 죽고, 죽으면 다시 모여 다른 개체로 태어남을 의미한다. 그러한 이치는 언제나 한결같다. 『易』에서는 '정밀한 기(精氣)가 사물이 되고 떠다니는 혼(遊魂)이 변화를 일으킨다.'고 하였다. 떠다니는 혼이란 혼이 흩어져 허(虛) 상태에 있는 것이다. 변화한다는 것은 다시 생명체로 변화한다는 것이다.[64]

『論語』에서 공자가 "삶을 아직 모르거늘 어찌 죽음을 알겠는가!"라고 말한 의도는 죽음보다는 삶을 해결하는 것이 중요하다는 취지였다. 장재와 왕부지의 취산설을 따른다면 죽음은 인간이 아닌 다른 것으로 흩어지는 것일 뿐 그것을 구성하는 기(氣)마저 완전한 무로 사라지는 것은 아니다. 즉 죽음이라는 것은 단지 어떤 다른 개체로 기가 흩어지는 과정이다. 취산설에서는 인간이라는 개체의 죽음이 있을지언정 기의 완전한 소멸이란 없다. 따라서 왕부지에 의하면 인간은 살아서는 부모에게 효도하고 죽음을 맞아서는 음양의 변화에 순응해야 된다.[65] 인간이라는 개체의 소멸에도 불구하고 자연의 기는 취산 운동을 계속하기 때문이다. 왕부지처럼 기의 취산으로 인간의 생사를 다룰 경우 죽음조차도 완전한 허무로 되는 것이 아니므로, 생/사 즉 인간/비인간의 격절은 음양의 법칙에 따르는 기의 취산 운동이라는 일관된 구도속으로 들어온다. 취산설은 생이든 사이든, 혹은 인간이든 비인간이든 기의 취산에 의해서 논의될 수 있도록 실재

---

64) 王夫之, 『張子正蒙注』「太和」. "孔子曰: '未知生, 焉知死.' 則生之散而爲死, 死之可復聚爲生, 其理一轍, 明矣. 易曰: '精氣爲物, 遊魂爲變.' 游魂者, 魂之散而游於虛也. 爲變, 則還以生變化, 明矣"

65) 王夫之, 『張子正蒙注』「乾稱」. "順事以沒, 事親之事畢, 而無擾陰陽之和以善所歸, 則適得吾常而化自正矣"

론적 토대를 마련하였다.

> 하늘의 움직임과 사물의 모습으로 말하면, 봄과 여름은 나고 자라고 불어나는 계절이며, 가을과 겨울은 죽고 가고 굽는 계절이다. 가을과 겨울에는 생기(生氣)가 땅 속에 들어가므로 나뭇가지와 잎이 마르지만 뿌리는 왕성해진다. 가을과 겨울에 모두 소멸하여 남아 있는 기운이 없는 것은 아니다. 한 수레의 땔나무에 불을 놓아 전부 태우면 불이 타올라 연기가 치솟다가 재가 된다. 그렇게 타는 과정 중에 나무의 기는 나무로 돌아가고, 물의 기는 물로 돌아가고, 흙의 기는 흙으로 돌아간다. 매우 미세하여 사람에게 보이지 않을 뿐이다. 시루에 불을 때어 밥을 하면 김이 모락모락 생겨나 어디론가 흩어진다. 만약 뚜껑을 꽉 닫아놓으면 막혀서 흩어지지 못할 것이다. 수은이 불을 만나면 방향을 알 수 없게 흩어지지만 결국에는 땅으로 돌아간다. 형체가 있는 것도 이러한대 하물며 인온(絪縕)하여 모양으로 형용할 수 없는 것은 어떻겠는가! 애써 긴 세월을 기다리지 않더라도 짧은 사이에도 모든 것이 변화하여 사라진다. 그러므로 가고 온다(往來), 굽고 편다(屈伸), 모이고 흩어진다(聚散), 숨고 드러난다(幽明) 따위로 표현하지만 '생겨나고 소멸한다(生滅).'는 식으로는 말하지 않는다.[66]

왕부지는 기가 소멸하지 않고 취산한다는 것을 여러 예를 들어서 입증하고 있다. 기의 취산하는 과정을 통하여 사물의 변화 과정을 조리있게 설명한다. 봄과 여름에 나무의 줄기와 잎이 새로 나왔다가 가을과 겨울에는 위에 있던 기가 땅 속 뿌리 쪽으로 돌아간다고 한다. 여기에서 드는 왕부지의 예는 주희의 생멸설이 새로운 기가 어떻게 생겨나는지에 대해 모호하게 설명을 하는 것에 비해 훨씬 더

---

66) 王夫之, 『張子正蒙注』「太和」. "以天運物象言之, 春夏爲生, 爲來, 爲伸, 秋冬爲殺, 爲往, 爲屈, 而秋冬生氣潛藏於地中, 枝葉槁而根本固榮, 則非秋冬之一消滅而更無餘也. 車薪之火, 一烈已盡, 而爲焰. 爲煙, 爲燼, 木者仍歸木, 水者仍歸水, 土者仍歸土, 特希微而人不見爾. 一甑之炊, 濕熱之氣, 蓬蓬勃勃, 必有所歸. 若奩蓋嚴密, 則鬱而不散. 汞見火則飛, 不知何往, 而究歸於地. 有形者且然, 況其絪縕不可象者乎! 未嘗有辛勤歲月之積, 一旦悉化爲烏有, 明矣. 故曰往來, 曰屈伸, 曰聚散, 曰幽明, 而不曰生滅"

구체성을 확보한다. 왕부지는 취산설을 받아들이면서 불타는 나무, 시루의 수증기, 수은 등의 흩어짐 등에서 보이는 많은 자연의 변화를 설명한다. 주희의 이－기 구도에서는 기가 생멸하기 때문에 인간이 죽으면 흩어진 기가 어디로 가는지 무의미하지만, 취산설에서는 인간의 죽음이란 자연의 순환에서 일어나는 운동의 일부분일 뿐이다. 이와 같이 장재와 왕부지의 취산설은 순환론을 취함으로써 인간과 자연의 상호관계를 더 긴밀하게 연결하였다.

> 생겨나고 소멸한다(生滅)는 것은 불가의 잘못된 주장이다. 갑작스럽게 주희가 다 흩어져서 남는 것이 없다고 주장하였다. 혼륜(渾淪)한 태극(太極) 안 어느 곳에 기를 흡수하여 녹이는 창고가 있겠는가? 또한 주희는 날로 새로워서 옛것을 사용하지 않는다고 하였다. 어찌 태허(太虛) 안 어느 곳에 아무리 사용해도 다하지 않는 창고가 있어서 아주 예부터 소비해도 없어지지 않을 수 있겠는가?[67]

왕부지는 만약 생멸설이 옳다고 한다면 끊임없이 새로운 기를 만들어내는 창고가 있어야 하지 않느냐고 반문한다. 왕부지는 흩어져도 사라지지 않는 가설적 실재를 상정함으로써 인간과 비인간 사이의 관계를 기의 취산에 의해서 연결되도록 하였다. 기의 음양론적 취산 구도에 따라 인간과 자연은 분리할 수 없을 만큼 견고하게 결합된 하나의 생명체 혹은 유기체로 이해되었다. 즉 인간에게 죽음이 있을지언정 자연의 운동에는 죽음이 없었다. 왕부지에 의하면 장재는 인간의 욕구를 넘어서 있는 자연의 질서를 차갑게 응시하였다. 이러한 자연주의적 실재론의 경향은 형이상자로서의 주도적 질서를 영원히 소멸되지 않은 기 안에 위치시킴으로써 자연스럽게 도출되었다.

---

67) 王夫之, 『張子正蒙注』「太和」. "生滅者, 釋氏之陋說也. 儻如朱子散盡無餘之說, 則此太極渾淪之內, 何處爲其翕受消歸之府乎? 又云造化日新而不用其故, 止此太虛之內, 亦何從得此無盡之儲, 以終古趨於滅而不匱也?"

> 사람의 일로 말하자면, 군자는 몸을 수양하여 주어진 명을 기다리니, 이것은 하늘을 섬기는 것이다. 온전하게 살다가 온전하게 돌아가니, 이것은 부모를 섬기는 것이다. 가령 죽은 뒤에 사라져서 남는 것이 없다고 한다면, 세상에서 말하듯 '백이(伯夷)나 도척(盜跖)이나 한결같이 흙으로 돌아갈 것이니', 뜻을 멋대로 하여 욕심대로 살다가 죽으면 다 사라지기를 기다리지 않겠는가! 신(神)을 보존하여 본성을 다하면 태허(太虛)와 일체가 되므로 살아서는 항상됨을 잃지 않고 죽어서는 본체를 얻는다. 그렇게 되면 요얼(妖孽), 재앙, 사특함, 더러움 등이 언제나 침범하지 못한다. 그러므로 요(堯), 순(舜), 주공(周公), 공자(孔子) 등은 만년토록 그 신(神)이 살아남는다. 『詩』에서 말하기를 '위에 계시는 문왕(文王)이여! 오, 하늘을 밝게 빛추네.'라고 하였다. 이것은 성인과 하늘이 덕을 끝까지 합치한 것이다.[68]

장재의 취산설은 본래 살아서는 인간의 일에 힘쓰고 죽어서는 자연의 운동에 순응하면서, 사람의 도리와 자연의 도리가 괴리를 일으키지 않고 생과 사의 이치에 순응하려고 하였지만, 왕부지는 요(堯)와 순(舜)의 신(神)은 수양을 통하여 죽은 다음에도 지속되었다고 믿었다. 왕부지와 같이 인격적 개체가 죽은 다음에도 지속된다고 한다면 그것은 장재 취산설의 본래 의도와는 거리가 멀다. 장재 취산설의 본래 의도는 기가 흩어짐에 따라 인격적 개체도 소멸되는 것이었다. 왕부지처럼 인격체의 취산을 상정할 경우에는 기의 취산이라는 자연적 운동의 영역이 인간의 의지 영역에 의해서 해석되는 결과를 야기하게 된다. 왕부지의 말대로 수양의 정도에 따라서 죽은 다음에도 인격체로서의 신(神)이 유지된다고 한다면 생과 사를 취산으로 설명하는 장재의 구도를 약화시킬 수밖에 없을 것이다.

---

68) 王夫之, 『張子正蒙注』「太和」. "且以人事言之, 君子修身俟命 所以事天. 全而生之, 全而歸之, 所以事親. 使一死而消散無餘, 則諺所謂伯夷盜跖同歸一丘者, 又何恤而不逞志縱欲, 不亡以待盡乎! 惟存神以盡性, 則與太虛通爲一體, 生不失其常, 死可適得其體, 而妖孽災眚姦回濁亂之氣, 不留滯於兩間, 斯堯舜周孔之所以萬年. 而詩云, '文王在上, 於昭于天', 爲聖人與天合德之極致"

왕부지의 주장을 정리하면 다음과 같다.

1) 모든 존재에는 형이상자로서의 주도적 질서 즉 이(理)가 내재한다(주희와 일치).
2) 주희의 생멸설이 옳다면 새로운 기(氣)가 끊임없이 만들어지는 이유를 설명해야 한다. 그러나 그러한 근거를 찾을 수 없다. 그러므로 생멸설은 옳지 않다.
3) 수증기와 불타는 나무 등을 예로 들면서 기가 순환하는 것임을 밝혔다.
4) 인간의 신(神)은 죽은 다음에도 유지된다. 요(堯), 순(舜), 문왕(文王)의 경우가 그러한 예이다. 그러므로 죽었다고 해서 완전히 소멸되는 것은 아니다.

지금까지 장재의 사상을 중국 상사사적인 측면에서 살펴보았다. 장재는 태허, 취산 등과 같은 여러 개념을 노불에서 취하였지만 역으로 노불의 무 본체론을 비판하는 도구로 삼았다. 장재의 사상은 도가와 유가의 허무주의와 이기주의 등을 비판하면서 유가의 사회성을 이념화하는 데 큰 역할을 하였다. 한편 장재는 노불에서 용어를 차용하다보니 유가 내부에서 비판을 불러 왔으니, 정주학파는 장재가 영원한 실체로서의 기를 가정하였다고 비판하면서 형이상자로서의 이(理)를 중요시하였다. 정이천과 주희는 물질에 근거한 장재의 순환론은 형이상자를 잘못 설정하였다고 비판하였지만, 나중에 왕부지가 장재의 기 개념을 계승함으로써 자연주의적 실재론이 다시 흥기하였다. 왕부지가 지지하였던 장재의 취산설에 따르면 인간은 자연의 질서 속에서 한시적 과정을 살다가 흩어지는 자연의 한 과정이다. 즉 왕부지는 인간의 처해진 분수와 역할을 부각시킴으로써 유가의 현세적이고 실용적인 가치를 장재의 기 철학에서 읽었다. 왕부지는 형이하자의 의미를 재건립함으로써 정주학에 의해서 형이상자에 기울었던 해석의 축을 반대 방향에서 보완함으로써 다시 균형을 유지하였다.

제 3 장

◈

존 재 론

장재는 성리학자답게 본체와 쓰임의 구도에 충실하며 본체와 쓰임이 통일된 경지를 최고로 여긴다. 본체란 유가적 본체를 의미하며 즉 쓰임이란 본체가 삶에서 어떻게 유기적으로 적용되는지를 의미한다. 본체란 유가의 이념적 가치를 가리키며 쓰임이란 현상적 삶의 현장을 가리킨다. 장재는 현상에 대해 음기/양기의 유기체적 감응으로써 해석하지만 현상적 삶에는 항상 본체 혹은 본성이 내재한다는 믿음을 가지고 있다. 본체에 해당하는 것으로는 태허, 신, 형이상자, 천지지성 등의 개념이 있다. 장재는 음기/양기의 상관성을 말하면서도 끊임없이 형이상자로 나아가려는 소망을 지닌다.[1] 그렇다고 하여 본체가 현상을 벗어나 있는 것은 아니다. 장재의 기 본체가 유가적

---

1) 이규성에 의하면 장재는 형이상하적 가치 중심의 존재론적 발언이 중심이 된다. 그래서 덕성지지가 견문지지보다 가치론적으로 우월하다. 또한 기는 본체의 측면과 쓰임(발용)의 측면으로 이분화 된다. 장재는 태허, 신(神) 등의 신묘한 성질에 의해서 기 운동을 해석하려는 본체 중시의 경향을 띠고 있다(이규성, 1989, 『王船山 氣 哲學體系 硏究』, 서울대학교 박사학위논문, 7～8쪽).

이념의 기획이라고 할지라도 현실적 실재성에서 이탈하는 초월적 비행을 감행할 수 없다. 주희의 이기론적 구도에 따르면 장재는 철저하게 이와 기가 서로 떨어질 수 없는 관계에 있는 셈이다. 따라서 음기/양기의 현상적 감응 과정에서 본체를 확보하는 것이 가장 가치 있는 삶이며, 수양이란 깜깜한 동굴 속의 보석에 불을 비추어 찬란하게 하듯이, 현상에 내재하는 본체를 삶의 지평으로 끌어내는 과정이다. 이 장에서는 그러한 과정에 대해서 실재론, 현상론, 본체론, 수양의 요청 등으로 나누어 기술하였다.

제1절 실재론: 기와 원자(atom)의 대비

장재의 기(氣) 사상은 존재론적인 측면에서 그리스의 데모크리토스(Demokritos, 대략 B.C. 460～B.C. 370)식의 원자론과 뚜렷한 대비를 보인다. 따라서 장재의 기를 원자론자의 원자(atom)와 비교하여 그 동이를 분석함으로써 장재의 존재론에서 어떠한 실재를 가정하였는지를 헤아릴 수 있을 것이다. 먼저 장재 기의 특성을 간단히 분류한 다음에 원자와 비교해보기로 하자.

- 실재성: 장재의 "기는 무에서 생성되지 않는다."[2] 장재의 기에서 절대적 부재라는 것은 도대체가 존재론적으로 성립할 수 없으므로 "실재하지 않는 것을 상정할 수 없다(無無)." 기란 기본적으로 실재함을 뜻한다.
- 불멸성: 실재하는 기는 존재의 변형이 올지라도 소멸되지 않는다. 기는 취산(聚散)하는 과정에서 다른 얼굴로 형체가 변화할 수 있으나 실재로서의 기가 부재 상태로 소멸하지 않는다.[3]

2) 『正蒙』「太和」. "知太虛卽氣則無無"
3) 『正蒙』「太和」. "聚亦吾體, 散亦吾體"

- 감각 가능자: 기는 감각기관에 인식되는 기와 인식되지 않는 기로 나누어 볼 수 있다. “기가 모이면(聚) 감각기관이 인식하여 형체(形)가 있다.”[4] 형체가 있는 기는 감각적 현상에 드러나는 것이며 기의 현상으로서 기능한다.
- 감각 불가능자: “기가 흩어지면(散) 감각기관이 인식하지 못하여 형체가 없게 된다.”[5] 그 중 형체가 없는 기는 ‘태허(太虛)’라고 불리며 기의 본체로서 역할을 한다. 즉 감각기관에 지각되지 않지만 아주 맑고 미세한 실재를 말한다.

위에서 보듯이 장재는 실재론적 입장에서 기의 실재성, 불멸성, 감각 가능성, 감각 불가능성 등을 설하였다. 장재는 기의 실재성을 기의 불멸성과 짝을 이루고, 감각 가능한 기를 감각 불가능한 기와 짝을 이루어 논의한다. 불멸하면서 실재하는 기는 데모크리토스의 불멸하면서 실재하는 원자에, 감각 가능한 기와 감각 불가능한 기의 구분은 파르메니데스의 실유(實有)와 가유(假有)의 구분에 유사해 보인다. 그러나 이러한 유사성에도 불구하고 장재의 기를 원자론의자의 원자(atom)와 비교해보면 다른 점이 더 많다.

고대 그리스의 자연철학은 자연에 대한 여러 가지 해석 가능성들을 정립하는 시기이다. 고대 그리스의 자연철학자 중에서 원자론적 경향을 지닌 사상가로는 탈레스, 엠페도클레스, 데모크리토스, 파르메니데스 등을 들 수 있다. 이들 네 명은 더 이상 흩어지지 않는 실재론적 토대를 전제하였다는 점에서 공통되며, 이들의 사상을 정리함으로써 원자론의 다양한 특징을 추출할 수 있다.

탈레스와 엠페도클레스는 약한 형태의 원자론을 주장하였고, 데모크리토스는 강한 형태의 원자론을 주장하였고, 파르메니데스는 생멸하지 않는 실체를 옹립하였다. 탈레스와 엠페도클레스의 사상에 공통적으로 드러난 전제는 다음 세 가지이다.

---

4) 『正蒙』「太和」. “氣聚則離明得施而有形”
5) 『正蒙』「太和」. “氣不聚則離明不得施而無形”

1. 원질로서의 원자는 소멸하지 않는다(불멸성).
2. 원자는 다른 것에 의존하지 않고 그 자체로 독립할 수 있다(독립성).
3. 원자는 실체이기 때문에 다른 어떤 실재로부터 파생되어 나온 이차적인 실재가 아니다(실체/속성).

데모크리토스와 파르메니데스의 실체론적 원자 개념은 위의 전제에 다음과 같은 정의를 첨가하고 있다.

4. 원자를 쪼개어 흩어지게 할 수 없다(불가분성).
5. 원자는 다른 질로 변화하지 않고 계속 지속되는 영원한 동일자이다(동일성).
6. 세계는 존재/가상으로 구분되고, 전자만이 참된 것이고 후자는 가상이다(본체/가상).

위에 나오는 고대 그리스 원자론자들의 원자에 대한 여섯 가지 특성에서 장재의 기와 일치하는 것은 첫 번째에 나오는 불멸성이다. 장재 역시 원자론자처럼 완전히 소멸하는 기는 없다고 생각하였다. 그러나 원자의 불멸성을 제외한 원자의 나머지 다섯 가지 특성, 즉 독립성, 실체/속성, 불가분성, 동일성, 본체/가상 따위는 장재의 기와 상반된 해석을 하고 있다. 각 항목을 검토해 보자.

불멸성 : 그리스의 원자론적 자연철학과 장재의 기 개념에서 찾을 수 있는 가장 큰 공통성은 원자와 기의 불멸성이다. 탈레스(Thales, 대략 B.C. 640～B.C. 540)는 원자의 기원이라고 할 수 있는 원질 개념을 처음으로 고안한 것으로 알려져 있다. 그는 물(water)을 자연물의 제일 원리로 생각하였다. 그는 모든 생명체의 영양분에 습기가 있을 뿐만 아니라 씨앗에도 습기가 있다는 것에서 미루어 습기를 구성하는 물이야말로 가장 본질적인 원질(arche)이라고 생각하였다.[6] 탈레

---

6) 박홍규, 「희랍철학소고」 『希臘哲學研究』(조요한 (외), 1988, 종로서적),

스의 원질 개념이 갖는 중요성은 자연 세계의 원인(cause)이나 제일 원인을 처음으로 가정하였다는 점이다.[7] 탈레스의 물은 다른 것의 결과일 수 없고, 반대로 물 아닌 모든 다른 자연물이야말로 물의 결과이다. 따라서 원질로서의 물은 그 자체 무엇으로 변화하지 않으면서 다른 모든 다양한 현상을 가능하게 하는 토대적 원인이다. 탈레스는 물이라는 원질을 통하여 실재론적 토대를 상정하였다는 점에서 원자론적 사고의 출발적 성격을 보인다.

장재의 기 역시 탈레스의 물처럼 소멸되지 않는다. 그리스의 자연철학자와 장재는 공히 불멸하는 존재로써 세계를 이해하는 근거로 삼았다. 장재에 의하면 기는 없지 않고 항상 있는 것으로서 취산의 과정에서 소멸되지 않는다. 장재의 기 본체는 어떤 형태나, 냄새, 색깔, 감촉, 소리 등 감각기관으로 정의할 수 없지만, '있다'는 것은 확실하다.[8] 장재에 의하면 맑은 기(淸氣)는 인간의 감각기관에 의해서 인식되지 않을지라도 실재하는 것이다. 그렇게 실재하는 기의 취산운동에 따라서 모든 존재의 현상이 구성되고 있다. 그래서 성인은 "사물의 숨고 드러나는 연고를 안다고 하지, 있고 없음(有無)의 연고를 안다고 하지 않는다."[9] 원자론자가 원자라는 실재에 의해서 세계를 해석하였던 것처럼, 장재는 기라는 실재를 가정하여 세계를 해석

17쪽. 탈레스는 물을 만유의 근원으로 상정함으로써 인위적 억견이 배제된 자연의 객관적 법칙을 이해하려고 시도하였다.

7) 아낙시메네스(Aneximenes)와 디오게네스(Diogenes)는 공기가 물보다 선행하는 원질이라고 하였지만 그들 역시 원질이라는 개념을 사용한다는 측면에서 탈레스의 사유방식과 구조적으로 동일하다.

8) 장재의 기 본체는 무규정성(indifinition)과 불멸성의 측면에서 볼 때 아낙시만드로스(Anaximandros)의 아페이론(Apeiron)과 같다. 그러나 본체가 현상으로 전개되는 과정을 설명할 때 아낙시만드로스는 모든 현상을 아페이론으로 환원하지만 장재는 현상적 과정에 큰 의미를 둔다. 이 문제는 기(氣)의 현상적 전개과정을 다룰 때 더 분명해질 것이다.

9) 『正蒙』「太和」. "但云知幽明之故, 不云知有無之故"

하였다.

그러나 장재의 기와 탈레스의 물이 불멸하는 실재를 전제하였음에도 불구하고 이후 현상을 해석하는 관점은 매우 다르다. 다음에 보이는 범주를 통하여 장재의 기가 그리스의 원자와 어떻게 다른 지가 명확히 드러난다.

독립성 : 그리스의 원자론자는 원자가 독립적이라고 정의하지만 장재의 기는 원자처럼 독립적이지 않다. 엠페도클레스(Empedocles)는 탈레스의 원질을 다수화 하여 지수화풍 네 가지를 각각 독립된 원질로 설정하였다. 그리고 탈레스나 엠페도클레스의 원질 개념은 데모크리토스에 의해서 추상적 실체인 원자로서 정립된다. 이러한 원질 혹은 원자들은 외부의 다른 대상에 의해서 변질되지 않으므로 독립적이라고 부를 수 있다.

이와 달리 장재의 기는 외부의 다른 기와의 상호작용을 통해서만 규정될 수 있다. 장재의 기는 양기와 음기의 감응(感應)의 과정에서 현상을 해석하는 새로운 범주를 제시하였다. '하나'라고 생각되는 기(氣)일지라도 사실은 '둘' 이상의 기가 상호 의존적으로 현상된 것일 뿐이다.[10] 장재가 말하는 기는 원자론적 환원에 의존하기보다 관계범주를 끌어들인다는 점에서 '서로 감(感)하여 생겨나면 그 때라야 감각할 수 있는 모양(象)이 드러난다.'[11] 양기는 음기와의 상호성에서만 자신의 성격을 갖고, 음기도 마찬가지다. 장재의 기는 원자의 독립성과 달리 상관성에 의해서 해석된다.[12]

---

10) 『正蒙』「太和」. "兩不立則一不可見, 一不可見則兩之用息"
11) 『正蒙』「太和」. "感而生則聚而有象"
12) 그리스 원자론자 중에서 엠페도클레스에게서 상관적 사고의 일단을 엿볼 수 있다. 그는 영원한 지속자로서 지, 수, 화, 풍이라는 네 가지 원질을 설정하였지만 현상적 변화를 설명하기 위하여 우정/투쟁, 사랑/증오라는 정신적 관계 범주를 별도로 설정하였다. 이러한 이원적 구도(dual

실체/속성 : 원자는 다른 것에서 파생된 것이 아니라 그 자체로 실재하는 것이다. 원자론자는 비파생적 실체로서의 원자를 상정함으로써 파생적 속성자 개념을 만들어 내었다. 이러한 실체-속성의 범주로 원질과 현상을 접목하는 대표적인 원자론자는 데모크리토스이다. 더 이상 쪼갤 수 없는 원자들이 변용되어(modification) 다양한 현상으로 나타나면 그러한 개체는 형태(shape), 순서(order), 위치(position)에 따라 서로 다르다. 모양새(rhythm)에 따라 다양한 형태로 나뉘고, 접촉(inter-contact)에서 순서가 다르고, 회전(turning)에 따라 위치가 다르다. 예를 들어 A와 N은 형태상 다르고, AN과 NA는 순서상 다르고, A와 ∀는 위치상 다르다.[13] 데모크리토스의 원자론은 제일원인으로서 원자를 들고 제이원인으로서 형태, 순서, 위치를 든다는 측면에서 실체적 원인과 속성적 원인의 구분이 뚜렷하며, 실체적 원인과 속성적 원인은 본질적 원인(primary cause)과 부가적 원인(auxiliary cause)에 배당된다.

<데모크리토스의 세계이해>

① 여러 원자(제일원인: 실체) → ② 원자들의 형태, 순서, 위치(제이원인: 속성) → ③ 개체의 아이덴티티

데모크리토스는 개체를 해석할 때 실체-속성이 분리될 수 없을 만큼 필연적인 관계라고 보았다. 형태, 순서, 위치는 우연적이거나 자의적으로 발생하지 않고 제일원인인 실체에서 필연적으로 부가되는 원인이다. 실체-속성-개체의 성립관계가 필연적 관계이므로

---

scheme)에서 원질들의 대립과 일치를 발생하는 관계성은 원질들의 결합과 해체를 이끌어 가는 주된 원리와 질서이다.

13) 박희영, 「고대 원자론의 형이상학적 사고」 『고전 형이상학의 전개』(소광희 (외), 1995, 철학과현실사), 29~30쪽. Aristotle, tr. W. D. Ross, Metahpysics, Random House, p.697.

속성은 실체의 밖에서 새롭게 정의되는 것이 아니라 그 안에서부터 말미암아 성립한다. 제일원인인 원자 자체는 어떠한 변화도 일으키지 않고 영원히 지속되지만 그것에 부수되는 원자들의 형태, 순서, 위치는 다양하게 바뀔 것이고 그에 따라 개체 간의 차이가 설명된다. 데모크리토스에 의하면 실체인 원자에서 파생하는 속성들, 즉 원자들의 형태, 순서, 위치의 희박함과 조밀함에 따라서 현상을 구성하므로 속성은 그 자체로 생성되지 못하고 원자로부터만 파생된다. 즉 원자라는 실체가 형태, 순서, 위치 등의 파생물을 야기함으로써 세계의 존재물을 구성한다.

그러나 장재의 기는 실체와 속성 즉 능파생자와 소파생자의 구분을 적용하지 않는다. 장재의 기는 원자처럼 형태, 순서, 위치 따위의 속성에 의해서 정체가 정해지기보다 기는 다른 기와의 상호작용을 통해서 그 특성이 드러날 뿐이니, 양기는 음기를 만남으로써 자신의 정체성을 깨닫는다. 음기/양기의 상호작용에 의해서 비, 구름, 우박 우레 등의 자연현상이 설명되고, 나아가 인간의 생사 역시 혼과 백의 결합과 흩어짐으로써 설명된다. 장재의 기는 실체/속성이라는 원자론적 구도가 아닌 음기/양기라는 상호작용에 의해서 설명된다.

불가분성 : 그리스 자연철학자의 사유 방법은 물질을 쪼개는 과정에 의해서 더 이상 쪼갤 수 없는 것으로서 원자를 전제하였다. 데모크리토스는 더 이상 나눌 수 없는 근원적 실체인 원자(being)가 허공(non-being)에 배열되는 양태에 의해서 현상을 설명하였다. 원자의 희박함(rare)과 조밀함(dense)에 의해서 현상의 변화가 야기된다.

기가 쪼갬의 방법을 택하였더라면 훨씬 더 인위적으로 원자와 같은 물질 실체를 가정할 수 있었을 것이지만, 그리스 원자론자들이 취하였던 '더 이상 쪼갤 수 없는 물질'로서의 원자 관념을 장재에게서 찾을 수 없다. 장재의 기는 쪼갬의 칼을 사용하여 불가분의 물질

즉 추상적 물질 실체로 환원하기보다는 자연물이 상호작용하면서 변화하는 과정을 관찰하는 방법을 택하였다. 이 때문에 장재의 기 개념은 원자론자처럼 실재론적 입장을 취함에도 불구하고 원자론자의 원자와 같은 실재보다는 음기/양기라는 상호작용적 실재를 추구하였다.

동일성 : 탈레스의 물, 엠페도클레스의 지수화풍, 데모크리토스의 원자, 파르메니데스의 존재 등은 그 특성이 변하지 않고 지속된다. 이들은 현상적 변화의 근저에 불변의 동일자를 설정하였다.

그러나 장재의 기는 음기/양기의 도식에서 보듯이 상호의존적이다. 개체를 구성하고 있는 음기/양기는 상호 간에 분리할 수 없을 만큼 강한 내적 결합(internal relationship)에서만 이해될 수 있으므로,[14] 기(氣)는 원자와 같이 홀로 영원한 동일성을 유지할 수 없다.

> 하나의 것에 두 개의 모습이 있는 것이 기(氣)이다. 하나이므로 신묘하고, 둘이므로 변화한다.[15]

장재의 기(氣)는 지속적 동일자 개념을 철저히 부정하면서, 음기/양기의 역동적인 조화 혹은 갈등에 의해서 계속하여 변화하는 과정을 중시한다. 장재가 말하는 기(氣)의 일자성(一者性)은 이미 다자성(多者性)에 의한 변화 과정, 즉 음기/양기가 상호 관계(inter-relationship)하는 맥락에 따라 성립한다. 예를 들어 기 개념을 따를 경우 음기/양기가 서로 작용하는 양식에 따라 비가 되기도 하고 우박이 되기도 한다. 장재는 비나 우박을 설명할 때 원자와 같은 동일자로서의 실체를 추적하기보다 음기/양기의 교섭에 의존하였다. 이러한 논의를 따른다면 장재의 기(氣)는 원자론적 동일성보다는 음기/양기의 상호

---

14) 『正蒙』「太和」. "感而後有通, 不有兩, 則無一"
15) 『正蒙』「參兩」. "一物兩體, 氣也. 一故神, 兩故化"

성에서 잘 설명될 수 있다.

본체/가상 : 장재의 기 개념이 원자론적으로 해석할 수 없는 데는 여러 가지 원인이 있겠지만 그 중 가장 큰 이유는 원자론자처럼 본체/가상의 적극적 이분법을 선택하지 않았다는 데 있다. 파르메니데스(Parmenides, 대략 B.C. 515~B.C. 450)에 의하면 존재는 본체와 현상의 구분에 따라 거짓 존재와 참 존재로 구분된다. 참 존재는 생멸하지 않고 영원하지만 현상적 존재는 임시적으로 변화하는 가상(假象)으로 생각하였다. 감성인식은 불완전한 억견(doxa)이므로 이성 인식을 통하여 본질적이고 보편적인 존재 그 자체에 접근할 수 있다.[16] 파르메니데스의 존재 개념은 존재/가상(假象), 이성/감성, 보편/개별, 영원/임시 등과 같은 이원론을 취하고 있다. 전자는 참된 세계이고 후자는 억견에 의해서 생긴 환상이다. 파르메니데스의 이원론은 원자론적 실체의 지위를 크게 강화하고 현상의 다양성을 가상(假象)의 지위로 떨어뜨렸다.

그러나 장재의 기(氣)는 본체/현상을 참/거짓이나 실유(實有)/가유(假有)로 이원화 하지 않는다. 장재의 태허=기는 본체로서의 태허가 부재가 아닌 현존으로서 실재하고 있음을 말한다. 태허는 실재하는 것이므로 기(氣)에 등치시키는 반면, 만물은 본체인 태허로서의 기가 모이면 유형(有形)의 존재로서 생성되었다가 다시 기가 흩어지면 무형(無形)의 실재인 태허로 돌아가게 된다. 장재는 무형의 태허와 유

---

16) 파르메니데스의 존재는 실재와 개념을 혼동한 것이다. 왜냐하면 파르메니데스의 존재는 추상적 도식화를 통해서 도달할 수 있는 것이기 때문이다. 또한 파르메니데스에 의하면 진정한 모순은 무와 존재에서만 성립한다. 이러한 극단적 모순율을 따를 경우 현상적으로 생멸과 운동을 계속하는 다자(多者)에 대한 연구를 가로막게 된다. 요한네스 힐쉬베르거, 강성위 역, 2000, 『서양 철학사』 상, 이문출판사 ; 박홍규, 「희랍철학소고」 『希臘哲學研究』(조요한 (외), 1988, 종로서적), 11~12쪽.

형의 만물을 순환시킴으로써 본체와 현상이 연결되어 있음을 주장한다. 장재는 본체를 실유(實有)로, 현상을 가유(假有)로 파악하는 이분법을 부정하고, '태허=기'로서의 본체도 실재이고 만물로서의 현상도 실재라고 파악한다.

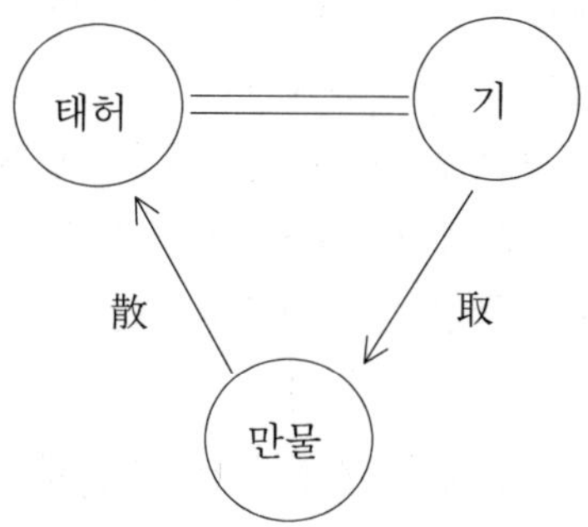

〈그림1〉 태허=기의 순환[17)]

장재의 기는 오직 실재만을 다룰 뿐이다. 그래서 장재는 단지 우리의 감각기관으로 인식할 수 없는 실재를 태허(太虛), 무형(無形), 무감(無感) 등의 용어로 불렀고, 감각기관으로 인식할 수 있는 실재를 유형(有形), 유감(有感) 등으로 표현하였다.

17) 이 그림은 장윤수, 1992, 『정주철학원론』, 이론과 실천, 167쪽을 참고하였다. 참고로 장윤수는 태허=기를 실유로, 만물을 가유로 파악하고 있다. "구체적 사물이란 곧 氣가 잠시 동안 모여 있는 상태(형태)이므로 客形(假有)이라 한다. 이 客形이라는 말에서 우리들이 주목할 것은 바로 여기에 氣의 본체 즉 태허는 '眞有'로 보고, 聚散에 의해 변화하는 氣의 집합체인 구체적 사물들은 '假有'로 보는 횡거의 생각이 내포되어 있다는 점이다." 위 그림을 인용할 때 '진유－가유'라는 용어를 택하지 않았다. 왜냐하면 파르메니데스에 의하면 진유는 실재이고 현상은 환상 혹은 거짓이지만, 장재에 의하면 본체－현상, 즉 무형－객형을 관통하여 모든 기는 환상이나 거짓인 아닌 실재이며, 따라서 장재의 기는 진유－가유, 혹은 참－거짓이라는 이원론으로 분석할 수 없기 때문이다.

> 태허무형(太虛無形)은 기의 본체이다. 그것이 모이고 흩어짐은 변화의 객형(客形, 임시적 형체)이다. 지극히 고요하여 느낄 수 없는 것(無感)은 성(性)의 연원이다. 의식과 지각은 사물이 교제하여 생겨난 객감(客感, 임시적 느낌)이다. 객감－객형, 무감－무형은 성(性)을 다한 자라야 통일할 수 있다.[18]

장재의 기는 본체와 현상이 기의 취산에 따라서 '태허=기'와 만물로 구분될지라도 양자가 모두 실재하는 참된 것으로 파악하였다. 따라서 인간의 이상적 경지인 성인이란 '태허－만물' 즉 '무형－객형'을 이분하지 않고 둘 다 참된 실재로 파악할 수 있는 사람이다. 장재는 본체/현상을 진리/가상으로 구분하는 구도를 떠나 오히려 경험적 실재와 비경험적 실재가 모두 기라는 동일한 실재에 의해서 운동한다고 파악하였다. 이 점에서 장재의 기 개념에 원자론적인 본체와 가상의 구분을 적용할 수 없다. 비록 장재가 기의 취산 과정에서 태허－만물의 양분적 설명을 하였을지라도 원자론자처럼 진유/가유 혹은 참/거짓의 이원론으로 귀결되지 않았다.

지금까지 비교한 것처럼 데모크리토스의 원자는 장재의 기와 다른 점이 더 많다. 기와 원자는 불멸적 실재라는 점에서는 일치하지만 그 밖에는 서로 다르다. 원자론에서 취하고 있는 독립성, 실체/속성, 불가분성, 동일성, 본체/가상 등의 구도를 장재의 기는 취하지 않는다. 그렇다면 장재의 기가 원자와 다른 측면은 무엇 때문일까? 그 가장 큰 이유는 기가 음기/양기의 상관적 구조로 되어 있기 때문이다. 원자는 불가분적인 자기동일자로서 정립되지만 기는 규정자체가 음기/양기의 상호성에서 성립된다. 따라서 이어지는 논의를 통하여 기의 상관적 구조를 밝힘으로써 장재 기 철학에 한 발 더 들어가 보자.

---

18) 『正蒙』「太和」. "太虛無形, 氣之本體, 其聚其散, 變化之客形爾. 至靜無感, 性之淵源, 有識有知, 物交之客感爾. 客感客形與無感無形, 唯盡性者一之"

제2절 기의 상관적 구조와 혼연함

장재는 중국사상 일반에 편재된 기의 유기체론적 특성을 분명하게 받아들이고 있다. 『管子』, 『黃帝內經』, 『呂氏春秋』 등 중국사상에 공통적으로 드러나는 음기/양기의 상관적 감응을 기본적 물리 현상으로 수용한다는 점에서 장재의 기 철학의 체계는 포괄적이다. 한국, 중국, 일본 등 동아시아의 유기체적 전통에서 보자면 음기(陰氣)/양기(陽氣)의 분류는 기 사상의 전형적 구조이다. 장재의 기 관념 역시 '음기/양기'의 유기체적 감응에 의해서 규정된다. 나아가 그러한 음기/양기의 유기체론은 상관적 사고(correlative thinking)에 근거한 혼연적 개체(holistic particular)를 전제하고 있다.

앞 절에서 살펴보았듯이 장재의 기 본체는 데모크리토스의 원자처럼 모든 물리적 현상을 규정하는 불변적 실체가 아닐 뿐만 아니라, 파르메니데스의 존재/가상의 이분법도 허용하지 않았다. 장재는 기 본체와 기 현상을 분리할 수 없는 것으로서 이해한다.[19] 또한 장재는 현상의 원인을 원자에 환원하는 방법을 택하지 않고, 기(氣)들이 상호작용하는 과정에서 새로운 존재 읽기를 시도하였다. 다음의 구절을 보면 장재가 원자 환원이 아닌 상호작용의 관계 범주를 설정하여 현상적 존재 읽기를 정초하고 있다는 것을 확인할 수 있다.

> 둘이 서지 않으면 하나를 알 수 없고, 하나를 볼 수 없으면 둘의 쓰임이 사라진다.[20]

---

19) 『正蒙』「太和」. "若謂虛能生氣, 則虛無窮, 氣有限, 體用殊絶, 入老氏有生於無自然之論, 不識所謂有無混一之常"

20) 『正蒙』「太和」. "兩不立則一不可見, 一不可見則兩之用息"

둘이란 상호작용하는 음기/양기의 이질자를 가리키고, 하나란 복수의 이질자가 하나로 통일되어 있는 상태를 가리킨다. 각각의 개체는 다양한 이질들이 통일되어 상호작용함으로써 성립한다. 남편과 아내는 구별로써, 부모와 자식 사이에는 사랑으로써, 어른과 어린이는 나이의 순서로써, 친구와 친구 사이에는 친밀함으로써 상호적으로 결합한다. 이와 같이 상호작용의 구도에서 파악되는 장재의 현상적 실재는 원질, 원자, 자기동일적 실체 등의 단선적 방법으로 정의내릴 수 없다. 기는 관계 범주를 통하여 의미를 획득하기 때문에 독립된 일자로서는 아무런 의미를 갖지 못한다.

장재의 기 철학에 내포되어 있는 상호작용의 세계관을 철학사적 지평에서 이해하기 위한 방편으로 엠페도클레스와 헤라클레이토스를 참고할 수 있다. 상호작용으로 세계를 이해하려는 단서를 엠페도클레스의 4원소설에서 찾을 수 있고, 상호작용의 구도를 본격적으로 사용한 사상가로는 만물의 대립과 일치를 주장하였던 헤라클레이토스를 꼽을 수 있다. 이 두 사상가는 장재가 주장하는 기의 상호성을 설명하는데 좋은 단초이다.[21]

엠페도클레스(Empedocles)는 지, 수, 화, 풍이라는 네 가지 원질을 상정하여 그것들의 모이고(aggregation) 흩어지는(segregation) 방식에 따라서 현상의 다양성을 설명하였다. 그는 우정(friendship)과 투쟁(strife) 혹은 사랑(love)과 증오(hate)가 모임과 흩어짐의 동력이라고 해석하였다.[22] 이러한 해석 방식은 실체(substance)와 관계(relationship)의

21) 엠페도클레스는 지수화풍이라는 4원소를 근원적 원자로 규정함으로써 원자론을 취하고 있다. 장재의 기는 이미 앞에서 살펴보았듯이 원자론적 규정을 받아들이지 않는다는 점에서 엠페도클레스의 4원소와 같은 원자를 상정하지 않는다. 그럼에도 불구하고 기들 사이의 상호작용을 설명하기 위하여 엠페도클레스의 4원소설이 유익한 시사를 준다.

22) 박홍규, 『희랍철학소고』, 18쪽 ; Bertrand Russell, 1961, *History of Western Philosophy*, London: Routledge, pp.72～73 ; Aristotle, *Metahpysics*, p.696.

범주를 연상하게 한다. 원자라는 실체는 영원히 지속되지만 우정이나 투쟁과 같은 관계의 범주에 따라서 현상의 다양성이 설명된다. 원자는 실체적 원인으로서 동일성과 지속성을 설명하고 원자 사이의 관계적 원인은 다양성과 변화를 설명한다.[23] 원자라는 물질적 실체와 그것들이 상호작용하는 관계 범주로써 현상적 개체의 아이덴티티를 규정한다.

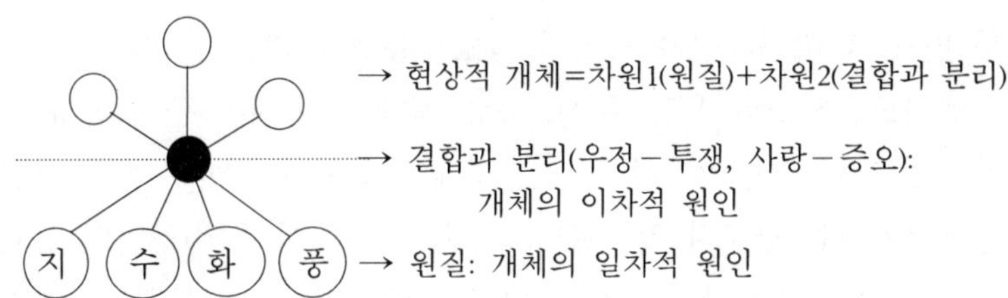

〈그림 2〉 엠페도클레스의 세계 이해

엠페도클레스의 구조에서 볼 때 모든 개체는 실체적 측면에서 지, 수, 화, 풍이라는 원질을 기체로 하여 성립되지만 관계적 측면에서는 우정, 투쟁, 사랑, 증오와 같이 원질 간의 관계성이 개체의 아이덴티티를 구성하는 또 다른 토대가 된다. 실체 개념은 관계성의 도입 때문에 새로운 차원에서 해석될 수밖에 없다. 엠페도클레스는 파르메니데스적인 존재[24] 개념과 헤라클레이토스적인 관계 개념[25]을 동시

23) 세계의 기초적 원자인 지, 수, 화, 풍은 사랑에 의해서 서로 합쳐졌다가 투쟁에 의해서 다시 각각의 기초적 원자 상태로 흩어진다. Aristotle, *Metahpysics*, p.697.

24) 파르메니데스가 '있는 것만 있고 없는 것은 없다.'고 표현한 것을 가리킨다. 파르메니데스는 존재하는 것은 시작과 끝이 없이 영원히 존재하는 것이지, 헤라클레이토스처럼 존재하지 않는 새로운 것이 생성될 수 없다고 보았다. 요한네스 힐쉬베르거, 강성위 번역, 2000, 『서양 철학사』 상, 이문출판사, 40쪽.

25) 헤라클레이토스는 세계는 대립, 투쟁, 전쟁 등을 통하여 새롭게 생성되

적으로 사용하였다. 엠페도클레스의 설을 따르면 현상세계를 이해하기 위해서는 지수화풍이라는 물질실체 이외에 사랑과 증오라는 정신 실체를 도입해야만 한다.[26] 엠페도클레스는 사랑에 의한 통일의 과정이 증오에 의한 투쟁으로 발전하고 나중에는 다시 사랑에 의한 통일의 과정으로 순환한다고 설명한다. 여기에서 정신성은 이질자의 상호작용을 설명하기 위한 개념이다. 이러한 진화 과정은 네 가지 원자 그 자체에서 나오는 것이 아니라 지수화풍의 결합과 분리라는 두 번째 차원, 즉 원자 사이의 상호작용에 근거한다.

엠페도클레스의 우정, 투쟁, 사랑, 증오 등은 원자를 결합하고 분리하는 것으로서, 이러한 구도는 장재 사상에서 보이는 기의 모임과 흩어짐이라는 구도와 일치한다. 장재의 기 역시 음기/양기의 상호작용을 기의 중요한 특징으로 부각하기 때문이다. 즉 엠페도클레스는 독립된 원자가 아닌 원자 사이의 상호작용을 말함으로써, 그리고 장재는 기 사이의 상호작용을 말함으로써 자신들의 존재론적 구도를 설정하고 있다.

상호작용의 범주를 더 심화한 그리스 철학자는 헤라클레이토스다. 파르메니데스가 존재의 원질을 찾아 들어갔던 것과 반대로 헤라클레이토스(Heraclitos)는 존재 사이의 관계가 어떻게 세계를 생성 변화시켜 가느냐를 중요하게 생각하였다. 헤라클레이토스는 세계가 고정되어 있지 않고 끊임없이 다른 모습으로 변화한다고 생각하여 세계를 불에 비유하였다. 모든 존재는 계속적으로 변화하기 때문에 인간은 동일한 강물에 두 번 들어갈 수 없다고도 하였다. 그는 끊임없이 생성하고 변화하는 이유를 찾고자 하였다. 파르메니데스가 현상적

어 간다고 보았으며, 이러한 생성의 과정에는 통일과 조화를 주도하는 이성이 있다. 요한네스 힐쉬베르거, 『서양 철학사』 상, 34~37쪽.

26) 데모크리토스가 철저한 유물론자인 것과 달리 엠페도클레스는 철학자인 동시에 종교적 신비가이기도 했다. 요한네스 힐쉬베르거, 『서양 철학사』 상, 50~59쪽.

변화의 원인을 불변적 본체에서 찾았던 것과 달리 그는 존재들 간의 대립과 일치 속에서 찾았다. 신(God) 역시 낮과 밤이요, 겨울과 여름이며, 전쟁과 평화요, 배부름과 굶주림일 뿐이다. 세계는 대립과 일치의 관계에 따라 영원히 생성변화하고 있다.[27)]

헤라클레이토스에 따른다면 세계에는 불변하면서 고정되어 있는 존재는 없다. 흘러가는 강물에 두 번 발을 담글 수 없듯이 모든 존재는 계속적으로 변화해간다. 인간 역시 다른 존재와의 관계를 통해서 끊임없이 변화해 간다. 인간은 관계 맺는 대상과 상호작용하면서 자신의 정체를 다양하게 드러내면서 변화한다. 유가를 계승한 장재의 세계관은 헤라클레이토스의 상호작용에 근거한 존재론적 정체의 변화에 정확히 일치한다. 인간은 부모와의 관계에서 아기이고, 커서는 친구를 사귀고, 성인이 되면 이성과 짝하고, 다시 이성을 만나서 아기를 낳아서 기르고, 통치자가 되어서는 백성을 다스린다. 장재의 존재 역시 대립과 일치 사이에서 그 정체가 규정된다.

헤라클레이토스의 변화 철학은 데모크리토스의 원자론과 뚜렷하게 대비된다. 데모크리토스의 원자론은 인과설을 취하면서 원자의 위치나 운동에 따라서 필연적 결과를 가정한다. 만약 원자론적 인과론을 따른다면 원자들이 위치, 운동, 접촉 등의 방식에서 X일 경우 필연적으로 Y를 결과할 것이다. 파르메니데스, 탈레스 등 원질이나 원자를 설정하는 그리스 자연철학자들의 존재를 설명하는 방식도 데모크리토스의 필연적 인과 모델을 따르고 있다. 인과론에서 원인은 결과를 설명하는 필연적이고 본질적인 근거이다. 선행하는 원인이 있을 때 후행하는 결과가 일어나고, 선행하는 원인이 없을 때 부수되는 결과도 없다. 원자론적 인과론은 단선적인 운동을 전제하므로 어떤 원인에 따라 예외 없이 동일한 결과가 야기된다고 생각한다. 이러한 인과론은 원자와 같이 더 이상 나눌 수 없는 독립체를 본체

---

27) Bertrand Russell, *History of Western Philosophy*, pp.62～63.

로 상정하고 그것들이 어떠한 결과를 낳는 지를 조사한다. 그러나 헤라클레이토스의 사유 방식은 'X이면 언제나 결과 Y가 나온다.'는 인과적 사고(causal thinking)를 가정하지 않는다.[28] 불꽃이 타듯이 또는 강물이 흘러가듯 인간은 계속 변화하고 있는 과정에 있다. 즉 관계하는 대상에 따라서 인간의 정체도 계속 바뀐다.

장재는 현상적 존재를 이해할 때, 데모크리토스의 필연적 인과론을 가정하기보다 헤라클레이토스처럼 상호작용을 통한 변화의 과정을 중요시하였다. 자식과 부모 사이의 친함, 친구와 친구 사이의 우정, 남편과 부인 사이의 애정, 통치자와 백성 사이의 정의 등은 언제나 동일한 필연적 인과 관계가 아닌 상호작용의 관계이다. 상호작용의 구도는 인간 혹은 개체가 타자와의 관계에서 지향해야할 자연스러운 적절점을 보여주는 데 의미가 있다. 인과론이 필연적 결과를 예측할 수 있다면 헤라클레이토스적 상호작용의 도식은 타자와의 대립과 일치를 적절하게 조정해준다. 헤라클레이토스의 상호작용의 도식에서 보이는 대립과 일치를 유가의 언어로 표현하자면 개체 사이의 조화와 균형이라고 할 수 있다.

장재는 하나의 개체를 이해하기 위해서는 반드시 서로 다른 성질들의 결합이 있을 때라야 가능하다고 말한다. 또한 존재하는 모든 것은 계속해서 변화하기 때문에 고정된 모습으로 분석되지 않는다.[29] 현상을 설명할 때 사용하는 기의 취산(聚散) 역시 인과적으로 설명될 수 없고 상호의존(interdependant)을 통해서만 해석될 수 있다. 기(氣)는 드넓은 태허(太虛)에서 오르고 내리며 날아가는 것이 그친 적이 없다.[30] 이와 같이 기(氣)가 승강비양(升降飛揚)하는 것은 기에

---

28) 그레이엄은 인과적 사고(causal thinking)를 단선적 사고로 규정한다. 근대 이후 서양의 과학은 인과적 사고에 근거하여 급속도로 발달하였다고 분석한다. A. C. Graham, 1986, *Yin-Yang and the Nature of Correlative Thinking*, the Institute of East Asian Philosophies, p.7.

29) 『正蒙』「太和」. "其聚其散, 變化之客形爾"

음양(陰陽)이 있어 굴신상감(屈伸相感)이 무궁하기 때문이다.[31] 장재의 기 개념은 기 본체를 취하고 있음에도 불구하고 엠페도클레스나 헤라클레이토스처럼 개체 사이의 관계 범주로써 현상적 변화를 일반화하였다. 따라서 장재의 사상을 분석하기 위해서는 장재의 기 개념에서 두루 적용하고 있는 관계 범주에 대한 이해가 필수적이라고 할 수 있다.

관계 범주에 대한 현대의 철학사적 연구로는 니이담과 그레이엄 등을 들 수 있다. 니이담은 『중국의 과학과 문명』이라는 책에서 상관적 사고(correlative thinking)를 중국 사상사의 중대한 한 가지 갈래로 해설하였고, 그레이엄은 니이담의 연구를 더 진척하여 상관적 사고를 더 자세히 구조화하였다.

그레이엄은 기(氣)의 대대적 측면을 인과적 사고와 구분하여 상관적 사고로 규정한다.[32] 그의 연구가 장재의 철학에 직접적으로 상관적 사고를 대입한 적은 없지만 음양론을 설명하는 대목은 장재의 대대적 기(氣) 개념을 파악하는데 시사하는 바가 크다. 그는 상관적 사고를 설명할 때 장재의 기 개념과 같이 자기동일적 실체를 상정하지 않는다. 헤라클레이토스적인 관계 범주를 설정하여 둘 간의 상호작용적 측면에서 현상적 존재의 의미를 파악하였다. 그레이엄은 『淮南子』에 나오는 기(氣) 개념을 소쉬르(Ferdinand de Saussure)의 구조주의 언어학의 장치를 빌어 다음처럼 분류한다.

---

30) 『正蒙』「太和」. "氣坱然太虛, 升降飛揚, 未嘗止息"

31) 『橫渠易說』「繫辭上」. "氣有陰陽, 屈伸相感之無窮"

32) 상관적 사고(correlative thinking)에 대한 그레이엄의 작품으로는 다음이 있다. A. C. Graham, 1986, *Yin-Yang and the Nature of Correlative Thinking*, the Institute of East Asian Philosophy. 또한 그의 저서 Disputers of the Tao를 참고할 것.

〈표 1〉『淮南子』 기(氣)의 신탬과 패러다임[33)]

	A	B	패러다임(Paradigm)
1	하늘	땅	
2	양	음	
3	더위	추위	
4	불	물	
5	해	달	
6	흩어짐	모임	
7	올라감	내려옴	
신탬 (Syntagm)			

위의 표에서 A와 B는 이항적 대립(binary opposition)의 관계에 있음으로써 서로 대조적이다. 서양인이 흔히 취하는 삶/죽음, 필연/우연의 분류 역시 이항적 대립 관계이지만 서양에서는 A에 해당하는 전자를 우등하게 보아 보존하고 B에 해당하는 후자를 열등한 것으로 여겨 폐기하려고 한다.[34)] 그러나 상관적 사고에서 A와 B의 수평적 항은 유사(similarity)/대조(contrast)에 의한 패러다임적 관계이고, 1에서 6까지의 수직항의 관계는 서로 인접(contiguity)/격리(remoteness)에 의한 신탬적 관계이다. 세상의 모든 존재는 위의 표처럼 패러다임적 유사/대조이거나 신탬적 인접/격리로서 해석된다.[35)] 따라서 상관적

33) A. C. Graham, *Yin-Yang and the Nature of Correlative Thinking*, pp.32~33. 여기서는 원래 그레이엄이 만들었던 표보다 더 간략화 하였다.

34) 앞의 책, 28쪽.

35) 일상적 경험적 지식에서 상관적 사고가 사용되고, 상관적 사고를 더 추상화하는 분석과정을 통하여 인과적 사고(causal thinking)가 수행된다고 한다(David L. Hall, Roger T. Ames, 1995, *Anticipating China*, SUNY, pp.128~129). 예를 들어 『易』에서 음기/양기는 원래 상관적 구조로서 분류되어 있었지만 성리학자였던 주희는 음기/양기를 가능케하는 것으로서의 도(道)를 원리적으로 설정함으로써 본체론적 해석을 가하였다. 그러한 성리학적 구도에 따른다면 현상으로 드러난(所然) 음기/양기의 상관성은 형이하자이고 음기/양기의 상관성을 가능케 하는 원리(所以然)로서의

사고는 패러다임적 상관성과 신탬적 상관성으로 분류할 수 있다. 그레이엄이 중국적 사유의 하나로 제시하는 상관적 사고는 패러다임적 대조항을 세계에 주어진 구조로 여기고 신탬적 인접항을 계속 찾아 나간다.

신탬과 패러다임의 분류는 원래 구조주의 언어학에서 유래한 개념이다. 구조주의 언어학을 참조한다면 상관적 사고의 특성을 이해하는 데 큰 도움이 된다. 먼저 의미론(semantics)적 차원에서 본다면 언어적 개념은 기호의 변별적 차이(pertinent difference)에 의해서 형성된다. 예를 들어 "1000원이란 돈은 그 자체 독립적인 의미를 갖는다기보다 500원과 5000원 사이에 낀 위치에서 그 가치가 결정된다. 그러므로 1000원이라는 기호의 가치는 그것이 다른 돈 단위의 가치들과의 관계에서 맺어지는 위치(position)의 소산이다. 그런 점에서 언어의 가치는 다른 것과의 관계를 고려하지 않고 자족적, 자기충족적인 정의를 내포할 수 있는 것으로, 하나의 실체처럼 분리시킬 수 있는 것이 결코 아니다."[36)]

언어는 의미론적 차원과 더불어 통사론(syntax)적 차원에 있어서도 변별적 차이에 의해서 신탬적 연쇄체나 패러다임적 계열체에 따라 상관적 구조를 형성하는 것을 볼 수 있다. 다음과 같은 파쥬(Pages)의 도식을 보자.[37)]

1. 말이 돌을 운반한다.
2. 노새가 목재를 운반한다.

이치는 형이상자이다. 장재 역시 상관적 구조에 형이상자적 원리를 도입하여 본체론적으로 재구성한다. 레비스트로스가 원시 부족에게서도 분류체계를 찾아냈듯이 상관적 사고는 분류를 위한 원초적인 사고 형태로서 광범위한 문화권에서 두루 찾아낼 수 있으며 인과적 사고를 도입하기 이전의 원초적 분류형태라고 할 수 있다.

36) 김형효, 1989, 『構造主義의 思惟體系와 思想』, 인간사랑, 66쪽.

37) 앞의 책, 66쪽 참고.

3. 당나귀가 밀짚을 운반한다.
4. 황소가 고철(古鐵)을 운반한다.

여기에서 신탬적 연쇄체란 1, 2, 3, 4의 각 묶음별로 여러 단어가 통사적으로 조합하여 하나의 문장이 되게 연결하는 관계를 뜻한다. 한편 패러다임적 계열체란 <말/노새/당나귀/황소> 집단과 <돌/목재/밀짚/고철> 집단의 의미론적 한 계열을 뜻한다.

신탬과 패러다임의 구조주의 언어학적 양면성을 롤랑 바르트에게서도 시사받을 수 있다.[38] '옷'이라는 개념은 신탬적 연쇄체로서는 <저고리+바지>와 같이 어울리는 결합을 형성하거나 <신사복+고무신>과 같이 어색한 결합을 형성하기도 한다. 패러다임적 계열체로서는 <상의: 저고리/잠바/스웨타, 하의: 반바지/긴바지>와 같이 유사한 계열을 형성하거나 <입다/벗다, 헐렁하다/쪼이다>와 같이 대조되는 한 계열을 형성하기도 한다. 신탬적 관계는 어울림이나 어색함을 연출하고, 패러다임적 관계는 유사하거나 반대되는 것이 한 계열로서 선택된다.

위에서 살펴보았던 것처럼 구조주의 언어학에서 언어적 기호와 개념을 독립적 실체로서 규정하지 않고 다른 기호와의 변별적 차이에 의해서 상관적 관계로서 이해하듯이 장재의 기(氣) 역시 실체가 아닌 상관적 구도에서 이해된다. 장재의 기를 신탬적 구도에서 분석해보면 <태양/더위/흩어짐>이 존재론적으로 인접하듯이 마찬가지로 아버지는 하늘의 양기에서 분기하여 남성이 되었고, 어머니는 땅의 음기에서 분기하여 여성이 되었다. 한편 패러다임적 구도에서 볼 때 언어학에서 <입다/벗다>의 대조가 패러다임적 상관관계를 형성하듯 기에서 <음기/양기>의 대조도 마찬가지로 패러다임적 상관관계를 형성하고, 언어학에서 <저고리/잠바/스웨타>의 유사성이 패러

---

38) 앞의 책, 67쪽 참고.

다임적 계열을 이루듯이 인간의 몸에서 머리는 둥그스름하여 하늘과 유사한 하나의 양기 계열에 속하고 발은 평평하므로 땅과 유사한 하나의 음기 계열에 속하게 된다. 이와 같이 장재의 기 철학은 신탬과 패러다임에 근거하여 실체론적 존재를 부정하고 상관적 사고를 수용함으로써 모든 존재에 대하여 신탬적 상관성에 속하는 존재의 인접적 파급과, 패러다임적 상관성에 속하는 <음기/양기>라는 대조 중의 선택적 계열로서 해석하고 있다.

기의 존재론적 구조로서 신탬적 상관성과 패러다임적 상관성은 장재 이전에도 중국사상에 일반적으로 통용되던 세계관이었음을 발견할 수 있다. 먼저 신탬적 상관성은 한(漢) 나라 동중서(董仲舒)의 『春秋繁露』에서 세계와 인간을 설명하는 중심적 원리로 등장한다.

> 평지에 물을 부으면 건조함을 없애고 습하게 한다. 장작더미에 불을 지피면 습기를 없애면서 그것을 태운다. 모든 것은 자기와 다른 것을 제거하고 자기와 같은 것을 따른다. 그러므로 기(氣)가 같으면 모이고 소리가 같으면 응하는 것이 그 뚜렷한 증거다. 비파를 연주할 때 궁(宮) 음을 퉁기면 다른 궁 음이 응하고 상(商) 음을 뜯으면 다른 상 음이 응한다. 오음(五音)이 짝하여 저절로 우는 것은 신(神)이 있어서 그런 게 아니라 그 이치가(數) 그러한 것이다. 좋은 일이 좋은 일을 부르고 나쁜 일이 나쁜 일을 부르는 것은 같은 유(類)끼리 응하여 일어나는 것이다. 말이 울면 말이 응하고 소가 울면 소가 응한다.[39]

이 부분은 동류의 것끼리 서로 응하는 것을 위주로 설명하고 있다. 소가 울면 그것이 주위에 파급되어 다른 소도 운다. 봄이 되어 햇빛

---

39) 董仲舒, 『春秋繁露』 同類相動. “今平地注水, 去燥就濕. 均薪施火, 去濕就燥. 百物去其所與異,而從其所與同. 故氣同則會, 聲比則應, 其驗皦然也. 試調琴瑟而錯之, 鼓其宮則他宮應之, 鼓其商而他商應之, 五音比而自鳴, 非有神, 其數然也. 美事召美類, 惡事召惡類, 類之相應而起也. 如馬鳴則馬應之, 牛鳴則牛應之”

이 따스해지면 양기가 파급되어 땅의 초목에 새싹이 돋으니 그것을 춘양(春陽)이라고 한다. 마찬가지로 가을이 되어 차가워지면 음기가 파급되어 낙엽이 지니 바야흐로 세상은 추살(秋殺)의 기운이 지배한다. 동류에게 같은 기운을 파급함으로써 존재론적으로 신탬적 상관관계가 편재함을 알 수 있다.

그러나 위와 같은 신탬적 파급에도 불구하고 왜 해가 하늘과 근친하고 달이 땅과 근친한 지에 대해서 그 필연성을 찾기란 쉽지 않다. 즉 왜 양기(陽氣)는 양기끼리 응하고 음기(陰氣)는 음기끼리 응하는지 그 이유는 불분명하다. 다만 신탬적 근친성에서는 둘 사이에 직접적으로 파급적 상응(相應)이 일어난다고 설명한다. 근친한 것들 사이의 상응을 위해서 특별히 제 삼의 매개자가 필요한 것은 아니다. 동중서는 이치(數)가 그렇기 때문에 근친한 것끼리 직접적 상응이 일어난다고 설명하였다. 이러한 근친한 것들끼리의 신탬적 상응은 중간에 제 삼의 매개자가 없는 직접적 파급의 반응이 일어난다(그림 참고). A와 A″는 동일한 질로 되어 있다고 볼 수 있다. A가 어떤 행동을 하면 A″ 역시 동일한 행동으로 유도된다. 그 역도 마찬가지다. 말이 울면 옆의 말도 울고 소가 울면 옆의 소도 운다. 즉 서로 어깨를 맞대고 있는 상비(相比)의 관계이며, 근친한 것들끼리 시발과 연대로서 인접적 통합을 이루고 있다.

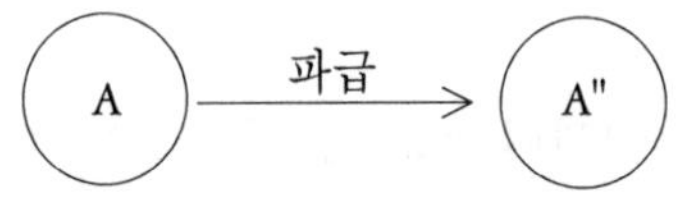

〈그림 3〉 신탬적 상관관계

한편 패러다임적 상관성은 내용상 반대되는 것들끼리 계열적으로 분리된다. 근친한 것 끼리 파급하며 공명하는 신탬적 관계와 양식이 다르다. 하늘과 땅, 남자와 여자, 음과 양, 아버지와 어머니 등의 성격적 대립자[40]끼리 조를 이루어 결합한다. 이항적 대립자의 결합은 중간에 무엇인가를 생성하므로 이항적 대립을 통하여 제 삼자를 등장시킨다. 이러한 점에서 패러다임적 상관성은 앞에서 보았던 헤라클레이토스의 존재와 동일한 구조로써 세계를 이해한다.[41]

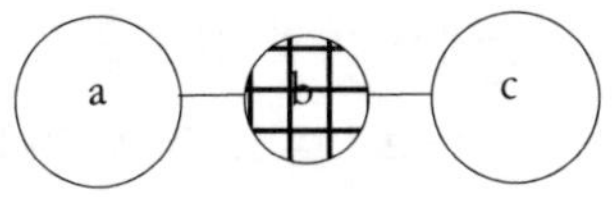

a, b: 상관적 대립자
c : 개체 혹은 구체적 존재
∴ a와 b의 대조에 의해서 c의 의미가 설명됨

〈그림 4〉 패러다임적 상관관계

〈표 2〉 패러다임적 개체

상관적 대립자(a)	**개체(c)**	상관적 대립자(b)
음기	**기(氣)**	양기
추위	-	더위
내려옴	-	올라감
모임	-	흩어짐
땅	**사람(人)**	하늘
여자	-	남자
어머니	-	아버지

위의 그림과 표에서 a와 b는 개별적으로 인지될 수 없고 항상 대립항과 함께 있을 때만 인식할 수 있다. a와 b가 이항 대립적으로 함께 인식될 때 c라는 구체적 개체의 아이덴티티가 동시적으로 드러난

40) 이항 대립(binary opposition) 개념은 구조주의 언어학에서 패러다임적 관계를 형성하는 <유사/대조>에서의 '대조(contrast)'에 속한다.
41) 앞에 나오는 헤라클레이토스의 존재를 설명하는 부분을 참고할 것.

다. 결국 a, b, c는 모두 독립적으로 드러날 수 없다. a와 b는 c를 구성하는 중요한 두 개의 극이지만 개체 c의 영역에서 계열을 이룰 때라야 구체화될 수 있다. 이러한 대립적 생성의 구조는 『易』 괘(卦)의 형성원리에서도 보인다. 괘(卦)를 구성하는 육효(六爻) 중에서 제일 위의 두 효는 하늘(天)을, 중간의 두 효는 인간을, 맨 아래의 두 효는 땅을 상징한다. 하늘과 땅에서 가장 신령한 것이 사람이 되니, 사람은 하늘을 자신의 본성(性)으로 삼고 땅을 자신의 몸(體)으로 삼는다.[42] 이와 같은 패러다임적 상관성은 성격적 차이자 사이의 공존적 대조의 계열을 통해서 개체를 정의한다는 점에서 신탬적인 근친적 상관성과 뚜렷한 차이를 보인다.

장재의 기 개념 역시 상관적 사고를 내포하고 있다. 『正蒙』「太和」편에 나오는 다음 구절들에서 그러한 구조를 볼 수 있다.

> 태화(太和)를 도(道)라고 한다. 뜸과 가라앉음, 오름과 내림, 움직임과 고요함 등 서로 감(感)하는 성질을 그 안에 포함하고 있다. 이것이 인온(絪縕), 상탕(相盪), 승부(勝負), 굴신(屈伸) 등을 낳는 시작이다. (중략) 아지랑이 같은 인온(絪縕)이 아니라면 태화(太和)라고 할 수 없다.[43]

> 위로 오르는 것은 양(陽)의 맑음이고, 아래로 내리는 것은 음(陰)의 탁함이다.[44]

위의 구절을 신탬과 패러다임의 상관관계로 파악하면 다음과 같다.

---

42) 『橫渠易說』「繫辭上」, 195쪽. "得天地之最靈爲人, 故人亦參爲性, 兩爲體"

43) 『正蒙』「太和」. "太和所謂道, 中涵浮沈升降動靜相感之性, 是生絪縕相盪勝負屈伸之始. (중략) 不如野馬絪縕, 不足謂之太和"

44) 『正蒙』「太和」. "浮而上者陽之淸, 降而下者陰之濁"

〈표 3〉 장재 기(氣)의 신탬과 패러다임

	A	B	패러다임(paradigm)
1	뜨다	가라앉다	
2	오르다	내리다	
3	움직이다	고요하다	
4	이기다	지다	
5	굽히다	펴다	
6	양(陽)	음(陰)	
7	맑다	탁하다	
신탬 (syntagm)			

장재의 구도는 신탬적 근친성과 패러다임적 이항 대립으로 구성되어 있고, 앞에 나왔던 『淮南子』의 것과 일치한다. 장재 역시 동중서의 천인감응과 같이 수직항들의 근친한 것끼리의 연대를 언급하였다. 장재는 자연물을 언급하면서 신탬적 상관관계로 자연물의 특성을 논의한다.

1. 동물은 하늘에 근본하기에 호흡으로 점차 취산(聚散)한다.[45]
2. 식물은 땅에 근본하므로 음양승강(陰陽升降)으로 점차 취산(聚散)한다.[46]

동물은 대기 중에서 공기로 호흡하므로 하늘에서 근친적으로 분기하였고, 식물은 뿌리를 땅에 박고 있으므로 땅에서 근친적으로 분기하였다. 이러한 근친적 상관관계를 가능하게 하는 근거는 본말(本末)적 구조이다. 하늘은 동물의 근본(本)이고 땅은 식물의 근본(本)이다. 본말적 구조에서는 소종래(所從來)를 따라 계보와 유래를 찾아간다. 어떤 개체가 생겨나게 된 계보를 중시하는 본말적 사고는 아리스토텔레스의 본질적(essential) 정의를 택하기보다 맥락, 조건, 유래,

45) 『正蒙』「動物」. "動物本諸天, 以呼吸爲聚散之漸"
46) 『正蒙』「動物」. "植物本諸地, 以陰陽升降爲聚散之漸"

배경 등을 들추는 역사적 정의를 선호한다. 따라서 현상적 존재의 제일의 근본은 계보적으로 하늘(天)과 땅(地)에 귀속된다. 하늘－동물－호흡이나 땅－식물－뿌리라는 근친성의 도식에 따라 근친한 개체들에게 본말 관계를 대입하여 근본의 정점인 하늘(天)과 땅(地)에 거슬러 올라감으로써 계보와 배경의 근원을 상정하였다.

장재의 기 개념에는 근친한 것끼리의 유대와 연대를 포함하고 있지만 거기에서 나아가 a와 b가 어떻게 대립하면서 한 계열을 이루느냐의 측면에도 깊은 관심을 표하였다. 존재론적으로 이질의 것들이 어떻게 관계하는지 그 양상을 밝히는 것이 장재의 중요한 화두였다. 그의 현상적 존재론이라고 할 수 있는『正蒙』「參兩」편은 대부분 자연을 음기/양기의 계열로서 해석하고 있다.

1. 땅은 순음(純陰)으로 우주 가운데 뭉쳐 있고, 하늘은 떠 있는 양(浮陽)으로 밖을 돈다(地純陰凝聚於中, 天浮陽運旋於外).
2. 해의 질(質)은 본래 음(陰)이고 달의 질(質)은 본래 양(陽)이다. 그러므로 그믐과 보름에 정(精)과 백(魄)이 반교(反交)하면 일식과 월식이 생긴다(日質本陰, 月質本陽. 故於朔望之際, 精魄反交, 則光爲之食矣).
3. 양(陽)이 음(陰)에 묶이면 서로 붙들어 비가 되어 내린다(陽爲陰累, 則相持爲雨而降).
4. 음(陰)이 양(陽)에게 포섭되면 바람을 타고 올라 구름이 된다(陰爲陽得, 則飄揚爲雲而升).
5. 음기가 뭉쳐 있어 기가 밖으로 나기지 못하면 사납게 때리고 일어나 우레와 번개가 된다(陽在內者不得出, 則奮擊而爲雷霆).
6. 밖에 있는 양(陽)이 들어가지 못하면 계속 주위를 선회하며 바람이 된다(陽在外者不得入, 則周旋不舍而爲風).
7. 하늘의 모양은 양(陽) 가운데 있는 음(陰)이고 바람과 우레는 음(陰) 가운데 있는 양(陽)이다(天象者, 陽中之陰, 風霆者, 陰中之陽).
8. 물이란 음(陰)이 뭉쳐 있는데 양(陽)이 아직 이기지 못한 것이다(水者, 陰凝而陽未勝也).
9. 불이란 양려(陽麗)하여 음(陰)이 아직 다하지 못한 것이다(火者, 陽麗而陰未盡也).

음기/양기, 하늘/땅, 해/달 등과 같은 질적 대조자들이 어떻게 조를 이루어 현상적 존재를 구성하는 지를 보여준다. 신탬적 상응에서와 달리 패러다임적 상관에서는 이질자들이 서로 반대되는 특성을 지니면서도 서로에게서 격리되지 않고 대조적 쌍이 됨으로써 현상적 존재를 생성한다. 패러다임적 상관은 하늘/땅이 짝을 이루어 만물을 생성하듯 상호 보충적 이항 대립일 때도 있고, 비나 바람이 음기/양기의 갈등에서 생겨나듯 상호 갈등적 이항 대립일 때도 있다. 사계절을 보면 더위/추위가 서로 선택적으로 갈마들고, 사람을 보면 삶/죽음이 갈마들듯이 기(氣)는 음기/양기가 모임/흩어짐의 변화과정을 통해서 패러다임적 계열의 선택을 볼 수 있다. 이렇게 볼 때 패러다임은 기(氣)가 고정된 실체가 아니라 음기/양기의 선택적 변화를 함의한다.

<천문학>

음기/양기의 상관성과 관련하여 장재의 천문학도 빼놓을 수 없다. 『晉書』「天文志」에 의하면 중국 전통의 천문학은 개천설(蓋天說), 혼천설(渾天說), 선야설(宣夜說), 안천론(安天論), 궁천론(穹天論), 흔천론(昕天論)으로 나뉘지만, 큰 줄기는 개천설과 혼천설이다.[47] 개천설은 하늘과 땅을 두 덩이의 맷돌이 위아래에 평행하게 놓여서 절단면을 중심으로 움직이는 것과 같다고 파악한다. 반면에 혼천설은 달걀처럼 둥근 천체 가운데 땅이 위치한다고 파악한다. 장재의 천문학은 후자인 혼천설을 취한다.

47) 야마다 케이지, 김석근 번역, 1991, 『주자의 자연학』, 통나무, 35쪽.

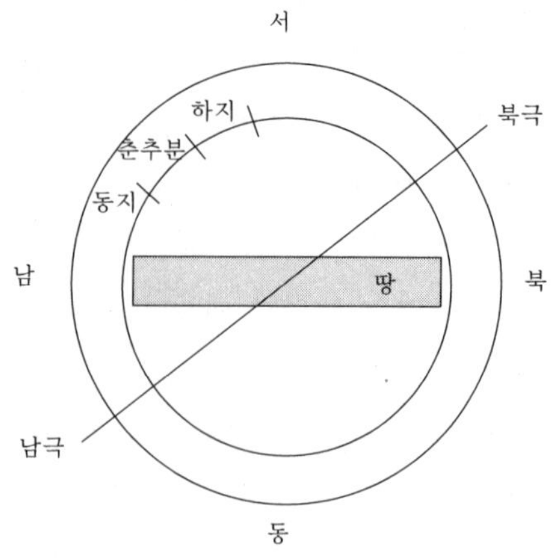

〈그림 5〉 장재의 천체 구조

장재에 의하면 천체의 기본 구조는 순음(純陰)인 땅이 천체의 가운데 뭉쳐있고 부양(浮陽)의 기(氣)가 그 바깥에서 땅을 감싸며 왼쪽으로 돌고 있다.[48] 28수인 항성(恒星)은 하늘에 매달려 부양과 더불어 끊임없이 회전하며, 칠정(七政)[49] 역시 하늘과 더불어 왼쪽으로 돈다고 하여 좌선설(左旋說)을 주장하였다.[50] 하늘과 땅은 어느 한쪽을 버릴 수 없는 긴밀한 결합구조로 되어 있다.[51] 하늘이 순음(純陽)이고 땅이 순양(純陰)이라고 한다면 그 사이의 칠정은 음과 양의 착종 구역에 속한다. 태양계에 속하는 칠정이 오른쪽으로 가는 것처럼 보이는 까닭은 하늘의 항성보다 운행 속도가 조금 더 느리기 때문이며, 칠정은 서로 성질이 다르므로 회전하는 속도가 서로 다르다.

---

48) 張載, 『正蒙』「參兩」. “地純陰凝聚於中, 天浮陽運旋於外, 此天地之常體也”

49) 칠정은 달, 금성, 수성, 해, 화성, 목성이며 태양계에 속한다.

50) 張載, 『正蒙』「參兩」. “天左旋, 處其中者順之, 少遲則反右矣”

51) 張載, 『正蒙』「參兩」. “地, 物也; 天, 神也; 物無踰神之理. 顧有地斯有天, 若其配然爾”

해와 달과 다섯별(칠정)은 하늘과 반대로 운행하며 땅에 포괄되는 것들이다. 땅은 천체 가운데 있으면서 하늘을 따라 왼쪽으로 돌지만 땅의 영향권에 속하는 별들이 땅을 따르면서 조금 늦어지면 (땅은) 반대로 움직여 오른쪽으로 간다. 그것들(칠정) 사이에 느리고 빠른 차이가 있는 것은 칠정의 성질이 다르기 때문이다.[52]

왕부지가 보기에 땅이 왼쪽으로 돌지 않는다는 것은 경험적으로 너무 명백하게 체험되는 현상이므로 땅이 하늘을 따라 왼쪽으로 돈다는 장재의 말은 온당치 못하다고 보았다.[53] 왕부지 외에도 이광지(李光地)와 왕식(王植)을 포함한 대다수의 주석에 의하면 중국은 전통적으로 '하늘은 움직이고 땅은 멈춰 있다(天動地靜).'는 입장이 취해지고 있었다.[54] 하늘은 움직이고 땅은 고정되어 있다는 일반적 통념과 다르게 땅이 왼쪽으로 돈다는 장재의 말이 쉽게 수용되기 어려웠음을 짐작할 수 있다. 이광지는 이 구절에 대해 장재가 자신의 생각으로 추단한 것이라고 보았다.[55] 물론 '땅이 천체 가운데 뭉쳐져 있는 순음(純陰)'이라고 본 장재의 생각은 '하늘은 움직이고 땅은 멈춰있다.'는 일반적 천문학 관념과 비슷하지만,[56] 양자가 완전히 일치한다고 단언할 수 없다. 땅의 좌선은 당시의 천문학적 통념뿐만 아니라 장재가 새롭게 주장하였던 28수와 칠정의 좌선과도 정합성을 찾기 어렵다. 이처럼 이 부분이 『正蒙』「參兩」편의 다른 내용과도

---

52) 張載, 『正蒙』「參兩」. "日月五星逆天而行, 秉包乎地者也, 地在氣中, 雖順天左旋, 其所繫辰象隨之, 稍遲則反移徙而右爾. 間有緩速不齊者, 七政之性殊也"

53) 王夫之, 『張子正蒙注』「參兩」. "張子盡破曆家之說, 未問孰是, 而謂地亦動而順天以旋, 則地之不旋, 明白易見, 竊所未安"

54) 李光地, 『注解正蒙』「參兩」, 文淵閣四庫全書 697-344-16. "自古言天者, 皆謂天動而地靜, 天左旋而日月五星右轉"

55) 李光地, 『注解正蒙』「參兩」, 文淵閣四庫全書 697-344-16. "地在氣中以下, 是張子斷以己意也"

56) 張載, 『正蒙』「參兩」. "地純陰凝聚於中, 天浮陽運旋於外"

잘 어울리지 않으므로 이광지는 해석상의 난점을 해소하기 위하여 '지기(地氣)'라는 새로운 개념을 끌어들인다. 즉 땅은 움직이지 않더라도 땅을 둘러싸고 있는 대기(地氣)가 하늘을 따라 좌선하고 있다는 것이다.[57] 그러나 왕식의 말대로 이러한 추론은 '천기(天氣)' 외에 불필요하게 '지기'를 다시 설정하는 사족에 불과하다.[58] 오히려 '땅의 영향권에 속하는 별들'이라는 말이 현대 천문학의 태양계를 비명시적으로 어렴풋이 지적하는 것으로 보인다. '천기'만으로는 태양계에 속하는 별들의 운행을 제대로 설명할 수 없으므로 땅의 영향권을 설정하여 칠정을 설명하려고 하였을 것이다.

그렇다고 하더라도 여전히 땅이 하늘을 따라 왼쪽으로 돈다는 것(좌선)이 무슨 뜻인지 의문으로 남는다. 야마다 케이지(山田慶兒)는 땅의 좌선을 지구의 자전에 의한 별의 일주운동이라고 설명한다.[59] 그렇기 때문에 위에서 좌선이라고 한 것은 우선(右旋)이라고 해야 하며, 아마도 장재가 착각한 것이라고 보고 있다. 야마다 케이지처럼 이 부분을 지구의 자전으로 해석하는 것이 옳다고 한다면 당시까지의 모든 이론을 탈피하는 획기적 발상이라고 하겠지만 그럴만한 충분한 근거를 장재의 텍스트에서 찾아내기 어렵다. "하늘을 따라 왼쪽으로 돈다(順天左旋)."는 말에서 '하늘을 따라'라는 구절은 매우 분명하게 하늘과 같은 쪽(왼쪽)으로 돈다는 의미를 보여주는 증거이다. 또한 지구의 자전으로 해석하는 것은 뒤따라 나오는 구절과도 의미연관을 형성하지 못한다. 뒤의 구절에서는 땅에 매달린 별들 즉 칠정이 조금 처지면 오히려 오른쪽으로 가는 것처럼 보인다고 하였다. 장재의 텍스트를 있는 그대로 받아들이자면 하늘을 포함하여 모든

57) 李光地, 『注解正蒙』「參兩」, 文淵閣四庫全書 697-344-16. "地雖凝聚不動, 然其氣實與天左旋, 無所停息"

58) 王植, 『正蒙初義』「參兩」, 文淵閣四庫全書 697-456-10. "或有謂順天左旋, 只是氣動非形動者, 多作周旋反覺蛇足"

59) 야마다 케이지, 김석근 번역, 1991, 『주자의 자연학』, 통나무, 65쪽.

것은 왼쪽으로 돌므로, 땅 역시 하늘의 일관된 운동에 동참하는 것으로 해석된다. 비록 땅은 칠정이나 하늘보다 매우 천천히 회전하기는 하지만 여전히 하늘처럼 왼쪽으로 돈다는 것이다.

땅이 왼쪽으로 돈다는 장재의 주장은 우주 안의 모든 사물에 하늘의 법칙을 일관되게 적용시키려는 유가 이데올로기적 기획의 하나이다. 장재는 존재의 본체를 하늘에로 소급하여 통일하려고 하였다. 기본적으로 땅이 하늘과 패러다임적 수평의 상관자이지만, 역설적이게도 땅도 왼쪽으로 움직임으로써 하늘의 기획을 수용하고 있는 셈이다. 비록 땅이 하늘과 상관자로서 반쪽의 힘을 가진다고 할지라도 우주 전체로 본다면 좌선하는 계보의 정점은 하늘이다. 땅이 좌선한다는 것 역시 천체의 통일된 운동방향을 지칭하기 위한 것임을 알 수 있다. 항성과 칠정과 땅이 모두 좌선한다고 할 경우 운동 속도 차에 의해서 천체의 운동방향은 상대적으로 명명되므로 '땅의 좌선'이라는 말도 실제로는 상대적인 언명에 불과하다. 아마도 장재는 천체에 대하여 하늘에 의한 일원론적 본체를 가정하고 있었을 것이다.

항성과 칠정의 좌선설은 주희(朱熹)에게 계승되어 성리학적 천문학의 중심이 되었다. 칠정의 우선설을 주장하는 전통 천문학자들은 해와 달이 항성의 주기에 못 미치는 각도 즉 퇴수(退數)를 써서 해와 달의 운동을 측정하는데 이것을 절법(截法)이라고 한다. 반대로 해와 달이 왼쪽으로 나아가는 진수(進數)에 따라서 계산하는 것을 순산(順算)이라고 한다.[60] 장재 이후 성리학자들은 그 편리함 때문에 절법을 대부분 사용하였음에도 불구하고 천체의 운동 구조는 좌선설을 정설로 받아들였다. 그러나 칠정의 우선을 주장하는 것과 좌선을 주장하는 것은 계산방법의 상대적 차이일 뿐 서로 다른 차원의 구조를 제시하는 것은 아니다. 모든 별들의 운동방향을 좌선으로 규정함으로써 하늘의 통일성을 제시하는 정도의 의미를 찾을 수 있을 뿐이다.

---

60) 『張子全書』, 中華民國 57년, 臺灣商務印書館, 28쪽.

천문에 대한 장재의 주장은 해나 달의 운동의 완급을 천체구조의 다양화를 통해서 해결하기보다 음/양의 상반성이라는 감응개념에 의지한다.[61] 칠정의 운행에는 각각의 음/양적 특성에 따라서 느리고 빠름의 차이가 있다.[62] 달은 음정(陰精)으로 양(陽)에 반하는 것이기 때문에 오른쪽으로 이동하는 속도가 제일 빠르고, 해는 양정(陽精)이지만 그 질이 본래 음(陰)이기 때문에 오른쪽으로 가는 속도가 느리더라도 순수하게 하늘의 권역에 속하지 않는다.[63] 장재는 애초부터 음/양이라는 이론적 구조를 취하고 있었기 때문에 양에 해당하는 하늘과 음에 해당하는 땅이 천체의 다양한 현상들을 이해하는 기초라고 보았다.[64] 금성과 수성이 해의 앞뒤에서 앞서거니 뒤서거니 하는 사물 사이의 감응현상과, 하늘과 땅의 감응에 기초하는 사유방식은 현대 천문학의 인력이나 척력과 유사한 면을 보이기도 한다.

또한 장재는 해의 운동과 관련하여 춘추분 · 하지 · 동지의 고도 변화와 추위 · 더위의 계절적 차이가 생기는 이유를 땅의 오르내림으로 해석한다.[65] 계절에 따른 해의 고도 차이를 해석할 때 하늘은 둥글고 땅은 네모라는(천원지방) 구조에 바탕 하여 해석하기 때문에 땅의 오르고 내림이라는 감응개념을 적용시킬 수밖에 없었다. 땅이 수직으로 오르내린다고 함으로써 통상적으로 인정되던 해가 남북으로 왕래한다는 남북이륙설(南北二陸說)과 다른 견해를 표명하였다.[66] 그러나 만약 장재의 주장대로 평평한 땅 전체가 수직으로 오르

---

61) 야마다 케이지, 김석근 번역, 1991, 『朱子의 自然學』, 통나무, 65쪽.

62) 張載, 『正蒙』「參兩」. “間有緩速不齊者, 七政之性殊也”

63) 張載, 『正蒙』「參兩」. “月陰精, 反乎陽者也, 故其右行最速. 日爲陽精, 然其質本陰, 故其右行雖緩, 亦不純系乎天, 如恒星不動”

64) 張載, 『正蒙』「參兩」. “地純陰凝聚於中, 天浮陽運旋於外, 此天地之常體也”

65) 張載, 『正蒙』「參兩」. “地有昇降, 日有修短. 地雖凝聚不散之物, 然二氣昇降其間, 相從而不已也. 陽日上, 地日降而下者, 虛也. 陰日降, 地日進而上者, 盈也. 此一歲寒暑之候也”

내리는 운동을 한다면 천체의 북극과 남극을 잇는 천축을 이탈하게 되므로 별자리들의 위치에 그 만큼의 오차가 생기게 된다. 그러한 오차를 조정하기 위하여 땅 운동의 구체적 경로를 세밀하게 조정해야 했지만 장재는 엄밀한 자료를 제시하는데 까지는 이르지 못하였다. 그의 천문관은 음/양의 상관성에 꾸준히 의지함으로써 땅과 별들 사이의 감응관계에 기초하였을 뿐, 새롭게 혁신된 이론 구조를 내놓은 것은 아니었다. 현대의 입장에서 보자면 장재의 좌선설은 땅을 구면으로 하는 공전과 자전 현상에까지 이르지 못함으로써 황도가 생기는 합리한 이유를 제시하는 단계에까지 이르지 못하였다. 또한 관측과 정확한 수치대입에 의한 실험과정이 생략됨으로써 좌선설의 이론적 구조를 검증하지 않았던 것도 절차적 단점이다. 다만 그의 기 철학이 물리적 운동에 대해 상관적 도식에 의지하여 냉정하게 접근하려는 사실주의적 태도는 높게 살만하다. 일반적으로 성리학이라고 하면 초월적 도덕론만을 숭상하는 것으로 판단하기 쉽지만, 장재의 천문학에서 보듯이 성리학은 물리적인 사실의 세계를 기의 영역에서 수용하고 있었다.

지금까지 장재 기의 상관성을 그의 자연현상 이해와 천문관을 통해서 살펴보았다. 장재의 기는 신탬적 상관성과 패러다임적 상관성의 두 요소를 기본적으로 깔고 있다. 신탬적 시원은 음기와 땅으로 계보가 거슬러 올라가거나 아니면 양기와 하늘로 계보가 거슬러 올

66) 王夫之, 『張子正蒙注』「參兩」. “謂地高近日則暑, 地下遠日則寒, 不用南北二陸遠近之說.” 왕부지가 언급하는 남북이륙설이란 『考靈曜』에 나오는 땅의 사유(四遊)설을 가리키는 것으로 보인다. 땅이 계절에 따라 동서남북의 방향으로 3만리씩 움직임으로써 춘분, 추분, 하지, 동지 등이 변화가 생긴다는 것이다. 그러나 장재의 주장은 이러한 사유설과 달리 땅이 직선으로 오르내린다고 파악하고 있다(야마다 케이지, 김석근 번역, 1991, 『朱子의 自然學』, 통나무, 50~51쪽, 65~66쪽 참조).

라간다. 한편 패러다임적 상관성은 음기와 양기가 상호적으로 감응함으로써 하나의 현상을 구성한다. 신탬적 근친성이 계보학적 관계로 근친적 순서를 정하는 것과 달리 이항 대립의 패러다임적 상관관계에서는 수평적 상호보충의 짝짓기를 구성한다. 특히 장재의 상관적 사고에서 패러다임적 두 짝을 음(陰)과 양(陽)으로 일반화하는 부분은 존재의 다원적 중첩성을 잘 포착하고 있다. 장재에 의하면 존재론적으로 음기/양기의 짝이 함께 상호작용 해야 하나의 아이덴티티가 성립한다.[67] 또한 한 개체의 아이덴티티를 인식할 수 없는 상태라면 개체를 구성하는 두 개의 짝 역시 사라지고 말 것이다.[68] 이처럼 패러다임적 기(氣)는 동종적 독립이 아니라 항상 이항대립에 의해서만 성립한다. 음기/양기의 대조적 쌍의 양상에 따라 모든 사물의 고유한 특성이 정의된다. 음과 양의 패러다임적 짝짓기는 신탬적 상응처럼 계보적 선조나 근본을 가지지 않고 자신들의 결핍이나 과잉을 짝에게서 상호적으로 보충하거나 덜어낸다. 패러다임적 상관관계로 해석되는 장재의 기 구조는 음기/양기의 이질자들이 서로 보충하고 화해하는 구조를 설정함으로써 이 세계의 다양한 존재들이 어떻게 교차되어 공존할 것인가에 대한 매우 가능성 있는 논의를 제공한다고 하겠다.

<상관관계의 혼연(渾然)함>

장재의 기 철학은 원자론의 자기동일적 개체가 아닌 상관적으로 긴밀하게 결합된 혼연적 개체(holistic particular)를 상정한다. 장재의 기는 신탬적 상관관계에서는 본(本)과 말(末)의 인접적 분기가 있고 패러다임적 상관관계에서는 음(陰)과 양(陽)의 계열적 대조가 있다. 기의 신탬적 상관관계와 패러다임적 상관관계는 공히 계열의 분기

---

67) 『正蒙』「太和」. "兩不立則一不可見"
68) 『正蒙』「太和」. "一不可見則兩之用息"

와 대조를 통하여 상호의존적이며, 상호의존성은 기들 간의 결합의 혼연(渾然)함을 뜻한다. '혼연(渾然)'이라는 말은 '혼연(混然)'으로도 쓰이는 용어이고 분리할 수 없을 만큼 긴밀히 섞여 있음을 의미한다. 장재가 말하는 신탬적 상관자는 인접적 결합을 통하여 패러다임적 상관자는 대조를 통하여 존재론적으로 혼연하게 섞여 있다.

1. 하늘을 아버지라 부르고 땅을 어머니라 부른다. 아득한 나는 혼연(混然)하게 그 가운데 처하여 있다. 하늘과 땅을 채우고 있는 모든 것을 나의 몸으로 삼고 하늘과 땅을 통솔하고 있는 것을 나의 본성으로 삼는다.[69]
2. 음양의 기는 흩어지면 모두 다르게 되어 사람들은 그것들이 하나였다는 것을 모르고, 합해지면 혼연(混然)하여 사람들은 그 다름을 보지 못한다.[70]

첫 번째 예는 인간이 하늘과 땅에서 혼연하게 처하여 있음을 말한다. 인간이란 하늘과 땅 가운데 아득히 작은 존재이지만 분리할 수 없을 만큼 긴밀하게 하늘과 땅에 신탬적 혹은 패러다임적으로 연결되어 있다. 하늘－아버지, 땅－어머니에서 신탬적 근친성을 읽을 수 있다. 하늘과 땅의 특성을 자신의 몸과 본성으로 한다는 데서 동종의 족보가 형성된다. 장재는 신탬적 근친자들의 족보적 연결이 불가분의 것이어서 분리할 수 없다고 천명하였다. 두 번째 예에서는 기본체의 혼연함을 말하고 있다. 음기/양기를 나누어서 보면 대조적이어서 전혀 별개의 것으로 생각될 수 있으나 합하여지면 혼연하여 더 이상 분리가 불가능하다.

두 예에서와 같은 장재의 상관적 사유에서의 상호의존적 혼연성

---

69) 『正蒙』「乾稱」. "乾稱父, 坤稱母, 予玆藐焉, 乃混然中處. 故天地之塞, 吾其體, 天地之帥, 吾其性"
70) 『正蒙』「乾稱」. "陰陽之氣, 散則萬殊, 人莫知其一也. 合則混然, 人不見其殊也"

을 설명하기 위해 데모크리토스의 원자론이나 데카르트의 실체 철학을 해체하는 과정이 필요하다. 장재의 혼연(渾然)이라는 개념은 실체 개념과 상반된 규정을 통하여 존재를 정의하기 때문이다. 장재 사상에서 보이는 '혼연함'이라는 개념을 이해하기 위하여 세계의 존재물을 원자적 개체와 혼연적 개체로 나누어 비교해 보기로 한다.

▫ 원자적 개체(atomic particular): 자기동일성을 유지하고 있는 더 이상 쪼갤 수 없는 최소 단위.

데모크리토스의 원자론이나 데카르트의 실체는 쪼갤 수 없는 최소 단위이기 때문에 쪼갤 수 있는 데까지 다 쪼개어진 상태라고 가정하고서 논의를 전개해 보자. 현상세계는 최소 단위(unit)들의 모임일 것이다. 이러한 사고방식을 확대하면 조(sets)－구성원(members), 보편자(univerals)－개체(particulars), 집합(collections)－개인(individuals) 따위의 관계로 분류될 수 있다.[71] 예를 들어 '세포'는 보편자의 견지에서는 '사람의 몸을 구성하는 최소 단위'이며, 사람의 눈, 코, 손 등에 산재하는 천문학적인 수의 모든 세포가 다 이에 해당한다. 보편자의 집합에 속하는 개별적 최소 단위들은 서로 교환이 가능하고(interchangeable), 동일한 크기로 되어 있고, 외적으로(externally) 연관된다. 즉 사람의 눈에 있는 세포와 손에 있는 세포는 동일한 개체로서 취급될 수 있다. 원자, 쿼크, 유엔의 구성원 따위와 같은 최소 개체도 마찬가지다. 이와 같이 원자적 개체에 근거한 사유 방식은 일자(one)－다수(many)의 구조를 취하고 있다.[72] 일자는 개체 각각에 공통적

---

71) 차드 한센은 서양의 개인주의와 중국의 개인주의 간의 차이를 원자론적 사고와 혼연론(holism)적 사고의 비교를 통하여 설명하고 있다. 한센의 논문은 상관적 의존의 혼연성을 밝히는데 상당한 시사를 주었다. Chad Hansen, "Individualism in Chinese Thought" in *Individualism and Holism: Studies in Confucian and Taoist Values* (ed. Donald Munro), 1985, pp.35～55.

으로 적용할 수 있는 추상적 정의에 해당하고 다수는 그러한 정의가 적용될 수 있는 내포가 동일한 많은 개체에 해당한다.

장재가 말하는 상관적 결합의 혼연성을 이해하기 위해서는 위에서 설명한 원자적 실체의 정반대 방향으로 사고를 전개할 필요가 있다. 데카르트는 복잡한 것을 쉬운 것으로 쪼개어 최소 단위까지 나누는 것을 자신의 학문방법으로 택하였지만, 우리는 원자론자가 최소 단위로 쪼개 놓은 그 지점에서 반대 가설을 세워볼 수 있다. '이 세상의 존재를 쪼개어서 그것만을 떼어낼 수 있는 그러한 개체가 있는가?'라고 데카르트의 실체를 역방향으로 회의해 보면 어떨까. 우리는 원자론자의 전제인 '완전하게 다 쪼개어진 최소 단위의 개체'를 부정하고 '아무도 분리할 수 없는 개체 사이의 결합'을 현상 세계를 이해하는 전제로 취할 수 있다. 후자의 전제를 받아들일 경우 세상의 모든 개체는 오직 결합의 구조에서만 규정될 수 있다.

▫ 혼연(渾然)적 개체(holistic particular): 상관적 결합이 없이는 즉 고립적으로는 이해될 수 없는 개체.

장재는 현상적 존재를 설명할 때 위의 정의를 전제한다. 모든 개체는 홀로 고립되어 있지 않다. 전체와의 유기성을 떠난다면 부분은 어떤 의미도 창출해 낼 수 없다. 부분은 항상 전체에 포함된 부분이고 다른 부분들의 부분이다. 이러한 혼연적 결합을 부분(part)－전체(whole)의 관계로 표현할 수 있을 것이다. 장재의 철학은 원자론적 개체를 상정하지 않고 혼연적 개체를 전제한다는 점에서 어떤 전체적 특성을 미리 염두하고 있다. 사람의 눈과 손은 몸이라는 유기적 전체의 부분으로서 자신의 역할을 다르게 부여받는다. 전체는 부분의 원자론적 합에 의해서 만들어지는 것이 아니라 먼저 주어진 것이기

---

72) 앞의 책, 36쪽.

때문에 오히려 부분들이 전체의 조정에 참여한다. 부분들의 결합은 어떤 계약이나 합의에 의해서 이루어지기보다는 미리 주어진 전체로서의 이념을 실현하려는 자연스러운 의지에 의해서 진행된다.

장재는 전체의 관점에서 부분적 사태를 바라보기 때문에 다음과 같은 유기적 개념들을 제시한다.

> 사물에는 고립의 이치가 없으니, 동(同)/이(異), 굴(屈)/신(伸), 종(終)/시(始) 등으로써 발명하지 않는다면 비록 사물일지언정 (진정한) 사물은 아니다. 일에는 시(始)/졸(卒)이 있으므로 이루어진다. 동(同)/이(異)와 유(有)/무(無)가 서로 감(感)하지 않으면 일은 이루어지지 않는다. 이루어지지 않으면 비록 사물일지언정 (진정한) 사물은 아니다.[73]

장재는 원자론자처럼 한 사물의 근본을 이루고 있는 불변(unchangeable)의 실체를 부정하고 사물들이 서로 상호작용하면서 변화해 가는 과정에서 사물을 이해하였다. 그러한 동(同)/이(異), 굴(屈)/신(伸), 종(終)/시(始) 등의 존재론적 상관자가 서로 감응하지 않고 이탈한다면 고립의 병통을 야기하여 이치를 잃게 된다. 즉 모든 개체는 단독자로 쪼개어질 수 없으며, 모양이 같거나 다른 개체들 사이의 굽히고 펴는 감응(感應)을 통해서 자신의 의미를 획득한다.

유교의 이상적 경지인 성인이란 음기/양기라는 기(氣)의 존재론적 상관자 사이에서 겸체(兼體)하면서 한 편으로 얽매이지 않는 간주관적 존재이다.[74] 장재는 혼연적 개체에서 보이는 간주관적 존재 이념을 『西銘』에서 제시했다. 장재의 『西銘』을 따른다면 하나의 인간을 우주에서 고립적으로 분리해 낼 방도는 없을 것이다. 오히려 만물과의 혼연한 일체에서 이탈하는 것을 손발이 마비되는 병리에 비유하

---

73) 『正蒙』「動物」. “物無孤立之理, 非同異屈伸終始以發明之, 則雖物非物也. 事有始卒乃成, 非同異有無相感, 則不見其成. 不見其成, 則雖物非物”

74) 『正蒙』「太和」. “聖人盡道其間, 兼體而不累者”

였다. 장재는 일찍이 맹자가 말하였던 “만물이 모두 나에게 갖추어져 있다.”[75]는 만물일체 사상을 계승하여 존재의 혼연성을 설파하였다. 장재는 혼연함이야말로 기 운동과 개체의 본성을 이해하기 위한 가장 중요한 출발점이라고 생각하였다.

제3절 기 본체론

장재의 기는 음기/양기의 상관적 구조로 되어 있지만 거기에 그치지 않고 성리학적 기 본체를 상정하는데 까지 나아간다. 기에 상관적 현상과 성리학적 본체가 통일되어야 가장 이상적이라고 판단하였다. 장재는 기 본체를 통해서 성리학적 이념을 기 안에 안치하였다. 비록 기의 현상과 본체가 통일되었다고 할지라도 가치론적으로 최고차원의 가치를 지니는 것은 기 본체이다. 그러므로 기 본체를 찾아들어가야 장재 기 철학의 성리학적 기획을 알 수 있다. 장재의 기 본체는 음기/양기의 상관성에서 벗어난 것이 아니면서도 내용적으로는 형이상학적 이념을 설명한다. 그러한 점에서 기 본체는 성리학적 이념이면서도 물리적 현상에 접합되어 있다. 장재의 본체가 물리적 현상에 접합되어 그 일부로서 이해되는 것에 대해 정주학에서는 성리학적 이념의 초월성을 알지 못하였다고 비판하기도 하였다. 그러나 비록 장재가 기 본체를 완전한 초월자로서 독립시키지 않고 기 영역권 안에 두었다고 할지라도, 그는 여전히 유가 이념의 계승자일 뿐이다. 오히려 장재의 기 본체론적 기획에 의하여 물리적 운동에 기초한 중국 일반의 기 관념이 성리학적 체계로 재해석되는 중대한 계기가 되었다. 이 절에서는 장재가 상정한 기 본체인 ‘태허(太

75) 『孟子』「盡心上」. “萬物皆備於我”

虛)'와 '신(神)' 개념을 분석함으로써 본체 즉 현상의 통일성과, 기 본체의 성리학적 재구축에 대해 설명하고자 한다.

1. 태허(太虛)

'태허(太虛)'는 장재의 기 철학적 존재론을 관통하는 중추적 개념이다. 태허를 통해 장재 기철학의 본체론을 이해할 수 있다. 장재에 의하면 자연계는 기의 본체인 태허의 기(氣)가 모여 만물(萬物)이 되고 다시 만물이 흩어져 태허로 돌아가는 순환이 그치지 않고 계속된다.[76] 장재는 태허와 '취산(聚散)' 개념을 통해 자신의 철학을 형성하여 노불을 비판하였다. 그러나 역설적이게도 중국 사상사적으로 보았을 때 태허 개념은 도가와 불가에서 본체계를 설명할 때 일반적으로 쓰이던 개념이다. 장재의 태허 개념은 현상을 가능케 하는 본체라는 점에서 도가나 불가에서 차용된 측면이 많다. 장재 역시 태허라는 본체로부터 현상적으로 드러난 기의 세계가 구성된다고 생각한다. 그러나 장재가 도가와 불가에서 사용되던 태허 개념을 끌어옴에도 불구하고, 오히려 장재의 기 본체는 노불의 절대적 무(無)를 비판하기 위한 유가적 이론으로서 새롭게 구축된다.

장재는 태허가 비록 존재론적 본체일지라도 음기/양기라는 기의 현상적 상관성 아래서 운동한다고 생각한다. 장재는 태허라는 존재론적 본체에 현상의 법칙을 동일하게 적용하고 있다. 물질과 허공을 이분하지 않고 기라는 하나의 실재론적 개념으로 수렴하였다.[77] 이와 같이 장재는 음기/양기의 상관성에서 벗어난 완전한 무로서의 부

---

76) 『正蒙』「太和」. "太虛不能無氣, 氣不能不聚而爲萬物, 萬物不能不散而爲太虛. 循是出入, 是皆不得已而然也"

77) 『正蒙』「太和」. "知虛空卽氣, 則有無隱顯, 神化性命, 通一無二", "氣之聚散於太虛, 猶氷凝釋於水, 知太虛卽氣則無無"

재 상태를 부정하고 태허 역시 기의 상관적 감응 안에 존재한다고 이해하였다. 그는 '태허=기'라는 도식을 주장함으로써 태허라는 본체를 현상 속으로 끌어내린다. 장재는 태허를 형이상학적 본체로서 상정하면서도 현상 안에 존재하는 것으로서 생각한다. 환언하자면 장재는 도가와 불가에서 취하는 음기/양기의 취산과 순환을 취하고 있으면서도 그 속에 다시 유가적 형이상자를 상정하는 중층적 태도를 취하고 있다. 장재의 기가 도가와 불가에서 취하는 태도와 일치하는 측면은 음기/양기의 대대성(待對性)에 근거한 상관적 사고(correlative thinking)의 계열이라면, 장재의 기가 도가와 불가와 다른 지점은 기에 형이상자–형이하자로 나누어 유가적 이념으로서 형이상자를 형이하자의 수양론적 근거로 삼는 데 있다.

형이상자–형이하자의 구분은 장재가 인간 존재를 해석할 때 천지지성(天地之性)과 기질지성(氣質之性)을 구분하는 데서 잘 드러난다. 장재는 상관적 감응으로 구성된 기질지성 안에 존재론적 근원으로서의 천지지성이 있다고 하였다. 인간에게 드러나는 감각적 욕구, 죽고 사는 생물학적 변화 등은 기의 상관적 운동에 속하는 것이므로 그것을 인간 존재의 근원으로 여겨서는 안 되고, 그러한 형이하자 안에서 계시되는 인의예지(仁義禮智)라는 형이상자야말로 인간을 인간이게 하는 근원적 존재 근거이다. 형이상자가 결여된 형이하자의 수양은 존재의 본질을 망각하고서 생리적 수명이나 감각적 욕구에 지나치게 집착하는 폐단에 빠지게 한다. 형이하학적 상관성은 삶의 조건이지 수양의 대상은 아니다. 이에 반해 마음 속의 형이상자는 적극적으로 현실에 확대시켜야 할 대상이다. 장재는 형이상자가 실현되고 있어야만 형이하자가 정상적 궤도를 일탈하지 않을 수 있다고 보았다. 이와 같이 장재의 기는 상관적 사고에 본체론적 근거를 결부시키는 본체–말단의 구조를 취함으로써 유가의 이념을 정당화하려고 하였다.

<'태허(太虛)' 개념의 연원>

장재가 노불의 허무에 대한 안티테제로 내세운 것이 유(有)의 범주에 속하는 기(氣) 개념이다. 그럼에도 불구하고 장재는 노장에서 사용되는 기, 태허 등의 용어를 사용하였다.[78] 기를 존재물의 근거로 본다는 측면에서 장재는 노장의 기 개념을 끌어온다. 특히 태허라는 용례는 공자나 맹자에게서는 찾을 수 없고, 『莊子』「知北遊」에서 보이며[79] 무궁(無窮), 무위(無爲), 무시(無始)를 의미한다.[80] 허(虛)라는 용어 역시 『論語』나 『孟子』에서는 드물게 보이며[81] 오히려 『老子』와 『莊子』에서 중심 개념으로 사용되었다. 특히 『莊子』에는 허(虛)라는 말이 빈번히 등장하는데, 몇 개의 용례는 장재가 기 본체를 허(虛)라고 정의한 것과 흡사하다.

> 바람이 자면 큰 나무의 모든 구멍이 고요해진다(虛).[82]
>
> 기(氣)라는 것은 허(虛)하게 대상을 기다리는 것이다. 도(道)는 허(虛)

---

78) 예를 들어 장재는 취산의 전 과정을 통하여 유지되는 기 본체를 태허(太虛)라고 정의하였는데, 이 용어는 다른 유가의 문헌에서 거의 쓰인 적이 없다. 노장에서 핵심 개념으로 사용되었던 허(虛) 개념은 사실상 송대 정주(程朱)의 성리학적 본체인 이(理)와 등치할 수 없다. 정주의 성리적 이(理) 본체는 인의예지(仁義禮智)라는 사덕(四德)으로 구성되어 있지만 장재의 태허(太虛)에는 그러한 내용적 구성이 보이지 않는다.

79) 『莊子』「知北遊」. "无始曰, 有問道而應之者, 不知道也. 雖問道者, 亦未聞道. 道无問, 問无應. 无問問之, 是問窮也. 无應應之, 是无內也. 以无內待問窮, 若是者, 外不觀乎宇宙, 內不知乎大初, 是以不過乎崑崙, 不遊乎太虛"

80) 태허(太虛) 개념을 문헌 용례를 통하여 역사적으로 밝힌 논문으로는 三浦國雄, 「太虛說前史」를 참고.

81) 『論語』「述而」. "亡而爲有, 虛而爲盈, 約而爲泰, 難乎有恒矣." 「太白」. "曾子曰, 以能問於不能, 以多問於寡, 有若無, 實若虛, 犯而不校." 『孟子』「盡心上」. "恭敬而無實, 君子不可虛拘." 「盡心下」. "孟子曰, 不信仁賢則國空虛."

82) 『莊子』「齊物論」. "厲風濟則衆竅爲虛"

를 모으는 것일 뿐이다. 허(虛)는 심재(心齋)이다.[83)]

『莊子』에 나오는 위의 예에서 허(虛)의 의미는 비움이나 고요함이다. 즉 공기의 고요한 모습이 허(虛)의 직관적 개념이다. 큰 나무에 뚫려 있는 구멍에 바람이 불어오면 온갖 소리를 토해 내다가 바람이 자면 마치 아무 것도 없는 듯 고요해지지만, 아무런 소리와 요동이 없다고 해서 그 안에 정말 아무 것도 없는 것은 아니다. 기의 본 모습은 바로 요동이나 형적을 찾을 수 없을 만큼 고요하게 있는 상태로 묘사되었다. 이처럼 태허라는 용어는 노장에서 비롯하였으며, 수세기에 걸쳐 많은 이들이 널리 사용하였던 개념이다.[84)]

노장사상에서의 기의 취산과 허(虛)개념의 결합은 그 후에도 중국 사상사에서 지속된다. 그렇다면 태허라는 개념이 노장 사상 이래 세계를 이해하는 하나의 존재론적 개념으로서 중국의 사상에 일반화 되었음을 짐작할 수 있다.[85)] 예를 들어 노자와 장자의 저작보다 후대의 책인 『文選』을 보면 태허라는 용어가 등장한다.

> 태허란 요확(遼廓)으로 잠금이 없는(閡無) 것이니, 자연(自然)의 묘유(妙有)를 움직여서, 녹으면 냇물이나 도랑이 되고, 뭉치면 산이나 언덕이 된다.[86)]

'태허요확(太虛遼廓)'이라는 말은 후대에도 자주 인용되는 구절이다. 여기에서는 태허가 자연의 묘유(妙有)를 움직이고 있다. 자연의

---

83) 『莊子』「人間世」. "氣也者, 虛而待物者也. 唯道集虛. 虛者, 心齋也"
84) 張立文 주편, 김교빈 (외) 번역, 1992, 『氣의 철학』 상, 예문지.
85) 장재의 태허(太虛) 개념과 관련하여 문헌의 용례를 들어 비교연구한 논문으로는 다음이 있다. 三浦國雄, 1983, 「張載太虛說前史」 『集刊東洋學』 50, 東北大學中國文史哲硏究會.
86) 四部叢刊, 初編, 集部, 『六臣注文選』, 卷十一. "太虛遼廓而無閡, 運自然之妙有, 融而爲川瀆, 結而爲山阜"

묘유(妙有)란 기를 가리키고 태허는 기보다 상위 개념인 노장의 무(無)에 해당할 것이다. 『文選』의 이 구절에서 보듯이 기와 태허는 중국 사상사에서 자연의 존재를 해석하는 하나의 주요한 개념이다.

나아가 기가 순환한다는 관념은 불가의 문헌에서도 찾을 수 있다. 불가가 보기에 몸은 물질의 가합(假合)이어서 영원하지 못한 덧없는 것이다. 이러한 불가의 사생(死生)관을 받아들여 태허를 사용하는 용례를 당(唐) 나라 시인 왕범지(王梵志)의 시에서 볼 수 있다.

> 누구나 허가(虛假)의 몸을 받고
> 누구나 태허(太虛)의 기(氣)를 받고
> 죽어 다시 태어나는 누구라도
> 돌아오면 다 기억할 수 없네
> 바로 이걸 잘 생각해보면
> 모든 일 담담하여 맛이 없네
> 어떻게 저속한 마음(俗心)을 위로하여
> 항상 한결같이 도취할까[87)]

이 시에서는 일상 어휘를 통하여 처세훈과 인생관을 설하기 때문에 불교가 성행했던 당시의 일반적 사유체계의 한 갈래를 그대로 보여준다. 인용문에서 허가(虛假)는 몸과 대응하고 태허는 기와 대응한다. 몸이라는 것은 찰나찰나 변화하여 언젠가 죽으면 사라지고 말 부질없는 것으로 표현되었다. 모든 존재는 태허의 기에서 순환하면서 왕래하고 있으므로 한 인생이라는 것이 크게 욕심낼 필요가 없다고 말하였다. 불가는 노장적 사유와 같이 태허를 자연에서 받은 물질로 읽고 있다. 인간의 각종 욕심은 부질없는 것으로 죽으면 그저 자연의 한 물질로 돌아간다. 이와 같이 삶의 세계를 찰나의 것으로 보면서 인간의 육신을 진택(眞宅)이 없는 영원한 표박자(漂迫者)로

---

87) 三浦國雄, 1983, 「張載太虛說前史」 『集刊東洋學』 50, 東北大學中國文史哲研究會, 60쪽.

묘사하였다. 이것은 불교의 윤회설에 따라서 인생의 무상(無常)함을 음미한 것이다. 비록 불가와 도가의 사상적 출발이 다를지라도 기가 취산한다는 측면에서는 공통점을 지닌다.

장재의 인간에 대한 존재론적 이해 역시 위의 예문에서 보았던 노불의 취산설과 동일한 구조를 취한다. 인생이란 존재론적으로 보았을 때 물질이 모였다 흩어지는 한정된 과정일 뿐이다. 그렇다면 장재가 노불의 취산설적 구도를 취했음에도 불구하고 노불의 사상을 배척하였던 것은 왜일까? 장재가 유학을 종주로 삼은 것을 감안한다면 태허나 취산의 개념은 노불의 사상을 그대로 수용했다기보다는 유학의 이념을 구조화하는 과정에서 기의 취산이라는 개념을 유가적으로 변용하였다고 생각된다. 사실상 장재 사상의 가장 큰 특징은 태허와 기를 유가적으로 해석하는 데 있다. 장재의 태허는 기의 취산이라는 측면에서는 노불과 같이 존재론적 상관성에 근거하고 있지만, 인간의 본성으로서 정위될 때에는 유가적 이념을 위한 형이상학적 본체가 된다.

<장재 사상에서의 태허(太虛)>

① 형이하자의 근거

태허라는 말의 가장 일차적 형태는 현상적 존재를 가능케 하는 모태로서의 공간이다. 장재는 구름이 무엇인지 설명하면서 태허를 공간으로 파악한다. 이러한 공간으로서의 태허는 형이하자적 측면을 지시한다고 볼 수 있다.

> 구름이란 태허에 펼쳐진 것으로 음기가 바람에 따라 떠돌다가 모여서 아직 흩어지지 않은 것이다.[88]

---

88)『正蒙』「參兩」. “雲物班布太虛者, 陰爲風驅, 斂聚而未散者也”

공간에는 많은 사물이 움직인다. 그러나 장재가 말하는 공간은 단순히 기하학적 연장으로서의 공간 즉 아무런 물질이 점유되지 않은 무로서의 공간인 것이 아니라 감각적 현상을 가능케 하는 본체로서의 모태이다.

> 기가 태허에서 모이고 흩어지는 것이 얼음이 물에서 얼었다 풀리는 것과 같다. 태허가 곧 기라는 것을 안다면 무(無)라는 것은 없다.[89)]

비록 물이 얼면 얼음이 되고 녹으면 다시 물이 되지만, 그러한 변화의 과정에 태허로서의 기 본체는 사라지지 않고 지속되고 있다. 더 거시적인 차원에서 본다면 태허란 우주의 별들을 일정하게 운행시키고 있는 본체이기에 우주의 자궁과도 같은 것이다.

> 항성(恒星)이 낮과 밤에 따라 위치가 바뀌는 것은 지기(地氣)가 가운데서 메카니즘을 따라 왼쪽으로 돌기 때문이다. 그래서 항성(恒星)과 은하수(河漢)가 북쪽에서 남쪽으로 가고, 해와 달이 하늘에 숨었다가 드러난다. 태허(太虛)에 체(體)가 없다면 그것들(항성, 은하수, 해, 달)이 밖에서 움직인다는 것을 증명할 수 없다.[90)]

장재는 태허가 항성, 은하수, 해, 달 등의 모든 존재를 감싸고 있는 본체라고 본다. 태허로서의 공간은 별들이 움직이는 운동과 긴밀하게 연계되어 있다. 우주는 이미 태허라는 근거자에 의해서 전체적으로 잘 짜여진 프로그램에 따라서 운행한다. 장재에 의하면 우주 안의 모든 존재는 무로부터 유를 해석하려는 어떠한 시도, 혹은 무의미로부터 의미를 도출하려는 어떠한 시도도 용납되지 않는다. 우주적 모체로서의 태허가 이미 기 운동에 법칙과 근거를 제공하는 본체

---

89) 『正蒙』「太和」. "氣之聚散於太虛, 猶冰凝釋於水, 知太虛卽氣, 則無無"

90) 『正蒙』「參兩」. "恒星所以爲晝夜者, 直以地氣乘機左旋於中, 故使恒星河漢因北爲南, 日月因天隱見. 太虛無體, 則無以驗其遷動於外也"

로서 기능하기 때문이다.

> 태허에 기가 없을 수 없다. 기가 모여서 만물이 되지 않을 수 없다. 만물이 흩어져서 태허가 되지 않을 수 없다.91)

언제나 태허는 기와 상즉(相卽)한 것이므로 아무런 물질적 현상이 없는 순수한 무가 부정된다. 이러한 점에서 장재는 노자의 '有生於無'에서의 '無'자를 순수한 부재로서 이해하면서 부정한다. 아무 것도 없는 순수한 무로서의 공간 혹은 의미를 전부 해체해버린 절대무(無)와 같은 해체적 본체를 부정하고, 모든 현상은 우주적 모체로서의 태허에 근거함으로써 의미를 갖는다. 장재는 태허를 통하여 의미론적 실재를 가정하면서 불가와 도가의 절대무를 비판하였다. 장재는 노불이 절대무를 현상적 존재들의 생성자로 여기는 것을 부정하고, 태허라는 본체에 의거하는 실재론적 입장에서 존재의 의미를 근거지우려고 하였다.92)

② 고요한 실재

태허는 실재임에도 불구하고 감각적 형체로서 규정할 수 없다.

---

91) 『正蒙』「太和」. "太虛不能無氣, 氣不能不聚而爲萬物, 萬物不能不散而爲太虛"

92) 장재의 주장처럼 불교에서 실재론적 대상을 완전히 부정할 지는 의문이다. 다만 이 책에서는 장재가 규정하는 노불의 성격이 무엇이고 그것을 어떻게 비판하고 있는 지까지 논의할 것이다. 『老子』의 "有生於無"라는 구절에서 무가 유를 낳는 절대적 원인자 혹은 근원자로 볼 것인지 아니면 무와 유(有)의 상보적 혹은 대대적 관계에서 이해할 것인지는 논의가 분분하다. 『노자』에 대한 생성론적 해석과 대대론적 해석에 관한 최근의 연구는 김백희의 박사학위논문 「老子 해석의 두시각, 本體生成論과 相關待對論」(2001년)이 있다. 대대적 관점에서 유무 관계를 파악하고 있는 대표적 연구로는 김형효의 『데리다와 노장의 독법』이 있다. 장재와 불교의 『入楞伽經』에 대한 연구로는 Carl B. Becker, 1991, 『哲學・思想論集』 17, "Chang Tsai (張載) and the Lankavatara (入楞伽經)"가 있다.

태허는 형체가 없는 것으로서, 기의 본체이다.[93]

기 본체의 비어있는 모습은 고요하여(湛) 형체가 없다.[94]

태허는 인간의 감각에 의해서 인지되지 않으면서도 모든 기 운동의 모태이다. 그래서 장재는 태허를 기의 본체라고 부르면서 태허의 존재됨을 '고요함(湛)'이라는 말로서 표현하고 있다.[95] 인간의 감각기관에 인지되는 세계는 순식간에 새싹이 돋았다가 시절이 지나면 속절없이 낙엽으로 뒹굴 듯이 천태만상의 변화가 일어나지만, 그렇게 무상한 현상의 배면에는 태허가 기의 본체로서 항상 존재한다. 현상적 세계는 식욕, 색욕, 부귀욕, 명예욕 등이 어지럽게 얽혀서 서로 간에 힘겨루기를 하는 와중에 있음에 반하여, 태허로서의 세계는 늘 그렇게 고요한 본체로서의 세계이다.

고요한 본체로서의 태허가 감각적 반응이 서로 얽힌 세계의 근거이다.

태허로부터 하늘(天)의 이름이 있고, 기화(氣化)로부터 도(道)의 이름이 있다.[96]

장재에게 하늘(天)은 태허와 동일한 의미를 지닌다. 태허라는 본체는 기화(氣化)라는 발용처에서 음기/양기의 상관성으로 나뉜다. 고요한 본체로서의 태허가 음기/양기의 현상적 세계에 내재함으로써 도

---

93) 『正蒙』「太和」. "太虛無形, 氣之本體"

94) 『正蒙』「太和」. "氣本之虛則湛一無形"

95) '고요함(湛)'이라는 용어는 나중에 조선시대 성리학자였던 화담(花潭) 서경덕(徐敬德, 1489～1546)에 의해서 계승되었다. 서경덕은 기(氣)를 선천기(先天氣)와 후천기(後天氣)로 나누면서 선천기의 형체와 자취에 구애되지 않는 신묘한 특성을 '담일(湛一)'이라는 말로 표현하였다. 김형효, 1985, 『東西哲學에 대한 主體的 記錄』, 고려원, 79～108쪽 참고.

96) 『正蒙』「太和」. "由太虛, 有天之名; 由氣化, 有道之名"

(道)가 된다. 그러므로 하늘에는 낮/밤의 상관적 운행이 일정하게 전개되면서 천도(天道)가 실현된다.

> 낮과 밤은 천지가 한번 숨쉬는 것이요, 추위와 더위는 하늘의 낮과 밤이다. 하늘의 도(道)는 봄과 가을에 따라 기운이 바뀌니, 마치 사람이 깨었다가 잤다가 하면서 혼(魂)이 교류함과 같다. 혼이 교류하고 꿈이 생성되어 온갖 감정이 어지러이 둘러싸니, (이것을) 깨어남에 상대하여 말한다면 한 몸의 낮과 밤이다. 기운이 교차하여 만물이 뒤섞이니, (이것을) 가을에 상대하여 말하면 하늘의 낮과 밤이다.[97]

하늘에는 무수무궁한 음기/양기의 감응이 있을지라도 그 본질적인 측면에서는 고요하고 한결같은 천도(天道)의 운행이 있을 뿐이다. 태허가 천지에 드러나면 낮과 밤이 생기고 사람에게 드러나면 잠과 꿈이 생긴다. 이런 장재의 설명에 따른다면 음기/양기의 나뉨은 천도 혹은 태허의 부분으로서 존재한다. 장재는 태허라는 고요한 세계로 돌아갈 때 감각적 욕구가 자신의 자리를 회복한다고 생각하였다. 즉 태허야말로 의미론적 일자(一者)로서, 감각적 반응에 의해 깨어진 세계에 통일된 의미를 줄 수 있다. 장재는 태허라는 의미의 근원을 모르면서 자신의 감정적 호오(好惡)에 따라서만 세계를 재단할 때 물욕(物欲)의 폐단에 빠지는 것으로 파악한다. 따라서 감각적 욕구에 의해서 깨어진 세계 그것을 전부라고 생각해서는 안 되고, 태허라는 고요하면서도 한결같은 본체에 마음을 기울여야 한다.

③ 운동하는 실재

태허는 절대적 허무를 부정한다는 점에서 실재론적 입장을 취하고 있지만, 단순히 물리적 연장만을 차지하는 기계적 유물론에서의

---

97) 『正蒙』「太和」. "晝夜者, 天地一息乎! 寒暑者, 天之晝夜乎! 天道春秋分而氣易, 猶人一寤寐而魂交. 魂交成夢, 百感紛繞, 對寤而言, 一身之晝夜也. 氣交爲春, 萬物糅錯, 對秋而言, 天之晝夜也"

물질이나 공간은 아니다. 태허는 세계의 변화를 야기하는 운동자로서 정의된다.

> 태허는 형체가 없는 것으로서 기(氣)의 본체이다. 그것이 모이고 흩어지는 것은 변화 과정의 일시적 형체이다.[98)]
>
> 기는 끝없는 태허에서 오르고 내리면서 날아다니며 퍼지는 것이 멈춘 적이 없다. 『易』에서 이른바 인온(絪縕)이라고 하고, 장자(莊子)가 이른 바 '생물이 서로 숨을 뱉을 때 보이는 아지랑이'라고 하는 것과 같은 것이다.[99)]

기 운동의 가장 원초적인 형태는 모이고 흩어지는 것이다. 태허 상태의 기가 모이면 사물이 되고 흩어지면 다시 태허로 돌아간다. 따뜻한 봄 들녘에 아지랑이가 아련히 피어나듯 존재의 운동 과정이 태허에서 시작한다. 태허의 기가 서로 짝을 이루어 반응하면서부터 구체적 사물이 형성된다. 장재는 태허의 정태성을 음기/양기의 감응적 동태성과 단절하지 않고 연속하여 해석한다. 태허의 기가 동태적으로 상호 감응하며, 그러한 감응 속에서 모든 사물은 홀로 존재하지 않고 항상 다른 것과 짝을 이루어서 원수가 되기도 하고 화해하기도 한다. 이러한 의미에서 태허의 기는 고요함에 고정되어 있지 않고 사랑과 미움의 상호 감응까지 포괄한다.

> 기의 본래 비어있는 모습은 고요하고 한결 같아서 형체가 없다. 서로 느끼어 생겨나면 모여서 모습이 있게 된다. 모습이 있으면 짝이 있고, 짝이 있으면 서로 상반되고, 서로 상반됨이 있으면 다툼이 있고, 다툼이 있으면 반드시 화해한다. 그러므로 사랑과 미움의 정은 태허에서 함께 나온다.[100)]

---

98) 『正蒙』「太和」. "太虛無形, 氣之本體, 其聚其散, 變化之客形爾"

99) 『正蒙』「太和」. "氣坱然太虛, 升降飛揚, 未嘗止息, 易所謂絪縕, 莊生所謂生物以息相吹野馬者與!"

100) 『正蒙』「太和」. "氣本之虛則湛一無形, 感而生則聚而有象. 有象斯有對,

그렇다면 기(氣)들끼리 서로 감응하는 이유는 무엇일까? 장재는 이러한 물음에 대하여 『易』「繫辭」에 나오는 음기과 양기의 구분으로 설명한다.

> 태허란 기의 본체이다. 기에는 음기/양기가 있어서 굽히고 펴며 끝없이 서로 감응하므로 신(神)의 감응은 무궁하다. 그 흩어짐이 무수하므로 신의 감응은 무수하다. 비록 (신의 감응이) 무궁할지라도 그 실제는 담연(湛然)하고, 비록 (신의 감응이) 무수할지라도 그 실제는 하나일 뿐이다. 음양의 기는 흩어지면 만 가지 다른 것이 되므로 사람들이 그 하나됨을 모른다.[101]

기(氣)란 단독적이지 않고 상관적이다. 음기/양기라는 대대적 구도는 기의 상관성을 보여주기 위한 것이다. 기의 취산은 음기/양기라는 상관적 반응에 의해서 진행된다. 태허가 기 본체라고 했으므로 기의 상관적 운동의 시발이라고 할 수 있다. 기가 음기/양기의 상관성에 의해서 천태만상의 사물을 만들어낼지라도 본래의 기는 하나일 뿐이다. 기의 상관성에 의한 변화가 태허의 기 자체를 변화시키는 것은 아니다. 태허의 기가 하나이며 변화하지 않는 것이라면 상관적 기는 둘 이상이며 변화하는 현상이다. 그렇다고 현상적 상관성이 본체적 태허와 떨어져 있는 것은 아니다. 태허의 기는 만 가지 현상으로 나타나면서도 그 실재성이 지속된다. 사실상 장재가 현상적 상관성과 태허 기의 실재성을 통일하였던 것은, 현상적 삶을 허망하게 보려는 불가와 일상을 버리고 절대의 기를 찾으려했던 도가를 향한 비판과 관련된다. 장재는 태허의 기를 통해 고요한 실재론적 본체를 상정하면서도 상관적 현상에서 본체를 분리하지 않는다. 장재의 태

對必反其爲; 有反斯有仇, 仇必和而解. 故愛惡之情同出於太虛"

101) 『正蒙』「乾稱」. "太虛者, 氣之體. 氣有陰陽, 屈伸相感之無窮, 故神之應也無窮 其散無數, 故神之應也無數. 雖無窮, 其實湛然; 雖無數, 其實一而已. 陰陽之氣, 散則萬殊, 人莫知其一也"

허는 비감각적이면서도 음기/양기가 상관하는 세계 안에 있다. 고요한 태허는 상관적 특성에 연계됨으로써 형이하자의 영역에까지 내려와 있다.

④ 이(理) 혹은 성(性)으로서의 태허

장재가 보기에 사람은 자연과 분리되지 않고 통일되어 있을 때 가장 이상적이다. 태허라는 기 본체의 운동에 인간의 형체가 참여하는 것이 이상적이다. 인간은 태허라는 우주의 미묘한 운동을 본성으로 부여받았고 이를 실현함으로써 자연에 합일될 수 있다. 마음 안에는 태허에서 유래한 본성이 자리한다. 하늘이 태허로부터 나왔고 본성과 마음도 태허로부터 나왔기 때문에 태허는 우주와 인간에게 동일한 존재 이유를 제공한다. 즉 태허라는 개념은 자연과 사람을 관통하여 일관되게 존재론적 근거를 부여하는 본체론적 정초이다.

> 태허로부터 하늘이라는 이름이 있고, 기화(氣化)로부터 도(道)라는 이름이 있고, 태허와 기가 합하면 성(性)이라는 이름이 있고, 성과 지각이 합하면 마음이라는 이름이 있다.[102)]

태허라는 본체는 세계의 변화를 통합적으로 이끌어가는 동력이다. 태허－기화－본성－마음 등의 구도에 따라 본성과 마음은 세계의 통일적 변화 법칙에 유기적으로 결합되어 있다. 본성과 마음은 단순히 자신의 신체적 욕구나 이기적 감정에 고착되지 않고 무한한 자연의 통합적 운동에 참여함으로써 차원에서 조향된다. 모든 사물은 태허라는 기의 원초적 운동에 의해서 혼연(渾然)하게 결합되어 있다. 태허에 의해서 인간에게 본성이 부여됨으로써 사람이 하늘과 분리되지 않는다.

---

102) 『正蒙』「太和」. “由太虛, 有天之名. 由氣化, 有道之名. 合虛與氣, 有性之名. 合性與知覺, 有心之名”

> 만약 모든 형상이 태허 가운데서 보이는 사물이라고 한다면 사물과 태허는 서로 바탕하지 못하게 되어, 형체는 홀로 형체이고 본성은 홀로 본성이 되어, 형체와 본성 그리고 하늘과 사람이 서로 대대하여 존재하지 않을 것이다.[103)]

태허는 인간의 본성을 구성한다. 인간은 하늘에서 자신의 본성을 받고 태어났다. 태허에게서 부여받은 인간의 본성은 형체로서의 몸과 떨어져 있지 않고 서로 즉하여 있다. 그렇기 때문에 형이하학적 욕구에서도 형이상학적 본성을 찾을 수 있다. 이러한 점에서 장재의 기 철학은 인간이 철저하게 태허에 근거한 형이상자적 본성에 통일되어 있는 것으로 파악한다. 태허－기화－본성－마음이라는 구도는 태허가 단순한 공간적 연장으로서의 개념을 넘어, 이념적 좌표인 형이상자의 영역을 새롭게 구성한다. 장재는 태허라는 본체론에 근거하여 음기/양기라는 상관적 감응의 영역에 유가적 이념을 정초한다.

2. 신(神)

장재의 신(神) 개념은 태허와 마찬가지로 형이하자와 형이상자 양자에 열려 있다. 장재의 신은 춘하추동과 같은 자연의 변화를 가능케 하는 음기/양기의 상관적 감응현상에서 이해되지만, 한편으로는 그러한 상관성을 가능케 하는 본체적 근거로서 작용한다. 그러한 의미에서 신(神)은 태허처럼 형이상자와 형이하자의 전 영역에 걸쳐서 두루 적용되는 포괄적 개념이다.

① 운동과 변화의 주도자

먼저 중국의 고대 관념에서 볼 때 신(神)이란 죽은 조상의 인격을

103) 『正蒙』「太和」. “若謂萬象爲太虛中所見之物, 則物與虛不相資, 形自形, 性自性, 形性天人不相待而有, 陷於浮屠以山河大地爲見病之說”

가리키는 경우가 많다. 우리가 보통 귀신, 신령 등으로 부르는 사후의 인격체를 가리킨다. 『詩』「小訝－鹿鳴－天保」에서도 신(神)을 사후의 인격체로 묘사하는 것을 볼 수 있다.

> 봄, 여름, 가을, 겨울
> 선조에게 제사를 올리네
> 선조의 신령이 "너에게 복을 내리마
> 오래도록 살아라."라고 하네
> 신령이 오시어
> 그대에게 많은 복을 주네[104)]

이 밖에도 『詩』에서는 대부분 '신(神)'이란 복을 내리는 조상의 신령을 뜻한다. 『論語』에서도 "조상의 신령에게 제사지낼 때는 신령이 옆에 있는 듯이 한다."고 하여 인격적 의미에서의 조상을 뜻한다. 이렇게 본다면 신(神)에 대한 애초의 관념은 인격적인 의미가 많이 들어 있다.

그러나 『易』「繫辭」에 이르면 신(神)은 인격적 의미가 약화되고 자연의 변화를 이끄는 주도적 운동인으로서 이해된다.

> 신(神)이란 만물을 신묘하게 변화시키는 것을 말한다.[105)]
>
> (성인은) 자연의 신묘한 도를 관찰하여 사계절의 변화에 어긋나지 않는다.[106)]

「繫辭」에서는 자연의 신묘한 힘 혹은 신묘한 도(道)로써 신(神)을 이해한다. 후손에게 복을 내리는 인격적 의미의 신령이 아니라 사계

---

104) 『詩』「小訝－鹿鳴－天保」. "禴祠烝嘗, 于公先王, 君曰卜爾, 萬壽無疆, 神之弔矣, 詒爾多福"
105) 『易』「說卦傳」. "神也者, 妙萬物而爲言者也"
106) 『易』「觀卦」. "觀天之神道, 而四時不忒"

절과 같은 자연의 변화를 일으키는 운동인으로서 이해된다. 이와 같이 「繫辭」에서 보이는 신의 탈인격화는 자연의 변화에 대하여 인간적 감정이 배제된 물리적 운동으로 파악하려는 초기 단계로 추정할 수 있다. 자연에는 감정적 편애가 없이 일정한 법칙이 유지된다. 그러므로 성인은 그러한 자연의 신묘한 도를 관찰하는 자로서 규정된다.

장재는 조상의 제사와 관련하여 신령(神)이라는 말을 언급하지만, 인격적 조상신을 자연 전체 운동의 일부분으로서 파악한다. 장재는 이미 인격자로서의 신령을 넘어 자연의 포괄적 주도자로서 신(神) 관념을 형성하고 있다.

> 사직(社稷)의 오사(五祀)와 여러 신령(神)에게 제사지내는 것은 여러 신령(神)의 공덕으로 하늘의 덕에 보답하는 것이다. 그러므로 하늘로써 귀신을 섬기는 것이 섬김을 지극히 하는 것이고 이치를 다하는 것이다.[107)]

장재는 「繫辭」에 사상적 기반을 두고서 자신의 신(神)을 자연 변화의 동력으로 이해하는 데까지 이르렀다. 장재의 기 철학적 측면에서 본다면 신(神)이란 기(氣) 전체를 포괄적으로 규정하는 개념이다. 신은 침투적 특성을 가지면서 기의 존재성을 타자에게 알리고 또한 타자를 인식한다. 마친 조상신이 후손에게 강림하듯이 신에 의해서 다른 기에게 침투함으로써 운동과 인식을 생산한다. 이와 같이 신은 기의 지향성과 운동성을 뜻하며, 그러한 신적 특성은 기에 본래적으로 내재한다.

> 기(氣)의 성질은 본래 비어있으면서도 신묘(神)하다. 신(神)과 성(性)은 기(氣)에 고유하게 내재한 것이다.[108)]

---

107) 『正蒙』「王禘」. “祭社稷五祀百神者, 以百神之功報天之德爾, 故以天事鬼神, 事之至也, 理之盡也”

기에 내재한 신의 지향성의 측면에서 보자면 기는 독립적이지 않고 상호적이다. 애초부터 기는 다른 기에 대해서 관심을 가지고 있다. 해는 달에 대해서 지향성을 가지고 있으며, 사람 역시 타자에 대해서 관심을 갖는다. 우리가 일상 언어에서 '신명난다'고 할 때의 신명(神明)이 바로 장재 기철학적 지평과 일치한다. 신명이란 나 아닌 타자에 대한 관심과 지향성이 풍부해지는 것을 뜻한다. 장재의 신도 음기/양기가 상호 반응하게 하는 기의 신묘한 공능(神功)이다. 기는 기본적으로 타자를 지향함으로써 자신의 특성이 규정된다. 장재는 신적인 지향성과 운동성을 기의 보편적 특성으로 설정함으로써 존재 일반의 변화를 설명하려고 하였다.

② 감응하는 양단(兩端)

기에는 짝이 있다. 음기가 양기와 짝을 이루듯이 신(神)은 귀(鬼)와 대대적 짝을 이룬다. 이와 같이 기 일반의 구체적 모습은 음기/양기, 귀/신, 혼/백 등의 양단에 의해서 조작된다.

> 귀(鬼)/신(神)은 두 종류 기(氣)의 자연스러운 능력이다.[109]
>
> 하늘의 도는 무궁하나 (실제로는) 더위/추위일 따름이다. 많은 운동이 무궁하나 (실제로는) 굽힘/폄일 따름이다. 귀/신의 실질은 양단(兩端)을 넘지 않는다.[110]

기는 양단으로 되어있으면서도 서로 교감하고 있다. 이 점에서 귀/신의 관계는 서로에게 독립적이지 않다. 독립적이지 않으므로 자기동일적 실체로서 이해되기보다 다른 것과의 교감에 따라 여러 모습

---

108) 『正蒙』「乾稱」. "氣之性本虛而神, 則神與性乃氣所固有"

109) 『正蒙』「太和」. "鬼神者, 二氣之良能也"

110) 『正蒙』「太和」. "道不窮, 寒暑也. 衆動不窮, 屈伸也. 鬼神之實, 不越二端而已矣"

으로 드러난다.

신이 형체의 영역에서 즉 형이하자의 영역에서 이해되는 경우를 구체적으로 살펴보자.

> 화성과 태양이 밖으로 빛을 내는 것은 곧게 발산할 수 있기 때문이요, 금성과 수성이 빛을 받아들이는 것은 열려서 수용할 수 있기 때문이다. 수용자는 재질에 따라서 얻고, 발산자는 응하는 바가 무궁하다. 이것이 바로 신(神)과 형체, 하늘과 땅의 법도이다.[111]

음기/양기 양단의 감응은 수용자와 발산자의 차원에서 해석된다. 음기가 수용자에 해당한다면 양기는 발산자이다. 구체적으로 화성과 태양은 발산자이고 금성과 수성은 수용자이다. 발산과 수용이라는 감응을 통하여 모든 사물은 끊임없이 변화하고 있다. 감응하는 기는 음기/양기, 발산/수용 등의 형이하자적 상관성에 의해서 세계를 변화시킨다. 신은 귀에 짝하며, 신은 발산자이고 귀는 수용자이다. 기는 발산/수용의 양단을 통해서 외부 존재와 감응의 영역을 형성한다.

③ 합일성 혹은 유기성

주지하다시피 기는 음기/양기로 나뉘고, 두 기가 감응하면서 세계의 변화가 일어난다. 이와 같이 양단의 기로 세계를 해석할 경우 독립적인 사물이란 존재할 수 없다. 이 점에서 사물은 단독적으로 정의되기보다 다른 것과의 유기적 맥락에서 정의된다. 음기/양기의 상관적 사고는 유기적 통합에 의해서 세계를 하나로 통합하려고 시도한다. 장재는 사물 간의 유기성을 신(神) 개념을 매개로 하여 설명한다.

---

111) 『正蒙』「參兩」. "火日外光, 能直而施, 金水內光, 能闢而受. 受者隨材各得, .神與形 天與地之道與!"

기에는 음기/양기가 있다. (음기/양기가) 옮겨가면서 점차 변화한다. 거기에서 하나로 합하여져 있어서 헤아릴 수 없는 것이 신이다.[112)]

신이 음기/양기를 합일시키는 가장 중요한 이유는 그 침투성에 있다. 신은 음기/양기 사이를 왕래하면서 음기의 수용작용과 양기의 발산작용의 시발점이 된다. 신의 침투에 의해서 세계에 존재하는 모든 기는 서로에게 열려 있다. 궁극적으로 보았을 때 음기/양기는 신의 왕래에 의해서 유기적으로 합일되어 있다.

음기/양기의 대대에 의해서 분화되었던 기는 유기적 합일이라는 통일성에 의해서 균형을 유지한다. 장재는 신을 통하여 사물의 분화와 통일을 조화시키려고 한다. 음기/양기의 대대적 특성과 합일적 특성을 다음과 같은 장재의 언명으로 정리할 수 있다.

> 둘이 서지 않으면 하나를 알 수 없다. 하나를 알지 못하면 둘의 쓰임이 사라진다. 둘의 형체는 허/실, 동/정, 취/산, 청/탁 따위이지만, 그것들은 궁극적으로 하나일 뿐이다. 둘이 감응한 뒤에 통함이 있으니, 둘이 있지 않으면 하나도 없다.[113)]

모든 존재는 음기/양기처럼 다수로 분산되어 있는 것이기도 하지만 감응을 통하여 유기적 통일체로서 통일되어 있기도 하다. 기(氣)는 분산되면서도 통일되는 것이므로 획일적 일자로의 절대적 흡수나, 결합되지 않은 절대적 격리로서의 분리는 상정될 수 없다. 기의 상관적 구도에서의 음기/양기의 분리는 성격적 구별 혹은 차이로서

---

112) 『正蒙』「神化」. “氣有陰陽, 推行有漸爲化, 合一不測爲神”

113) 『正蒙』「太和」. “兩不立則一不可見, 一不可見則兩之用息. 兩體者, 虛實也, 動靜也, 聚散也, 淸濁也, 其究一而已. 感而後有通, 不有兩則無一”

의 분리(分離)이지 일탈이나 격리로서의 탈리(脫離)는 아니다. 감통을 통한 통일 역시 전제로서의 지배나 노예로서의 굴종과 같은 자기 소외적 지배를 뜻하기보다 자신의 독자적 성격을 유지하는 상호적 통일이다. 장재의 분화와 통일은 주인과 노예의 지배－피지배의 관계가 아닌 서로가 주고받는 보충의 논리를 지향한다.114)

> 음기/양기는 순환하면서 교대로 이르고, 모이고 흩어지면서 서로 흔들리고, 오르고 내리면서 서로 섞이니, 대개 서로 겸하면서도 서로 제어하므로 하나로 하고자 하여도 그렇게 할 수 없다.115)

음기/양기는 서로 겸하는 것이므로 둘로 절연시킬 수 없고 서로 제어하는 것이므로 하나로 동일화시킬 수도 없는 그러한 결합 관계에 있다. 신(神)에 근거하여 음기/양기가 통일되면서도 분화되며, 하나이면서 둘이고 둘이면서 하나인(一而二, 二而一) 유기적 조화를 이룬다.

④ 형이상자의 유행

장재의 신이 갖는 중층성은 형이상자로서 기술될 때 성리학적 특성이 분명하게 드러난다. 신은 형이하자의 영역에 속하면서도 자연 변화의 주도자로서 작용한다는 측면에서 정주학의 이(理)와 유사한 지위에 속하기도 한다.

---

114) 기의 분화와 통일은 다양성을 하나로 환원하는 동일화를 부정한다. 이러한 장재의 유기적 통일성에 따른다면 자민족 중심주의(ethnocentrism), 국수주의(nationalism), 맹목적 애국주의(chauvinism), 인종차별주의(racism) 등은 지지되지 못한다. 오직 자기 문화의 가치와 규범에 따라서 인간본질을 해석하려는 다양성의 동일화(同一化)는 이미 진정한 의미의 분화를 결핍하고 있다. 김형효, 『構造主義의 思惟體系와 思想』, 인간사랑, 26～69쪽 참고.

115) 『正蒙』「參兩」. "若陰陽之氣, 則循環迭至, 聚散相盪, 升降相求, 絪縕相揉, 蓋相兼相制, 欲一之而不能"

장재의 신을 정주학파의 이기론적 구도와 비교함으로써 신의 형이상자로서의 특성을 잘 살필 수 있다. 정주학은 세계를 이(理)와 기로 이해한다. 정주학에서 기는 유형(有形)의 형이하자이고 이(理)는 무형의 형이상자이다. 형이상자로서의 이(理)와 형이하자로서의 기는 서로 섞일 수 없는 상이한 범주의 것이지만(不相雜) 그럼에도 현실적으로는 서로 떨어져있지 않다(不相離). 정주학에서 이(理)에 해당하는 범주가 장재의 천지지성(天地之性)에서 명확하게 드러나지만 태허나 신에서도 어느 정도 추리할 수 있다. 이미 살펴보았던 것처럼 장재가 언급하는 태허와 신은 형이하자의 영역에서도 등장한다는 점에서 형이하자와 형이상자에 걸쳐서 포괄적으로 드러나는 개념이다. 장재의 태허와 신이 지닌 포괄적 구조를 이해하기 위해서는 주희의 이기론을 받아들였던 왕식의 태허 3층설을 참고하면 도움이 된다.

〈표 4〉 왕식의 태허(太虛) 3층설[116]

태허1층	未發之體, 無形之本體, 性, 天者道所從出
태허2층	流行之用, 淸虛而神, 神, 氣上見功用
태허3층	究極之歸, 死之不亡者, 人物之散仍歸太虛

왕식의 태허 3층설을 이기론적 각도에서 정리한다면 1층은 세계의 본체를 즉 형이상자를, 2층은 기로서의 현상 즉 형이하자를, 3층은 완전한 부재에 대한 부정 즉 죽어서 태허의 상태로 돌아가는 것을 말한다. 이기론적 구도에 따를 경우 2층의 신(神)은 기의 영역에 속하는 유행처(流行處)이므로 형이하자에 속함에도 불구하고, 형이상자에서 흘러나온 형이하자라는 점에서 형이상자가 현실에 드러나는 단초라고 해야 정확한 표현이다. 따라서 신은 형이상자적 미발지

116) 王植, 『正蒙初義』「臆說」, 419쪽 하단과 423쪽 상하단을 참고.

체와 형이하자적 유행지용이 교차하는 중층적 접합 점에 있다. 이러한 측면에서 장재는 정주학에서 기와 별도로 이(理) 본체를 세웠던 것과 달리, 기 내부에 태허와 신 등의 본체를 상정하였다.

신이 기 범주에 속하는 형이상자로서 추론되는 까닭은 그것이 신묘한 운동자이기 때문이다. 다음의 몇 가지 예시는 신이 형이하자 속의 신묘한 형이상자임을 묘사한다.

> 태허는 맑음이요, 맑으면 걸림이 없고, 걸림이 없으므로 신묘하다(神). 맑음에 반대되는 것이 탁함이요. 탁하면 걸림이 있고, 걸림이 있으면 형체가 있다. 기라는 것은 맑으면 통하고, 탁하면 막히고. 맑음이 극에 다다르면 신묘하다(神).[117]

> 홀연히 생겼다 홀연히 이룬다. 털끝만한 사이도 용납하지 않는 것이 바로 신(神)이다.[118]

> 하늘의 헤아릴 수 없는 것이 신(神)이다.[119]

> 헤아릴 수 없기 때문에 신(神)이라고 한다.[120]

> 하나로 합하여 헤아릴 수 없는 것이 신(神)이다.[121]

신의 신묘함이란 무엇을 가리킬까? 첫째 신은 모든 사이를 용납하지 않고 어디에든 침투하여 음기/양기를 합하게 하는 데 있다. 둘째 음기/양기를 통일하는 것이지만 우리의 감각적 인식으로는 헤아릴 수 없다(不測)는 데 있다. 이와 같이 장재는 우리가 헤아릴 수 없는 차원에서부터 이미 변화와 통일을 이끌어가는 운동의 주도자로서 신(神)을 설명한다. 그러나 헤아릴 수 없음(不測)이 곧 바로 아무 것

---

117) 『正蒙』「太和」. “太虛爲淸, 淸則無礙, 無礙故神. 反淸爲濁, 濁則礙, 礙則形. 凡氣淸則通, 昏則壅, 淸極則神”

118) 『正蒙』「太和」. “倏而生, 忽而成, 不容有毫發之間, 其神矣夫!”

119) 『正蒙』「天道」. “天之不測謂神”

120) 『正蒙』「乾稱」. “語其不測, 故曰神”

121) 『正蒙』「神化」. “合一不測爲神”

도 없음(nothingness)과 등치되지 않는다.

> 기(氣): 흩어져서 모양지을 수 있는 것(散殊而可象)
> 신(神): 맑게 통하여 모양지을 수 없는 것(淸通而不可象)

즉 "신이란 기(氣) 가운데 맑아서 모습이 없는 것"122)이다. 즉 신은 인간의 감각에 인식되지 않아서 모습을 알 수 없다. 장재는 그렇게 청통(淸通)한 신을 기 운동의 원천으로 여겼다. 마치 정주학에서 형이상자로서의 이(理)의 역할까지 장재에게서는 신이 맡고 있다. 장재는 기 운동의 원인을 설명하기 위하여 이(理)를 따로 설정하지 않고 신이라는 형이상자를 기에서 찾음으로써 해결하고자 하였다.

신이 인간의 감각에 의해서 인식되지 않는다고 한다면 신에 대해서 어떻게 그 정체를 파악할 수 있을까? 장재에 의하면 신은 매우 정밀한 형이상자로서의 기이기 때문에 인간의 사유와 언어를 통해서 개념적으로 이해해야 한다.

> 형이상자는 뜻을 얻어야 이름을 붙일 수 있다. 이름을 얻으면 모습을 얻는다. 이름을 얻지 못하면 모습을 얻지 못한다. 그러므로 도(道)를 말로 표현할 때 모습으로 규정할 수 없는 상태에 이르면 이름과 말은 사라진다.123)

형이상자로서의 신(神)의 운동을 파악하는 과정은 뜻(意) → 이름(名) → 상(象)의 순서이다. 이 순서를 해석해보면 사유 → 언어 → 내용인식으로 연결된다. 형이상자는 인간의 정밀한 사유 혹은 정신적 활동에 의해서 그 내용에 접근이 가능하다. 즉 감각적 인식인 오감을 통해서 대상을 파악하는 메카니즘과 다른 차원이다. 감각적 인식

---

122) 王植, 『正蒙初義』 「太和」, 427쪽 상단. "氣中之淸而無迹"

123) 『正蒙』 「天道」. "形而上者, 得意斯得名, 得名斯得象. 不得名, 非得象者也. 故語道至於不能象, 則名言亡矣"

은 대상→감각→내용인식의 구조로 되어있지만 형이상자에 대한 인식에서는 의미에 근거하여 감각적 매체를 사용한다. 이렇게 볼 때 형이상자는 정신적 혹은 이성적 사려에 의해서 그 내용에 근접할 수 있다.

> 형이상자는 말(辭)을 얻어야 그 모습을 얻을 수 있다. 신(神)이란 헤아리기 어려운 것이다. 그러므로 느슨한 말로는 신을 다할 수 없다. 변화란 알기 어려운 것이므로 성급한 말로는 변화를 체득할 수 없다.[124)]

형이상자로서의 신(神)의 영역은 정신에 의한 사려를 통해서 체득되는 경지로서 정주학에서 말한 소이연(所以然)이 소연(所然)으로 드러난 접경이라고 할 수 있다. 비록 이(理)의 영역을 별도로 설정하지는 않았을지라도 장재는 자신의 기(氣) 관념 안에 현상의 근거로서의 형이상자와 현상으로서의 형이하자를 중층적으로 교차시켰음을 알 수 있다.

제4절 인간: 존재에서 수양으로

장재 기 본체론의 궁극적 지향점은 성리학적 수양과 관련된다. 장재의 기 철학은 천지일월과 같은 물리적 존재와 그 안에 깃든 기 본체를 언급하면서 유학자적 수양을 제기한다. 장재는 인간의 특성을 천지지성과 기질지성으로 구분하면서 형이상적인 삶을 살 것을 제안한다. 장재의 이러한 구분은 인간의 심성에서 본성적 가치를 끌어냄으로써 유가적 가치를 정당화하려는 시도이다.

---

124) 『正蒙』「神化」. “形而上者, 得辭斯得象矣. 神爲不測, 故緩辭不足以盡神, 緩則化矣. 神化爲難知, 故急辭不足以體化”

1. 천지지성과 기질지성

장재와 더불어 당대 저명한 유자였던 이정(二程) 형제는 장재의 『西銘』을 일컬어 '극순무잡(極純無雜)하고 진한(秦漢) 이래로 어떠한 학자도 도달하지 못한 경지'라고 감탄을 아끼지 않았다.[125] 극순무잡(極純無雜)하다는 것은 이치를 다했다 함이요, 진한(秦漢) 이래 도달한 학자가 없었다는 것은 맹자의 학설을 계승했다는 것을 뜻한다. 이것은 맹자가 양묵(楊墨)을 물리치고 공자를 계승하듯이 장재가 이단을 물리치고 유가의 이론을 이일분수(理一分殊)로 정리했음을 뜻한다.[126] 묵가는 겸애(兼愛)를 주장함으로써 사랑에 차등이 있다는 것을 몰랐지만 유가는 사랑의 보편성과 차등성을 겸하여 말함으로써 이론적으로 완비되었다. 송대 성리학은 장재와 이정(二程)이라는 양대 산맥에 의해서 유가의 이념을 노불에 대항할 수 있는 이기(理氣)론이나 이일분수(理一分殊)로 정리한 것이라 할 수 있다.

그러나 비록 이정이 장재의 『西銘』을 극순무잡이라고 칭탄하였을지라도 서로 의견이 불일치한 부분도 없지 않았다. 이천(伊川)은 장재의 학문을 박절기상(迫切氣象)이 있고 관서지기(寬舒之氣)가 없다

---

125) 『張子語錄』「後錄上」. "訂頑之言極純無雜, 秦漢以來學者所未到" 장재는 자신의 서실 동면에 '砭愚'라는 제목의 글을, 서면에는 '訂頑'이라는 글을 써서 붙였다. 나중에 정이(程頤)에 의해서 '砭愚'를 '東銘'으로, '訂頑'을 '西銘'으로 고쳐 부르게 되었다.

126) 『張子語錄』「後錄上」. "伊川曰, 西銘明理一分殊." 참고로 양시(楊是)는 이천(伊川)에게 편지를 보내어 장재의 『西銘』에 대해서 "체(體)를 말하였으나 용(用)에 미치지 않으니, 겸애(兼愛)로 흘러가지 않을까 걱정된다."고 함으로써 墨家의 겸애(兼愛)와 유사한 것으로 의심하였다. 이에 이천(伊川)은 "『西銘』은 '理一而分殊'이나 묵씨(墨氏)는 '二本而無殊'이다."고 답함으로써 의심을 불식시켰다. 『張子全書』, 國學基本叢書, 臺灣商務印書館, 中華民國 57년, 9쪽.

고 비판한 적 있다.[127] 또 거기에 붙여 이정은 장재에 대해 "고재(高才)이나 잡박(雜博)을 먼저 좇는다."[128]고 힐난한 적도 있다. 이정이 장재라는 동일한 인물에 대해 극순무잡이라는 칭탄과 박절기상이나 잡박이라는 힐난을 하였던 괴리는 어디에서 나오는 것일까? 과연 장재의 수양론은 이정의 괴리된 평가처럼 무잡과 잡박이라는 양립불가능한 이론을 그 안에 포함하고 있는 것일까? 나아가 이정이 박절기상과 잡박이라고 보았던 측면은 장재의 철학의 어디를 지적하는지, 그리고 그 지적은 타당한 것인지 등에 대해서도 의문을 던져봄직 하다.

장재의 천지지성의 실현에서 극순무잡의 특성을, 그리고 기질지성의 수양에서 박절기상의 특성을 읽을 수 있다. 장재의 인간 이해는 기의 근본(氣之本)과 기의 욕구(氣之欲)를 뚜렷하게 대비함으로써 수양의 순수함과 극렬함이 동시에 시작된다.

> 담일(湛一)은 기의 근본(氣之本)이고, 공취(攻取)는 기의 욕구(氣之欲)이다. 입과 배가 마시고 먹는 것, 코와 혀가 냄새와 맛을 아는 것 등이 공취(攻取)의 특성이다.[129]

인간이란 기의 근본의 측면에서 보면 담일(湛一)하나 기의 욕구의 측면에서 보면 공취라는 과불급의 편향을 지닌다. 장재가 나눈 기의 근본과 기의 욕구의 구분은 일찍이 맹자가 주장했던 대체(大體)와 소체(小體)의 구분에 상응한다.[130] 맹자는 이목(耳目)에 기인하는 인식

---

127) 『張子語錄』「後錄上」. "有迫切氣象, 無寬舒之氣"

128) 『張子語錄』「後錄上」. "子厚則高才, 其學更先從雜博中過來"

129) 『正蒙』「誠明」. "湛一, 氣之本; 攻取, 氣之欲. 口腹於飮食, 鼻舌於臭味, 皆攻取之性也"

130) 장재가 말하는 기의 근본과 기의 욕구의 구분은 그 기원을 맹자에게서 확연하게 찾을 수 있다. 대체(大體)로서의 본성과 소체(小體)로서의 감각적 욕구는 인간에게 있어 상반되는 두 가지 욕망이라고 할 수 있다.

과 마음(心)에 기인하는 인식을 분명하게 구분하고, 마음에서 유래하는 인식을 대체로 여겼다.[131] 장재 역시 맹자와 마찬가지로 기의 근본을 본성에서 유래하는 것으로서, 기의 욕구를 신체에서 비롯되는 것으로서 파악한다. 기의 근본과 기의 욕구의 구분은 천지지성과 기질지성의 구도와도 일치한다. 장재는 인간의 성(性)을 천지지성과 기질지성으로 나누면서 기 안에 형이상자의 심층을 도입하였고, 주희가 신유학을 집대성할 때 받아들임으로써 이기(理氣)론이라는 이름으로 후세에 널리 전파되었다.[132] 장재는 기의 근본/기의 욕구, 천지지성/기질지성 등의 양방향적 구도를 사용하면서도 전자에 본체적 지위를 부여함으로써 일원론을 지향하였다. 천지지성은 기질지성과 다른 것임에도 불구하고 기질지성 안에 내재함으로써 통일되어 있다. 이러한 양방향적 통일은 선과 악을 뚜렷이 이원화하기보다 맹자의 성선설적 낙관론을 계승함으로써 모든 존재가 근원적으로는 선을 지향한다는 전제를 따른다. 이 경우 악이란 선이 아직 완전하게 성숙하지 못한 상태로 이해될 수 있다. 본성적인 차원에서는 선남선녀와 도척이라고 할지라도 그들의 선의 실현 가능성에 대해 귀중하게 보호해 주어야 한다. 장재의 이러한 일원론적 본체론 경향은 나중에 성리학의 이－기 관계에서도 불상리와 불상잡이라는 이론적 구조에 의해 그대로 재현되었다.

신체의 욕구에서 유래하는 기질지성과 마음에서 유래하는 천지지

양자의 욕망은 내용상 다른 것일지라도 인위적으로 만든 것이 아닌 자연적으로 주어진 것이라는 점에서는 일치한다. 이와 관련된 논의는 다음 논문을 참고. 김형효, 「본능과 본성의 욕망과 그 본질」『사이』(2003 봄호), 지식산업사, 210쪽, 216쪽.

131) 『正蒙』「告子上」. “從其大體爲大人, 從其小體爲小人. 曰, 鈞是人也, 或從其大體, 或從其小體, 何也? 曰, 耳目之官不思, 而蔽於物, 物交物, 則引之而已矣. 心之官則思, 思則得之, 不思則不得也. 此天之所與我者, 先立乎其大者, 則其小者弗能奪也. 此爲大人而已矣”

132) 朱熹, 『孟子集注』「告子章句上」 6장.

성의 가장 큰 차이는, 전자가 강(剛)/유(柔), 완(緩)/급(急), 재(才)/부재(不才)의 편향을 낳는 반면 후자는 조화의 원동력이라는 점이다. 기질지성과 천지지성이 공히 인간에게 구비되어 있지만 천지지성이 더 본질적인 것으로 파악된다.

> 형체(形)가 있은 뒤에 기질지성이 있다. 그것을 잘 돌이켜보면 천지지성이 거기에 있다. 그러므로 기질지성에 대해 군자는 인간의 본성으로 삼지 않는다. 사람의 강/유, 완/급, 재/부재 등은 기의 치우침이다. 하늘은 조화롭고 치우치지 않는다(參和不偏). 자신의 기질을 기르고 근본을 반성하여 치우치지 않는다면 본성을 다하여 하늘의 경지에 이른다. 본성이 아직 이루어지지 않았다면 선과 악이 혼재한다.[133]

위 인용문은 장재 존재론과 수양론의 접점이라고 할 수 있으며 기질지성과 천지지성의 관계를 간명하게 기술하고 있다. 먼저 기질지성에 대해서는 다음의 두 가지를 들 수 있다.

(1-1) 기질지성은 형체(形)에서 유래한다.
(1-2) 기질지성은 강(剛)/유(柔), 완(緩)/급(急), 재(才)/부재(不才) 등의 편차를 갖는다.

기질지성과 천지지성의 구분이 형성되는 경계는 마음과 형체이다. 기질지성은 형체에서 유래하므로 사유를 동반하지 않고 외부 사물에 이끌리는 욕구의 편차만이 존재한다. 몸의 힘이 세거나 약한 것, 느리거나 빠른 것, 재주가 있거나 없는 것 등은 기질의 성격이다. 쉽게 말하자면 기질지성은 몸의 본능적 성격이다.

기질지성과 관련하여 말하는 형체가 인간의 몸 혹은 몸의 감각기

---

133) 『正蒙』「誠明」. "形而後有氣質之性, 善反之則天地之性存焉. 故氣質之性, 君子有弗性者焉. 人之剛柔緩急有才與不才, 氣之偏也. 天本參和不偏. 養其氣, 反之本而不偏, 則盡性而天矣. 性未成則善惡混"

관을 가리킨다는 것을 아래의 인용문에서 알 수 있다.

> 깨었을 때는 형체가 열리고 의지(志)가 외부와 교제한다. 꿈꿀 때는 형체가 닫히고 기가 오로지 내부로만 집중한다. 깨었을 때는 이목(耳目)에서 새로운 것을 지각하고, 꿈꿀 때는 습심(習心)에서 옛 것을 말미암는다.[134]
>
> 형체가 열리면 눈이 보고 귀가 듣는다.[135]

'형체(形)'는 몸과 감각 기관임에 틀림없다. 장재는 신체 기관에서 비롯되는 각종 욕구가 비록 강/유, 완/급, 재/부재 등의 편차를 지닌 것임에도 불구하고 본능으로서 인정하기 때문에 음식물에 대한 욕구, 이성에 대한 욕망 등을 제거할 수 없는 요소로 파악하였다.[136]

인간에게서 보이는 기질의 편차로는 크게 다음의 것들을 들 수 있다.

> 지능: 정밀함(精)/조야함(粗), 생지(生知)/학지(學知)[137]
> 재능: 아름다움(美)/추함(惡), 현명함(賢)/우둔함(不肖), 치우침(偏)/바름(正)[138]
> 수명: 장수/요절[139]
> 삶의 운수: 부귀/빈천, 복/화[140]

---

134) 『正蒙』「太和」. "寤, 形開而志交諸外也, 夢, 形閉而氣專乎內也. 寤, 所以知新於耳目, 夢, 所以緣舊於習心"

135) 『正蒙』「大易」. "形開而目睹耳聞"

136) 『正蒙』「乾稱」. "飮食男女皆性也, 是烏可滅?"

137) 『正蒙』「中正」. 仁者以生知, 以安行此五者. 智者以學知, 以利行此五者. 勇者以困知, 以勉行此五者. 여기에서 '此五者'라는 것은 『中庸』 20장에 나오는 五達道인 "君臣也, 父子也, 夫婦也, 昆弟也, 朋友之交也."를 가리킨다.

138) 『正蒙』「中正」. "他人才未美, 故宜飾之以文"

139) 『正蒙』「誠明」. "氣之不可變者, 獨死生修夭而已"

140) 『正蒙』「乾稱」. "富貴福澤, 將厚吾之生也"

사람은 지능, 재능, 수명, 운수 등 기질의 편차에 의해서 서로 다르다. 지능이나 수명을 비롯하여 부귀/빈천, 복/화 등 환경적 요소도 기질의 편차를 형성하는 요소이다. 기질의 통함/막힘, 열림/닫힘에 의해서 사람과 동물의 구별이 생기고, 두터움(厚)/엷음(薄)의 차이에 의해서 지자와 우자의 구별이 생긴다.[141] 이러한 기질지성은 인간의 몸과 본능을 구성하는 기초적인 요소들이다. 음기/양기의 상관적 결합구조에 의해서 생겨나는 기질지성에 편차가 있다고 할지라도 그것은 삶에서 무시할 수 없는 필요조건들이다. 다만 기 철학의 전체 구조 속에서 볼 때 기질지성은 삶의 필요조건에 위치하며, 삶의 궁극적 가치로서의 지향점은 천지지성에 있다.

가치론적 순서에 의하면 천지지성이 기질지성보다 앞선다. 천지지성의 특성은 세 가지로 요약할 수 있다.

(2-1) 천지지성은 기질지성 안에 있다.
(2-2) 천지지성은 조화롭고 치우치지 않으며(參和不偏) 하늘에서 유래한다.
(2-3) 천지지성은 순선(純善)하다.

천지지성은 기질지성 안에 있으므로 기질지성과 별도의 곳에 있는 것이 아니다. 기질지성이 있는 곳에는 이미 천지지성이 없을 수 없다. 장재의 표현에 의한다면 기질지성을 잘 돌이킨다(反之)면 거기에서 천지지성을 확인할 수 있다. 나아가 천지지성은 하늘에서 유래하는 것으로서 조화롭고 순선(純善)하다는 점에서 수양의 목표점이

---

141) 『張子語錄』「後錄下」. “由通閉開塞, 所以有人物之別. 由蔽有厚薄, 故有智愚之別” 기질의 편차에 대한 장재의 논의는 이후 주희를 거쳐 조선 시대 성리학으로 접어들면서 등장하는 인물성동이론(人物性同異論)의 시발이다.

다. 장재는 기질지성으로 구성된 몸의 본능을 사심 없이 반성해보면 그 안에서 순선한 천지지성을 자각할 수 있다고 본다.

장재가 천지지성을 기의 심층으로 보고 기질지성을 기의 표층으로 보는 이유는, 천지지성이 기질지성보다 더 능동적으로 구현해야 할 가치라고 보기 때문이다. 기질지성은 감각적 생리적 반응으로서 그 원인과 결과가 물리적 법칙에 의존적이다. 기질지성에 해당하는 아름다움/추함, 현명함/우둔함, 장수/요절, 삶/죽음 등은 자연의 법칙에 따라 현상에 드러나는 것으로서 그것들을 인위적으로 애써 바꾸려는 것은 삶의 낭비라고 본다. 그래서 장재는 "살아서는 삶에 순종하고 죽어서는 편안하다."라고 언표하면서 기질지성에 대해서 억지로 간섭하려고 하지 않았다. 기질지성과 관련하여서는 억지로 조장해서도 안 되고 무한정 방치해서도 안 되며, 주어진 정도를 지키면서 안분할 따름이다.

한편 천지지성은 기질지성처럼 자연스럽게 주어진 무위의 것임에도 불구하고 적극적인 행위로써 표현해야 할 본성이다. 천지지성은 마음 안에 주어지지만 인간이 그것을 실현하느냐 방치하느냐에 따라서 그 결과는 천 리의 차이를 야기한다. 천지지성의 시발은 무위적인 것이라고 할 수 있지만 그것의 현실화는 인위적 노력이 개입해야 성공할 수 있다. 맹자의 유자입정(孺子入井)을 예로 든다면 누구나 그러한 상황을 만났을 때 출척(怵惕)한 마음이 생기겠지만 그 마음을 구현하느냐 마느냐는 인위적 노력의 문제이다. 그렇게 볼 때 천지지성은 무위로서의 시발과 유위로서의 구현이 새의 두 날개처럼 짝을 이루고 있다. 천지지성의 무위적 측면은 유위적 구현이 지지해 줄 경우만 그 목적을 달성할 수 있다.

천지지성이 현실에 구현되는 과정은 곧 기질지성이 심층적 이념에 따라 질서를 찾는 과정과 일치한다. 그래서 장재는 기질지성 안에 있는 천지지성을 돌이키라고 주장한다. 천지지성의 구현을 방기하면서 기질의 과불급을 없애려는 노력만을 하는 것은 인간의 심층적 의미를 포기하는 것에 해당한다. 장재에게 천지지성은 존재의 형이상자적 심층으로서 기능한다. 천지지성의 방기에 이은 기질지성만의 균형은 생리적 활동과 감각적 욕구를 충족하였지만 존재의 깊이를 외면하는 소외된 삶이라고 할 것이다.

위에서 논의한 기질지성과 천지지성의 관계를 정리하면 다음과 같은 수양론적 전제가 형성된다.

(3-1) 기 표층의 조화: 기질의 과/불급을 없애야 한다.[142]

(3-2) 기 심층의 구현: 기질지성에 있는 천지지성을 돌이켜야(反之) 한다.

(3-3) 결과: 심층으로서의 인간의 본성(性)을 다 이룬다면 순선(純善)할 것이지만, 다 이루지 못했다면 선/악이 혼재한다.[143]

정리에서 보듯이 인간은 기의 심층을 현실에 구현함으로써 순선(純善)한 경지에 이를 수 있다. 기의 심층을 도외시하고서 기의 표층에만 집착한다면 선/악이 혼재함으로써 선에 대한 선택적 우연성을 기대할 수밖에 없다. 기의 심층에 대한 추구는 인간 존재의 참된 의미를 실현할 수 있는 확고부동한 근거이다. 천지지성은 선(善)에 대한 필연적 원인이자 근거이다. 기의 심층으로서의 천지지성을 실현한다면 필연적으로 선을 결과하게 된다. 장재는 음기/양기의 현상적 기보다 가치론적으로 상위에 있는 천지지성을 기의 본체로서 우선시한다.

---

142) 『經學理窟』「氣質」. "變化氣質"

143) 『正蒙』「誠明」. "養其氣, 反之本而不偏, 則盡性而天矣. 性未成則善惡混"

2. 수양의 요청: 통일(一之)과 돌이킴(反之)

앞에서 논의하였듯이 장재의 천지지성과 기질지성의 구도는 인간성에 대해서 본체와 현상을 동시적으로 고려하면서, 기를 기의 본체와 기의 현상으로 나눈다. 장재의 수양론과 관련된 중요한 언표들을 다음과 같이 본체와 현상의 범주에 의해서 정리할 수 있다.

〈표 5〉 수양의 본말(本末)

	A	B
1	기의 본체	기의 현상
2	태허(太虛)	취-산(聚散)
3	무감무형(無感無形)	객감객형(客感客形)
4	천지지성	기질지성
5	하나(一)	둘(兩)
6	성(性)	형(形)
7	형이상자	형이하자
8	본성	몸
9	신(神, 淸通不可象)	기(氣, 散殊可象)
10	근본	말단
11	본체(體)	쓰임(用)
12	심층	표층

A-B의 관계는 심층－표층, 본체－현상의 구조를 취하고 있다. 기의 본체인 A 영역은 기의 현상인 B 영역에 잘 발휘되는 것을 통하여 활성화된다. 그렇다고 A가 B의 필요조건인 것은 아니다. 또한 A가 있다고 해서 B가 반드시 수반되는 것은 아니므로 A가 B의 충분조건인 것도 아니다. B 영역은 A 영역 없이도 발휘될 수 있으니 기질지성에 속하는 감각적 욕구의 발휘가 그것이다. 이렇게 볼 때 A 영역이

B 영역에서 구현되기 위해서는 서로가 선택할 때 가능해진다. 선택 의지가 A 영역과 B 영역 사이에 개입한다고 생각할 수 있다. 인간의 선택 의지는 A의 형이상자적 이념과 B의 감각적 욕구라는 양자 사이에서 갈등할 수 있다. 이 때 B의 영역에 속하는 감각적 욕구를 선택할 경우 A의 형이상자적 이념이 실현되느냐 마느냐는 우연한 계기에 맡겨지므로 선/악의 결과 역시 우연하게 결정된다. 반대로 선택 의지가 양자의 갈등에서 A의 형이상자적 이념을 선택할 경우 B는 A의 의지에 수반되어 실현되므로 선만을 결과한다. 왜냐하면 A의 영역은 순선하기 때문이다. 즉 장재는 이러한 두 가지 선택 사이에서 A 영역의 지향을 선택하라고 조언한다. 장재는 B 영역에서 A 영역을 회복하는 것을 통일(一之)과 돌이킴(反之)이라고 표현하였다.

A: 기의 본체(심층)
B: 기의 현상(표층)
결합의 논리: A⇆B, 先⇆後, 本⇆末

〈그림 6〉 존재의 심층과 표층의 관계

위 그림은 서론에서 보았던 주희의 이－기론과 동일한 관계이다. B의 영역은 음기/양기의 상호작용에 의해서 존재론적으로 취/산한다. B의 영역은 물리적 영역으로서 생리적 욕구, 삶과 죽음 등과 같이 임시적으로 생성되는 것들이 포함된다. 한편 A의 영역은 인간의 절대적 본성(Nature)이라고 할 수 있다. B영역의 음기/양기, 취/산 등의 이항 대립적 패러다임은 A에 의해서만 정상적인 길을 갈 수 있다. 즉 B가 A를 획득할 경우 인간은 이상적 삶을 살 수 있다. B를 구성하는 취/산, 음기/양기 등의 이항 대립적 운동의 심층에는 항상 본체로서의 A가 내부에 동반된다. 그렇다면 A→B로의 과정은 감각적 현실에 이념을 구현하는 것이고, B→A로의 과정은 감각적 현실이 심층적 이념을 요청하는 과정이다. 이와 같은 방식으로 A와 B는 구현과 요청의 양방향적인 선택이 가능하다. 환언하자면 장재의 기는 존재의 표층과 존재의 심층이 구현과 요청을 통해서 교차적 통일(一之)을 이루어야 이상적이다.

살펴본 것처럼 인간에게 수양이 필요한 까닭은 본체와 현상에 간극이 벌어지지 않게 하기 위해서이다. 요순과 걸주의 질적 차이 역시 천지지성과 기질지성의 관계에서 해석할 수 있다. 기질지성과 천지지성이 서로 분리할 수 없는 관계라고 한다면 사악한 인간일지라도 미미한 천지지성은 가지고 있을 것이고, 아무리 선량한 인간일지라도 기질적 욕구를 절멸할 수 없을 것이다. 본체적 견지에서는 천지지성을 모두 품부 받았지만 현실적으로는 기질의 과불급을 고려하지 않을 수 없다. 따라서 인간이란 기질지성과 천지지성 속에서 존재함으로써 필부에서부터 성인에 이르기까지 다양한 층차의 존재가 성립한다. 그중에서 성인이란 어느 하나를 배제하기보다는 기의 본체와 기의 현상을 통일하는 경지에 이른 사람이다.

> 태허는 무형(無形)으로 기의 본체이고, 그것의 취(聚)와 산(散)은 변화(變化)의 객형(客形)일 따름이다. 지극히 고요하여(至靜) 무감(無感)한 것은 본성의 연원(淵源)이고, 식(識)과 지(知)는 사물의 교류(物交)에서 발생하는 객감(客感)일 따름이다. 객감객형(客感客形)과 무감무형(無感無形)은 본성을 다하는 자라야 통일한다.[144)]

성인은 기질의 욕구를 절멸하지 않고, 오히려 기질지성－천지지성, 형체(形)－본성(性), 유형－무형 등의 가치를 겸(兼)하는 데 특징

144)『正蒙』「太和」. “太虛無形, 氣之本體, 其聚其散, 變化之客形爾. 至靜無感, 性之淵源, 有識有知, 物交之客感爾. 客感客形與無感無形, 惟盡性者一之”

이 있다. 즉 성인은 A의 영역을 근거로 하여 B의 영역을 통일한 사람이다. 이러한 통일적 이해는 인간의 본능적 욕구를 멸하지 않고 포괄한다. 인륜을 저버리고 산사에 출가하는 승려, 천상의 소리를 듣기 위해서 수도원에 고립되는 수도사, 진리를 깨치기 위해서 이목구비의 감각적 기능들을 쉬게 하려는 고행자 등의 태도는 장재가 보기에 천지지지성과 기질지성의 통일적 관계를 모르는 처사이다. 장재는 근본－말단, 본체－쓰임, 형이상자－형이하자 등의 우선성－후차성에 의하여 본성과 본능의 관계를 정립하려고 하였다.

장재의 유형－무형의 구분은 '둘(兩)－하나(一)'의 관계에 적용하면 그 의미가 더 분명하다. 표층적 현상으로서의 음기/양기의 상관자를 '둘'이라고 할 수 있고, 심층적 기 본체로서의 통일자를 '하나'라고 할 수 있다. 즉 '둘'은 유형의 상관적 세계를, '하나'는 무형의 본체적 세계를 가리킨다. 장재는 '둘'과 '하나'가 불가분의 상태일 때 이상적이라고 파악한다.

> 둘(兩)이 서지 않으면 하나(一)를 볼 수 없고, 하나를 볼 수 없으면 둘의 쓰임이 사라진다. 양체(兩體)란 허(虛)/실(實), 동(動)/정(靜), 취(聚)/산(散), 청(淸)/탁(濁)이고, 그 궁극은 하나(一)이다.[145]

허/실, 동/정, 취/산, 청/탁은 각기 쌍으로 되어있는 기질의 편차이다. 장재는 궁극적으로 '둘'이라는 기질의 편차를 초월하여 별도의 '하나'를 설정하지 않았다. 때문에 천지에 존재하는 모든 기는 취/산과 공/취의 편차를 일으키지만 이미 거기에 본체로서의 이치가 들어있기에 망령되지 않을 수 있다.[146] 이렇게 본다면 비록 천지의 기와 인간의 기질에 과/불급의 불균형이 존재할지라도 거기에는 일정한

---

145) 『正蒙』「太和」. "兩不立則一不可見, 一不可見則兩之用息. 兩體者, 虛實也, 動靜也, 聚散也, 淸濁也, 其究一而已"

146) 『正蒙』「太和」. "天地之氣, 雖聚散攻取百塗, 然其爲理也順而不妄"

조리로서의 이치가 부여되어 있다. '둘'을 벗어난 '하나'를 상정해서도 안 되고 그 역도 마찬가지이다. 그렇다면 인간의 타락은 본체와 현상이 분리되어 본체가 실현될 기회를 잃는 데 있음을 알 수 있다. 만약 기 본체와 기 현상을 분리할 경우 기 현상의 존재론적 양극인 음기/양기, 취/산의 대립적 쌍은 한쪽으로 편향되어 기 본체를 방기하기 쉽다. 따라서 기 현상은 기 본체에 통일될 때라야 음기/양기의 이항대립이 조화와 안정을 유지할 수 있다.

도가와 불가처럼 본체에 통일(一之)하지 못하는 자일수록 취/산의 어느 한 쪽으로 존재론적 편향을 갖는다. 불가는 적멸(寂滅)을 주장하면서 '가서 돌아오지 않고(往而不反)' 도가는 '삶을 좇아 소유에 집착하여(徇生執有)' 죽지 않으려고 하니,[147] 이들은 도리를 잃었다. 장재가 주장하는 통일은 어느 하나를 버리는데 있다기보다 기 본체를 회복함으로써 취/산의 상관성에 균형을 주는 데 있다. 이제 기 본체로서의 형이상자가 상정됨으로써 음기/양기, 취/산, 삶/죽음 등의 기 현상은 지향해야할 본체적 가치를 전제하게 되었다. 장재가 말한 기 본체, 형이상자, 태허 등 기의 심층에 의해서 유가적 수양의 당위성이 성립한다.

147) 『正蒙』「太和」. "彼語寂滅者往而不反, 徇生執有者物而不化"

제 4 장

◈

수 양 론

장재 수양론의 거시적 구조는 마음에 내재한 형이상자를 형이하자의 세계에 구현하는 데 있다. 인간에게 좋은 본성이 있다는 것과 그것을 구현하고 있느냐는 것은 다른 차원의 문제이다. 어떤 부모이든 자식을 사랑하는 마음은 있겠으나 어떻게 그 사랑을 구현할 것이냐는 현실적으로 쉬운 일이 아니다. 마음에 있는 좋은 본성은 그것을 구현하는 기술을 통해서 풍성할 수도 있고 빈약할 수도 있다. 본성을 구현하는 기술을 체득함으로써 장재가 말하는 성인의 경지는 개척될 수 있다. 고래부터 유가에서 예악사어서수(禮樂射御書數)를 배웠듯이 본성 역시 좋은 기술이 있어야 온전히 구현할 수 있다. 그것은 마치 물을 건널 때 배로 건너는 것과 수영도 모르는 사람이 덥석 물속으로 뛰어드는 것의 차이와도 같다. 물속에 빠진 아기를 구하기 위해서는 좋은 기술을 습득하고 있어야 가능하다. 좋은 본성은 좋은 도구를 만날 때 훌륭한 예술품처럼 잘 구현될 수 있다.[1)]

---

1) 좋은 기술의 학습과 관련하여 순자의 사상이 가장 적극적으로 논설을 펼친다. 순자는 맹자나 성리학자들과 같이 형이상자로서의 본성을 부정

장재 수양론에서 무위자연(無爲自然)의 개념 역시 본성으로서 주어진 것이기도 하지만 기술로써 획득한 자유의 경지이기도 하다. 부여된 본성으로서 본다면 인간에게는 인위적 가공 이전에 인의예지라는 좋은 마음이 발출하고 있지만, 그 본성을 구현하는 차원에서 본다면 무위자연의 경지에 이르기 위해서는 기술이 필요하다. 즉 학습과 노력을 통해서만 구현으로서의 무위자연에 도달할 수 있다. 성인의 경지란 부여된 본성을 자유자재로 구현할 수 있는 기술을 습득한 것이라고 할 있다. 장재의 수양론은 본성 구현의 자연스러움으로서 무위를 말한다는 점에서 도가의 해체적 무위와는 다르다. 장재는 본성을 구현하기 위하여 가정, 사회, 정치 등에 편재하는 각종 제도를 긍정한다. 예절을 실천하고 음악을 연주하고 삶을 영위하는 기술을 습득함으로써 본성은 심오하고 풍부하게 현실에 구현될 수 있다.

제1절 수양의 구도

1. 성학(聖學)의 추구

일찍이 맹자는 성인이든 범인이든 마음에 같은 것(心之所同然)이 있고, 범인 역시 요순과 같이 될 수 있다고 하지 않았던가.[2] 맹자는 사람의 본성이 선(善)하다고 하면서 말마다 요순을 칭하지 않았던가.[3] 맹자의 성선설을 그대로 수용하였던 장재 역시 사람의 본성은

하고, 대신 인간의 가치는 후천적 개발을 통해서 습득된다고 믿는다. 이러한 순자의 학습이론은 분명 맹자류의 본성론과 확연한 차이가 나지만, 그렇더라도 유가 수양론의 일부로서 평가할 수 있다.

2) 『孟子』「告子上」. "聖人先得我心之所同然耳" 『孟子』「告子下」. "曹交問曰, 人皆可以爲堯舜, 有諸? 孟子曰, 然"

3) 『孟子』「滕文公上」. "孟子道性善, 言必稱堯舜"

선(善)하지 아니함이 없다고 하였다.[4] 그런데 현실에서는 왜 많은 사람이 요순과 같은 성인이 되지 못하는 것일까? 모든 인간에게 동일한 선(善)한 본성이 있다고만 말한다면 현실적으로 성인과 범인이 갈라지는 이유를 설명하지 못할 것이다. 어떤 사람은 요순(堯舜)이 되고 어떤 사람은 걸주(桀紂)가 되는지 그 이유에 대한 포괄적 설명이 있어야만 삶에서 등장하는 도덕과 비도덕에 대해서 시사할 수 있을 것이다.

장재가 추구하는 인간상은 성인(聖人), 대인(大人), 군자(君子) 등으로 불리며, 세인(世人)과 그 경지를 달리한다. 그 중에서도 성인이야말로 장재가 추구하였던 이상적 경지였다. 성인은 수양을 통하여 형이상자로서의 존재의 이념을 온전히 실현한 사람이라고 할 수 있다. 그 경지에 오른 인물로는 공자를 꼽는다.

> 성인의 마음(聖心)은 천박한 마음으로 구하기 어려우니
> 성인의 학문(聖學)은 오로지 예법을 닦아야 하리.
> 천오백년 이래 공자(孔子)가 없었으니
> 항시 통변(通變)에 말미암아 늙어서 여유롭게 노닐었어라(優游).[5]

성인의 마음과 성인의 학문은 장재가 추구하는 학문을 요약하는 말이다. 인간이 모두가 선할지라도 다 같은 경지에서 살아가는 것은 아니다. 수양의 최고 경지는 유위의 과정을 거쳐 무위에 이르는 것이다. 장재의 표현을 빌자면 수양이란 '통변(通變)에 말이암아 여유롭게 노니는 경지'에서야 그 목적지에 도달한다. 공자는 '통변'할 수

---

4) 『正蒙』「誠明」. "性於人無不善"

5) 『文集佚存』「雜詩」聖心. "聖心難用淺心求, 聖學須專禮法修. 千五百年無孔子, 盡因通變老優游" 이 시의 마지막 구절은 공자가 나이 70에 '마음이 하고자 하는 바를 따라도 법도에 어긋나지 않았던' 경지를 가리킨다. 장재는 참고로 「繫辭上」에 나오는 "通變之謂事"라는 구절에 대해 '聖人之事業'으로 해석하고 있다(『橫渠易說』「繫辭上」을 참고).

있었으므로 원신무체(圓神無滯)하였고, 누군가 물음을 던지면 양단(兩端)을 다하되 공공(空空)하였다.[6] 장재는 통변에 따라 여유롭게 노닐던 공자의 경지를 사모하였던 것으로 보인다.

성인이라고 일컬어지던 공자가 도달했던 무위의 경지는 심리적 발생으로서의 무위와 실천적 구현으로서의 무위로 나누어 볼 수 있다. 심리적 발생으로서의 무위라고 한다면 성인뿐만 아니라 범인에게도 다 부여되어 있다. 가령 '우물로 기어가는 아기'를 보고서 누구에게나 측은한 마음이 일어나듯이 모든 사람에게는 형이상자로서의 본성이 무위적으로 발생하고 있다. 그럼에도 누구나가 마음에서 발생한 무위로서의 본성을 실현하지는 못한다. 많은 핑계와 구실을 대면서 우물로 기어가는 아기에 대해서 방치하는 경우가 다반사인 것이 세상사의 현실이다. 마음 깊은 곳에서는 '마땅히 그렇게 해야겠다.'고 생각하면서도 현실적으로 시도하지 못하고 방치하는 것은 왜일까? 그것은 본성의 발로는 무위이지만 발로된 본성의 실현은 무위로써 이루어지지 않기 때문이다. 그러한 측면에서 수양이란 본성을 실현하기 위한 유위적 노력이 동반되어야 한다. 성인이 도달한 무위의 경지란 많은 노력 끝에 얻은 자연스러운 실천을 의미하며, 그것은 주어진 무위가 아니라 획득한 무위라고 할 수 있다. 장재의 수양론에 의한다면 인간은 무위적 실천에 이를 때까지 끊임없이 유위의 노력을 거치지 않을 수 없다. 기질지성에서 유래하는 생리적 욕구만을 추구하는 천박한 마음으로는 성인과 같은 경지에 오를 수 없기 때문에, 인간의 마음에 주어진 심층적 존재 이념을 실현하기 위해서는 성인이 가르쳤던 예법을 실천해야만 한다. 이것은 마치 순자가 성인의 예법을 제일의 수단으로 삼았던 것과 같이 장재 역시 유

6) 『正蒙』「中正」. "誠能徙義, 則德自通變. 能通其變, 則圓神無滯. 有不知則有知, 無不知則無知. 是以鄙夫有問, 仲尼竭兩端而空空. 易無思無僞, 受命乃如響"

위에 대한 중대한 긍정을 표하고 있다.

장재가 추구했던 무위적 구현을 향한 유위적 노력이라는 양익(兩翼)을 가장 잘 구현했던 예시로서 안회(顏回)를 꼽을 수 있다. 공자는 애공(哀公)이 제자 중 누가 학문을 좋아하느냐고 묻자 안회(顏回)라고 대답하였다. 공자는 안회가 일찍 죽자 하늘이 자기를 버렸노라고 안타까워했다.[7] 공자에 따르면 안회는 성내지 않고 똑같은 과실을 두 번 범하지 않는 인물이었다.[8] 안회는 철저한 실천과 자기반성을 공부의 요체로 삼았다. 공자의 수제자이던 안회는 짧은 생애를 가난하게 살면서도 아무런 동요 없이 살았던 인물로 전한다.[9]

장재 역시 공자가 아끼던 제자 안회를 학문의 큰 모범으로 삼는다. 장재는 안회의 시중(時中)을 높이 평가하였다. 유가에서 극기(克己)의 상징이라고 할 수 있는 안회의 자기반성과 실천력은 어떤 상황에서도 혼란스럽지 않는 시중(時中)의 정신으로 해석할 수 있다. 장재는 안회의 시중을 『易』 건괘(乾卦)에 나오는 용(龍)으로써 설명한다. 안회는 용(龍)과 같은 자질이 있어서 마땅히 행해야할 때 행하고 그만 두어야 할 때 그만두는 인물로 평가받는다. 안회는 어려운 환경에 처하여 자신의 지혜가 드러나지 않아도 후회하지 않았을 만큼 높은 경지에 올랐다.[10] 안회가 정치활동에 나서지 않고 여항(閭巷)에서 살았던 것 역시 시대적 상황의 차이로 해석할 수 있다. 장재에 따르면 맹자의 경우에는 전국시대에 처해 있었기 때문에 논변을 통하여 적극적으로 나서야 했지만 안회의 경우에는 공자가 있었기 때문에

---

7) 『論語』 「先進」 8장. "顏淵死, 子曰, 噫! 天喪予, 天喪予"

8) 『論語』 「雍也」 2장. "哀公問, 弟子孰爲好學? 孔子對曰, 有顏回者好學, 不遷怒, 不貳過. 不幸短命死矣. 今也則亡, 未聞好學者也"

9) 『論語』 「雍也」 9장. "子曰, 賢哉, 回也. 一簞食, 一瓢飮, 在陋巷, 人不堪其憂, 回也, 不改其樂, 賢哉, 回也"

10) 『正蒙』 「三十」. "用則行, 舍則藏, 惟我與爾有是夫! 顏子龍德而隱, 故遁世不見知而不悔, 與聖者同. 龍德, 聖修之極也"

그 밑에서 자신의 부족한 부분을 수행하는 것으로 충분했다.[11] 이것은 진퇴출처의 도리가 시중에 있음을 지적하는 것이다.

이러한 안회의 시중 공부의 스승은 공자이다. 안회는 아직 자신의 공부가 공자만큼 완성되지 않았기 때문에 공차의 행위에 그저 감탄할 뿐 어떻게 표현할 수 없다고 말한적 있다.[12] 장재에 의하면 안회는 아직 성인의 경지에 이르지 못했기 때문에 마음에 조야한 바(心粗)가 있다.[13] 그러나 일반 학자와 안회 사이에 한 단계의 차이가 있고, 안회와 공자 사이에 한 단계의 차이가 있다.[14] 안회의 공부가 아직 공자의 경지에 이르지는 못하였을지라도 그는 공자의 공부를 가장 잘 이해하고 실천하는 과정 중에 있었던 사람이다.

장재는 안회를 통하여 공자의 시중을 자기 철학의 중심으로 해석해 내고자 하였다. 장재가 안회를 용(龍)에 빗대어 표현한 것은 안회가 유가의 이념인 성인의 길을 때에 맞게 실천하였기 때문이다. 한편 장재는 백이(伯夷)에게 용의 의미를 부여해 주지 않았다.[15] 백이는 고죽군(孤竹君)의 장자로 아버지의 자리를 동생에게 사양하고 주(紂)의 폭압을 피해 은거하였다. 그러다가 나중에 문왕(文王)이 선정을 베풀자 다시 정치계에 나왔다가, 뒤 이어 문왕의 아들 무왕(武王)이 폭군 주(紂)를 무력으로 죽이자 산속으로 들어가 굶어 죽었던 인물이다.[16] 이러한 백이(伯夷)의 은둔 행위가 안회와 유사해 보일지라

---

11) 『正蒙』「三十」. "顔淵從師, 進德於孔子之門, 孟子命世, 修業於戰國之際, 此所以潛見之不同. 또한 『橫渠易說』 75쪽"

12) 『論語』「子罕」 9장. "顔淵喟然歎曰, 仰之彌高, 鑽之彌堅, 瞻之在前, 忽焉在後"

13) 『經學理窟』「義理」 274쪽. "學不能推究事理, 只是心粗. 至如顔子未至於聖人處, 猶是心粗"

14) 『經學理窟』「義理」 278쪽. "由學者至顔子一節, 由顔子至仲尼一節, 是至難進也"

15) 『橫渠易說』, 79쪽. "凡言龍, 喩聖也. 若顔子可以當之, 雖伯吏之學猶不可言龍"

도 한사코 안회보다 낮게 평가한 것은 시중을 지키지 못했기 때문이다. 맹자 역시 지나치게 사람을 가렸던 백이를 좁다(隘)고 비판하였고, 잘잘못을 전혀 가리지 않고 나서려 했던 노(魯) 나라 대부 유하혜(柳下惠)를 공손하지 못하다고 비판하였다.[17] 안회가 잠룡(潛龍)하여 세상에 드러나지 않았던 것은 백이처럼 너무 협소한 자세를 취했기 때문이 아니라 자신의 덕성을 더 도야하기 위한 것이었다는 점에서 공자의 중용 정신에 어긋나지 않는 것으로 장재는 해석하였다. 안회는 아직 덕이 이루어지지 않았기 때문에 벼슬하지 않고 덕성을 열심히 닦는 것을 좋아하였다. 성문영달을 먼저 구하지 않고 잠룡하여 자신의 실질을 기르는 데 힘썼던 안회의 모습은 공자가 제시한 성인의 길을 잘 보여준다.[18] 장재는 안회를 모범으로 삼아 내적인 성숙에 힘쓰면서 자기 자신의 내재적 가치를 도야하는 덕성 공부를 중시하였다.

장재는 안회의 잠룡(潛龍)과 덕성 공부를 위기지학(爲己之學)으로 정의한다.[19] 즉 세상을 교화하는 현룡(見龍)의 공부는 내적인 자기 공부의 과정을 반드시 포함하고 있어야 한다. 장재가 안회를 통해 보았던 유학의 시중 역시 자기의 본성에 근본을 둔 위기지학을 근본으로 한다. 그렇다면 유학의 시중이란 상황에 대한 편의적인 타협이냐 아니냐를 벗어나 본성 실현의 차원에서 이해해야 할 것이다. 장재에 의하면 안회의 안빈락도(安貧樂道)야말로 자신의 본성에서 삶

16) 『孟子集注』「公孫丑上」. "伯夷孤竹君之長子, 兄弟遜國, 避紂隱居, 聞文王之德而歸之, 及武王伐紂, 去而餓死"

17) 朱熹, 『孟子集注』「公孫丑上」 9장. "孟子曰, 伯夷隘, 柳下惠不恭, 隘與不恭君子不由也"

18) 『橫渠易說』 72쪽. "孔子喜弟子之不仕, 蓋爲德未成則不可以仕, 是行而未成者也. 故潛勿用, 龍德而未顯者也. 不成名, 不求聞也, 養實而已 樂行憂違, 不可與無德者語也. 用則行, 舍則藏, 惟我與爾有是夫! 顏子龍德而隱, 故遯世不見知而不悔, 與聖者同"

19) 『正蒙』「大易」. "若潛而未見, 則爲己而已"

의 근거를 찾았던 전형이다.[20] 안회의 삶은 백이나 유하혜처럼 외부의 조건에 따라서 자신의 아이덴티티에 과불급을 일으키는 삶과 다르다. 비록 상황과 조건이 달라지더라도 자신의 본성을 잃지 않고 중용을 유지했다. 안회의 삶은 위기지학과 덕성 공부에 근거하여 중정(中正)을 잃지 않았으며, 장재가 유학을 통해 지향하는 것이 무엇인지를 잘 보여준다.

그러면 여기에서 화제를 바꾸어, 장재는 무엇을 계기로 공자와 안회의 성인이 되는 학문에 입문하게 되었는지, 그리고 성인이 되는 학문을 실제로 어떻게 실천하였는지 등을 그의 인생 역정에서 추적해보자. 시간을 거슬러 올라가 장재의 나이 10대에는 지기(志氣)가 남달리 뛰어났으나, 당시에는 성인의 학문보다 병술(兵術)에 대해 논하기를 좋아하였다.[21] 장재가 성인의 학문에 접어든 발단은 송대의 인품가였던 범중엄(范仲淹)을 대면하면서부터이다. 18세 되던 해 뜻을 품고서 범중엄에게 편지를 띄우고 뵙기를 청했다. 그러자 범중엄이 그 기량을 알아보고는 "유자(儒者)에게는 저절로 명교(名教)가 있거늘 하필 병술에 종사하는가!"[22]라고 꾸짖었다. 범중엄은 이 말과 함께 장재에게 『中庸』을 읽으라고 권하였다. 그 후 장재는 『中庸』을 애독하였지만 여전히 만족하지 못하였다. 이에 불가와 도가의 서적을 수년에 걸쳐 두루 궁구하다가 얻을 바가 없다고 여기고, 마침내 유가의 육경(六經)으로 발길을 돌렸다. 가우(嘉祐) 초년(1056)에는 낙양(洛陽)에서 이정(二程) 형제와 조우하여 도학(道學)의 요체를 서로 담론하고는 '환연(煥然)히 자신(自信)'하면서 말하기를, "우리의 도(道)가 자족(自足)하거늘 어찌 외부에 종사하여 구하겠는가!"라고 자

20) 『正蒙』「大易」. "樂則行之, 憂則違之, 主於求吾志而已, 無所求於外"

21) 『張載集』「呂大臨橫渠先生行狀」 381쪽. 이곳에서 보면 장재의 어린 시절은 '志氣不群'하였다. 또 인(寅)이라는 사람이 병술을 좋아하였는데 장재 역시 그와 더불어 병술에 대한 담론을 즐겼다.

22) 『張載集』「呂大臨橫渠先生行狀」 381쪽. "儒者自有名教, 何事於兵"

신감을 표출하면서 성인의 학문에 대해서 확신하였다.[23] 이후로는 학문의 방향을 바꾸지 않고 평생 유가의 성인을 목표로 매진하였다.

장재가 추구하였던 성인의 규모는 공자가 일흔 살에 도달했던 것으로서 '마음이 바라는 대로 따라도 법도를 넘지 않은' 자연스러운 경지이다. 성인의 풍모에는 가식이 없고, 의도적으로 노력하지 않고서도 저절로 이루어지는 자연스러움이 있다.

> 힘쓴 다음에 맑다면 성인의 맑음이 아니고, 힘쓴 다음에 조화롭다면 성인의 조화가 아니다. 성인이란 힘쓰지 않고 사려하지 않고서 도달한 경지이다. 힘쓰는 것은 아직 편안하지 못하기 때문이요, 사려하는 것은 아직 (온전히) 소유하지 못했기 때문이다.[24]

성인의 자연스러운 경지란 편안하여 더 이상의 힘과 사려가 더해질 필요가 없다. 안회는 공자의 황홀(恍惚)한 경지를 형용할 수 없어서 그저 경탄한 적이 있다.[25] 성인의 경지란 너무나 자연스러운 경지라서 범인의 안목으로는 쉽게 포착하기 어렵다.

그럼에도 불구하고 성인의 경지에 대해서 물러서거나 회피하는 것은 방법이 될 수 없다. 장재는 학문에 입문한지 서른 해가 넘도록 성인의 경지에 도달하지 못했지만 결국 물러선다고 해결되는 문제가 아니라고 결론지었다. 아래에 인용한 장재의 회상을 본다면, 30년이 넘도록 성인을 목표로 부단히 노력했던 그의 노고와 더불어, 성인의 경지란 끊임없이 적극적으로 부딪쳐야 하는 것임을 알 수 있다.

> 내가 배운지 30년 이래 문자(文字)를 짓고 의리(義理)를 말한 것이

---

23) 『張載集』「呂大臨橫渠先生行狀」 381~382쪽.

24) 『正蒙』「中正」. "勉而淸, 非聖人之淸. 勉而和, 非聖人之和. 所謂聖者, 不勉不思而至焉者也. 勉, 蓋未能安也, 思, 蓋未能有也"

25) 『論語』「子罕」. "顔淵喟然歎曰, 仰之彌高, 鑽之彌堅, 瞻之在前, 忽焉在後"

> 무한하거늘, 그 중 옳은 것은 다 억측하여 우연히 적중한 것이다. 비유컨대 담을 넘은 도둑이 집 안의 물건을 훔치려고 하면서도 물건이 소장된 곳을 모르고서 (집 밖의) 다른 사람에게 안에 무엇이 있는지 물어보거나 혹은 사이에 담을 두고서 말을 엿들은 것과 같이, 끝내 스스로 도달할 수 없었으니 말한 것은 다 참되지 못하였다. 옛 사람의 글을 볼 때 다른 사람에게 염탐하듯이 하고, 붕우의 의론을 들을 때 담을 사이에 두고서 듣는 것처럼 한다면, 성현의 문에 들어갈 수 없고, 종묘의 우아함과 집안의 좋은 것을 볼 수 없다. 근년에야 비로소 집 안에 들어가서 그 안의 미(美)와 선(善)을 알게 되어 다시 그 집에서 나오기를 꺼리나니, 천하의 의론이 나의 이러한 태도를 바꿀 수 없으리라. 비유컨대 굴 하나를 파서 이미 그 안을 보았다고 하더라도, 굴 안에 환히 빛을 밝히지 못한 구석이 있다고 한다면 아직 굴 안의 물건들을 다하지 못한 것과 같다. 반드시 불빛을 이동해서 찾아야만 (숨겨진 물건들을) 발견할 것이다. 여기에서 '이동한다'는 것은 사태를 좇아서 사려함을 뜻한다. 비유컨대 눈이 어두운 자가 사물을 볼 때 한 부분에만 시력을 모으는 것은, 눈이 밝은 자가 눈을 들어 전체를 바라보는 것만 못함과 같다.[26]

장재가 30년이 넘는 동안 학문을 추구하였다면, 성인의 학문이 그 규모가 크다는 것을 짐작할 수 있다. 30년이라고 한다면, 20대 중반 언저리에 육경(六經)에 본격적으로 심취하였던 것으로 보아, 그의 나이 어언 50대 중반에 다다른 시점으로 추측할 수 있다. 50대 중후반에 이르러서야 성인의 학문의 뜰 안에 들어가 성인의 미와 선의 맛을 알고서는 그것을 놓을 수 없다고 천명하였다. '지기불군(志氣不群)'의 비범함을 가졌던 장재였지만 50대 중반에서야 갈 수 있었을

26) 『經學理窟』「自道」. "某學來三十年, 自來作文字說義理無限, 其有是者, 皆只是億則屢中. 譬之穿窬之盜, 將竊取室中之物而未知物之所臧處, 或探知於外人, 或隔牆聽人之言, 終不能自到, 說得皆未是實. 觀古人之書, 如探知於外人, 聞朋友之論, 如聞隔牆之言, 皆未得其門而入, 不見宗廟之美, 室家之好. 比歲方似入至其中, 知其中是美是善, 不肯復出, 天下之議論莫能易此. 譬如既鑿一穴已有見, 又若既至其中却無燭, 未能盡室中之有, 須索移動方有所見. 言移動者, 謂逐事要思, 譬之昏者, 觀一物必貯目於一, 不如明者擧目皆見"

뿐, 그 전에는 '염탐하듯이' 혹은 '담장을 사이에 두고 엿듣듯이' 하였다고 겸양하였다.

장재의 학문적 태도에서 보듯이 그의 수양론은 유위적 노력에 힘씀에도 불구하고 성인의 무위(無爲)적 경지를 수양의 본원으로 여긴다. 따라서 장재 수양론의 궁극적 요체는 선천적으로 주어진 본성을 마음대로 실천하여도 법도에 어긋남이 없는데 있다. 즉 자연스럽게 주어진 본성을 자연스럽게 실현하는 것이 삶의 가장 이상적인 상태이다.

> 내 몸을 이루는 것은 천신(天神)이다. 성(性)으로써 몸을 이룬다는 것을 모르고서 스스로 이르기를 '몸에 인하여 지(智)를 발한다.'고 하는 것은 천공(天功)을 탐하는 것이다[27].

장재의 수양론은 '천공(天功)'에 따라서 자신의 천지지성을 기질에 발휘하는 것 그 이상도 그 이하도 아니다. 세인(世人)의 마음은 견문(見聞)의 협소함에 머물지만, 성인은 천지지성을 다할 뿐 견문으로써 마음을 옥죄지 않음으로써 경지를 달리한다.[28] 인간은 본성적으로 선(善)을 타고났다고 할지라도 현실적으로는 대체(大體)를 택하느냐 소체(小體)를 택하느냐에 따라 삶의 경지가 구분된다. 그러한 선택의 지점이 바로 천리(天理)와 인욕(人欲)이 분기하는 곳이니, 비록 그 선택이 처음에 호리지차(毫釐之差)였을지라도 나중에 천리지무(千里之繆)를 야기하는 중대처이다. 개인의 몸에서 연원하는 이기적 욕구만을 추구하다보면 하늘이 부여한 자연스러운 본성을 방치하거나 짓누르는 억지가 생긴다는 것이다.

비록 장재의 수양론이 무위에서 시작하여 무위로 끝나는 것을 최

---

27) 『正蒙』「大心」. "成吾身者, 天之神也. 不知以性成身而自謂因身發智, 貪天功爲己力"

28) 『正蒙』「大心」. "世人之心, 止於聞見之狹. 聖人盡性, 不以見聞梏其心"

상의 경지로 여겼을지라도, 유위적 수양 역시 긍정되고 있다. 장재는 무위와 상달(上達)이 최상의 경지일지라도 유위와 하학(下學) 역시 수양의 중요한 과정으로서 여긴다. 장재의 수양론에서 유위가 필요한 것은 기질지성이라는 구체적 현실 때문이다. 현실 세계에서는 악 개념을 떠나서 선 개념만을 상정하는 것은 조야한 희망일 뿐이다. 아직 자기를 즐기는(樂己) 무위의 경지에 도달하지 못했다면 여전히 자기를 이기는(克己) 유위의 공부가 요청된다. 이처럼 장재는 선을 말하면서도 악을 빠트리지 않고 상달을 말하면서도 하학을 버리지 않는다.

> 미세한 악일지라도 반드시 제거해야만 선에 의해 본성을 이룰 것이다. 악을 살피는 것이 미진하면 선하다 할지라도 조야해질 것이다.[29]

> 상달이면 하늘을 즐기고(樂天) 하늘을 즐기면 원망하지 않는다. 하학이면 자기를 다스리고(治己) 자기를 다스리면 허물이 없다.[30]

이정(二程)이 장재에 대하여 박절기상(迫切氣象)의 풍모라고 비판했던 것은 실상 수양에서 기질지성을 통제하는 측면을 지적한 언설이다. 장재가 주장한 변화기질(變化氣質), 극기(克己), 강례(強禮)[31] 등을 보면 박절(迫切)해 보인다. 그러나 수양의 본원으로서의 천지지성을 고려한다면 장재는 오히려 자연심화(自然心化), 락기(樂己), 무심(無心) 등과 같이 궁극적으로 무위를 추구하였다. 이렇게 장재 수양론의 과정은 변화기질(變化氣質)하는 유위의 공력을 통해 무위자연(無爲自然)의 경지에 도달하는 겸체(兼體)의 구조를 취하고 있다.

---

29)『正蒙』「誠明」. "纖惡必除, 善斯成性矣; 察惡未盡, 雖善必粗矣"

30)『正蒙』「至當」. "上達則樂天, 樂天則不怨; 下學則治己; 治己則無尤"

31)『正蒙』「動物」. "強禮然後可與立"

> 자기를 이기고(克己) 법도를 실천하는(行法) 것은 현인(賢人)이고, 자기를 즐기고(樂己) 법도로 삼을 만한(可法) 것은 성인(聖人)이다. 성인과 현인은 자취가 서로 가까우나 마음이 이르는 바에는 차이가 있다.[32]

> 화락(和樂)은 도(道)의 단서이다. 조화로우면(和) 크다(大) 할 수 있고, 즐거우면(樂) 오래다(久) 할 수 있다. 천지지성은 오래고 크다(久大).[33]

장재가 보기에 자기를 이기는 공부는 자기를 즐기는 공부보다 하학처이고, 법도를 실천하는 공부는 법도로 삼을 만한 공부보다 못하다. 성인이 현인보다 뛰어난 점은 무위의 경지에서 마음에 즐거운 바를 얻은 데 있다. 여기에서 성인이 오른 무위의 경지란 마음 속의 형이상자가 형이하자에 구현되는 데 아무런 장애가 없는 것을 말한다. 그런 의미에서 성인의 무위는 아무 것도 하지 않음을 의미하기보다 본성의 현실적 구현에 아무런 장애가 없음을 뜻한다. 장재는 유위의 수양 과정을 통하여 궁극에는 자신을 즐기는 무위의 경지에 도달하고자 하였던 것이다.

이제 까지 보았듯이 장재가 추구하는 수양의 목표는 성인 공자였으며, 성학(聖學)의 가장 좋은 모범은 안빈락도 하였던 안회(顔回)였다. 장재의 말대로 천오백 년이래 공자가 없었으니 성인의 경지가 현실적으로 쉽지 않다는 것은 분명하다. 분명 안회와 공자 사이에 한 마디(一節)의 차이가 있지만 나아가 안회와 보통의 학자 사이에도 또 한 마디의 차이가 있다.[34] 그렇게 본다면 자기를 이기는 것과 자기를 즐기는 것 사이에서 수양하는 정도에 따라 더 높은 경지의 삶

---

32) 『正蒙』「有德」. "克己行法爲賢, 樂己可法爲聖. 聖與賢, 跡相近而心之所至有差焉"

33) 『正蒙』「誠明」. "和樂, 道之端乎! 和則可大, 樂則可久, 天地之性, 久大而已矣"

34) 『經學理窟』「義理」 278쪽. "由學者至顔子一節, 由顔子至仲尼一節, 是至難進也"

으로 나아갈 수 있다.

그렇게 성인을 외치던 장재 자신은 어느 정도의 경지에 도달하였을까? 다음에 나오는 장재의 시에서 자기를 즐기는 경지를 은근히 엿볼 수 있다.

토상(土牀)에 불 지피고 명주이불(紬衾) 따뜻하고
질솥(瓦釜)과 마른 샘물(泉乾)로 지은 콩죽은 새로워라
만사(萬事)에 잠자리와 끼니(溫飽) 밖을 생각지 않고
맑게 세상을 살아가는(淸世) 한가로운 사람(一閑人)이어라[35)]

장재는 토상(土牀)에 불 지피고 명주이불을 펴고 잠을 잤고, 질솥에 변변치 못한 샘물로 콩죽을 지어 음식을 먹었다. 그는 아주 소박하게 의식주를 충족하면서 그 이상을 생각지 않았고 여유와 한가를 즐기고 있었다. 자기를 즐기는 것을 희구하며 평생 제자들과 강론하면서 맑게 세상을 살았던 그의 꿈과 삶에서 천지지성으로의 돌아감(反之)과 통일(一之)에 근거한 위기지학(爲己之學)의 면모를 가감 없이 엿볼 수 있다.

2. 성학(聖學)의 실현 과정

인간의 삶이 자연의 변화를 수용하는 것은 음기/양기의 상관성에서 확연하게 드러난다. 이러한 음기/양기의 상관적 변화가 기의 물리적 변화를 야기하며, 장재는 그러한 물리적 상관성을 수용하는 것에서부터 삶을 설명한다.

35) 『文集佚存』「雜詩」土牀. "土牀煙足紬衾暖, 瓦釜泉乾豆粥新. 萬事不思溫飽外, 漫然淸世一閑人"

기(氣)에는 음기/양기가 있다. (음기/양기가) 옮겨가면서 점차 변화한다.[36]

음기/양기의 운동을 가장 상징적으로 잘 보여주는 것이 하늘과 땅의 상호작용이다.[37] 하늘과 땅의 상호 작용에 의해서 만물이 생성된다. 장재는 『易』「繫辭」의 '하늘은 높고 땅은 낮으니 건(乾)과 곤(坤)이 정해진다.'[38]는 학설에 근거하여 음양론을 전개하였다. 하늘에서 발생하는 힘인 건과 땅에서 발생하는 힘인 곤의 작용을 세계 변화를 파악하는 출발점으로 삼았다.[39] 장재는 음기/양기라는 상호 보충적인 이질자들의 관계에서 세계의 변화를 이끌어 내었다. 또한 장재는 변화를 '변(變)'과 '화(化)'로 세분하였다. 『易』「繫辭上」에 나오는 "化而裁之謂之變"이라는 구절을 해석하면서 변을 큰 구조의 변화로, 화를 세밀하게 진행되는 변화로 구분하였다. 사계절의 변화가 변(變)이라고 한다면 일년 365일의 점진적 변화가 화(化)이다. 밤낮의 변화가 변이라고 한다면 24시간의 점진적 변화가 화이다.[40] 봄/여름/가을/겨울의 순환처럼 뚜렷하게 이질적인 것으로의 이동을 변으로 파악한 반면, 그러한 변 속에서의 점차적인 강화나 쇠퇴를 화로 파악하였다.[41] 즉 변이 큰 사이클에서의 변화라고 한다면 화는 더 정밀한 부분에서의 변화이다.[42]

이러한 자연적 변화는 인간의 질적 변화를 설명하기 위한 자연주의적 토대 역할을 한다. 그는 사계절과 밤낮이 변화하듯이 인간이

---

36) 『正蒙』「神化」. "氣有陰陽, 推行有漸爲化"
37) 『正蒙』「太和」. "天地變化, 二端而已"
38) 『易』「繫辭上」. "天尊地卑, 乾坤定矣"
39) 『橫渠易說』「繫辭上」. "所以先言天地, 乾坤易之門戶也"
40) 『正蒙』「天道」. "化而裁之存乎變, 存四時之變, 則周歲之化可裁, 存晝夜之變, 則百刻之化可裁"
41) 『橫渠易說』「乾卦」. "變言其著, 化言其漸"
42) 『正蒙』「神化」. "變則化, 由粗入精也"

태어나서 늙어 죽는 것 역시 자연스러운 것으로 받아들였다.『西銘』에서 “살아서는 해야 할 일을 따르고 죽어서는 (자연의 이치에) 편안하다.”고 한 것이 그러한 사상의 면모를 보여준다. 특히 장재는 말년에 낙양에서 벼슬살이를 그만두고 돌아오는 길에 어느 여관에서 목욕하고 옷을 갈아입고는 죽음을 맞이한다. 이러한 사실을 볼 때 그가 죽음을 자연스러운 현상으로 받아들였음을 알 수 있다.

자연의 상관성이 저절로 변화하는 필연적 물리법칙이라고 한다면 인간의 삶이란 자신의 노력에 의해서 가치론적으로 더 상승할 수 있다.

자연의 상관적 관계에는 태어남/죽음, 더위/추위의 변화가 있다면 인간의 삶에는 유위적 노력을 통하여 존재의 심오함에 접근하는 길이 열려 있다. 예를 들어 어린애가 그리는 사람의 얼굴은 투박한 형태를 만드는 데 불과하지만 피카소와 같은 화가가 그릴 경우 그림에서 비애와 기쁨을 느끼게 하는 정신적 깊이가 있다. 마찬가지로 인간의 수양이란 존재의 정신적 깊이에 진입하는 과정의 연속이라고 할 수 있다. 인간은 수양의 과정을 통하여 감각적 욕구의 내면에 존재하는 정신적 의미를 체험하는 것이다. 감각적 욕구의 측면에서 본다면 인간은 배고플 때 식욕을 충족하려고 하지만, 이러한 식욕의 충족과정에서도 기아와 가난에 허덕이는 이웃을 위해서 자신의 빵을 건넬 수 있는 것은 마음에 내재하는 동정심이 있기 때문이다.

그렇다면 자연의 법칙과 인간의 수양은 구체적으로 어떤 관계일까? 장재의 기획은 자연 운동과 인간적 가치를 통일하는데서 완성된다. 인간이 추구하는 당위성이 궁극적으로 자연 운동과 일치해야 한다고 봄으로써 가치 세계와 물리 세계의 거대한 통합을 이끌어내려고 한다.[43] 장재는 자연이 변화하듯이 인간도 수양을 통하여 더 가치

---

43) 오늘날의 관점에서 본다면 인간의 수양이 물리적 세계와 통합된다는 것은 무모한 전제이다. 장재의 천인합일론과 같은 거대기획은 분과과학과

있는 존재로 변화해야 한다고 논증한다. 수양을 통한 인간의 변화는 궁극적으로 천지자연의 변화와 합치할 때 최상의 경지에 도달하는 것이다. 이러한 경향은 자연 운동과 인간의 수양을 합일하려는 천인합일의 한 표현이다. 일찍이 공자가 시냇가에서 흐르는 물을 보면서 '흘러가는 것이 이와 같구나'[44]라고 음미하였던 것처럼 장재 역시 세계를 변화하는 과정으로 파악하면서 '변화(變化)', '신화(神化)', '조화(造化)', '기화(氣化)' 등의 개념을 통하여 자연 세계와 인간의 삶을 설명하려고 하였다. 자연과 인간을 변화라는 하나의 범주에 통일하려는 사상적 경향은 『正蒙』과 『橫渠易說』을 비롯하여 전 분야에 걸쳐서 나타난다.

장재의 자연과 인간의 합일에 근거한 수양론을 『易』 건괘(乾卦)에 대한 해석에서부터 정리할 수 있다. 『易』에 심취하였던 장재는 「繫辭」 등에 나오는 용어를 사용하여 변화에서 가치를 이끌어 낸다. 먼저 장재는 변화의 시점을 하늘에서 찾는다. 즉 건괘(乾卦)에서 64괘가 발휘되어 나왔다고 해석한다.[45] 만물의 시작점을 건(乾)이라는 힘에 집중함으로써 우주론적으로 다양한 변화의 구심점을 구축하였다. 장재는 건괘와 64괘의 관계를 통하여 현상의 다양성과 통일성을 동시에 고려하였다. 건의 힘을 근본으로 하여 시작된 자연의 운동은 64괘와 384효를 통하여 다양한 변화를 보인다.

인간의 가치를 다루는 인문사회과학이 세밀하게 나누어지지 않았을 때의 가설로 취급되어야 마땅하다. 장재는 자연과 인간을 하나의 전체로서 아우르는 거대담론을 『易』에서 발견하였으며 거기에서 인간의 가치를 연역해내려고 시도한다. 오늘날에도 『易』에 심취한 많은 사람들이 우주의 원리를 『易』에서 도출해내려고 하지만, 그러한 거대기획은 적실한 증거에 의한 논증을 제시하지 못하고 있다. 천인합일이라는 거대담론은 현대가 처한 구체적 문제들을 해결하기 위한 세부적 담론으로 그 규모가 조정될 필요가 있다.

44) 『論語』 「子罕」. "子在川上曰, 逝者如斯夫, 不舍晝夜"

45) 『橫渠易說』 「乾卦」. "乾發揮偏被於六十四卦, 各使成象"

64괘와 384효에서 볼 수 있듯이 자연은 전체의 모습을 한꺼번에 보여주지 않고 항상 부분의 모습만을 드러낸다. 장재가 때(時)를 강조하였던 이유도 자연의 구체적 모습은 언제나 전체 변화 중의 한 부분일 수밖에 없다고 보았기 때문이다. 우주의 구심적 힘인 건이 변화하여 어느 부분으로 드러나면 여섯 효는 각기 그 때에 맞추어 자신에게 주어진 본분을 다해야 한다. 괘에 있는 여섯 효가 때에 따라 자기 처지에 마땅한 하나의 도리를 취하는 것은 모든 효마다 주어진 때가 다르기 때문이다.[46] 이와 같이 '때를 좇는 것(趨時)', '때를 따르는 것(隨時)' 등은 전체에서의 부분을 중시하는 안분(安分) 사상과 적절히 결합하고 있다. 주어진 부분과 역할에 충실하고 만족하는 데서 자연의 전체 변화와 균형을 이룰 수 있다.

장재는 먼저 건괘의 구이(九二)에서 변화의 개념을 설명한다. 연못에 잠기어 개인적 수양을 하던 초구(初九)의 용이 구이(九二)에 와서는 밖으로 드러나면서 변화된 모습을 보인다. 잠기어 있을 때는 자기를 수양하는 과정이므로 다른 사람에게 감화를 주지 못했으나 구이(九二)에서는 감화력을 갖는다.[47] 도덕적 수양이 자기 수양을 중시하지만 그 과정에서 감화력을 동반한다. 또한 건괘에서 구이(九二)와 구오(九五)가 내괘(內卦)와 외괘(外卦)의 가운데서 바른 자리를 얻고 있다. 내괘가 인간의 일을 상징하고 외괘가 자연의 일을 상징한다고 해석하기 때문에 건괘의 구이(九二)는 임금의 덕(君德)을 나타내고 구오(九五)는 하늘의 덕(天德)을 나타낸다.[48]

---

46) 『橫渠易說』「乾卦」. "天道變化趨時者, 六爻各隨時自正其性命, 謂六位隨時正性命各有一道理, 蓋爲時各不同"

47) 『正蒙』「大易」. "化, 龍德而見者也. 若潛而未見, 則爲己而已, 未暇及人者也"

48) 『橫渠易說』「乾卦」. "成性則躋聖而位天德. 乾九二正位於內卦之中, 有君德矣, 而非上治也. 九五言上治者, 通言乎天之德, 聖人之性, 故舍曰君, 而謂之天"

특히 구오(九五)의 단계는 대인(大人)이 성스러운 경지로 변화하는 부분인데, 장재는 이렇게 기술하고 있다.

> 대인(大人)이 자신의 본성을 이루면 성인으로 변화한다. 여기에서 변화한다는 것은 완전히 하늘의 덕에 합치하는 것이다. 성인은 하늘과 같으므로 사다리를 이용하여 도달할 수 없다. 성인의 가르침은 본디 자신의 본성에 따라 변화하면서 남을 꾸짖지 않는다. 대인이라면 배워서 이를 수 있다. 하늘의 덕에 자리하는 것은 신(神)이고, 신은 곧 하늘이다. 그러므로 신은 사람에게서 생겨난 것이라고 말할 수 없다.[49)]

대인의 단계까지는 사람과 자연을 구분할 수 있지만 성인에서부터는 더 이상 양자의 경계를 구분할 수 없다. 장재는 맹자의 선(善) → 믿음(信) → 아름다움(美) → 큼(大) → 성스러움(聖) → 신(神)으로의 여섯 가지 변화를 인간의 자연화 방향에서 읽고 있다. 인간에게 기질적 욕구와 함께 주어진 정신적 선의지를 현실에 확대 · 심화하는 유위적 과정을 거쳐서 입신(入神)의 경지에 오르면 기질적 욕구와 선의지의 실현 사이에 아무런 갈등이 없는 일치를 이루게 된다. 입신의 경지에서는 최초에 주어진 정신적 계시가 거동 하나하나에까지 구현되어 있기에 안연은 공자에 대해 '우러러보면 더욱 높고 뚫어보면 더욱 견고하고 앞에서 보이더니 홀연히 뒤에 있다.'[50)]고 감탄하였다. 신(神)의 경지란 인간적 가치가 상관적 자연의 변화에 온전하게 일치되었음을 뜻한다.

성인에 이르기 위한 수양의 과정은 일시에 깨쳐지는 것이 아니라 현재에 주어진 시점을 통하여 부분적으로 진행될 수밖에 없다. 괘에

49) 『橫渠易說』「乾卦」. "大人成性則聖也化, 化則純是天德也. 聖猶天也, 故不可階而升. 聖人之教, 未嘗以性化責人, 若大人則學可至也. 位天德則神, 神則天也, 故不可以神屬人而言"

50) 『論語』「子罕」. "顏淵喟然歎曰, 仰之彌高, 鑽之彌堅, 瞻之在前, 忽焉在後"

서 보면 한 괘에 여러 효(爻)가 존재하듯 사태는 언제나 어느 한 부분씩 드러나므로, 인간은 진행되고 있는 천지의 시점을 잘 파악하여 변화를 추구해야만 올바른 예의(禮義)를 지킬 수 있다.[51] 건괘에서 본다면 이효(二爻)는 화평한 때이므로 한곳에 머물러도 좋지만 삼효(三爻)와 사효(四爻)는 위급하고 어려운 때이므로 더욱 엄중하고 강하게 대처해야 한다. 구오(九五)에 이르러서야 '성인극치처(聖人極致處)'이므로 때를 말하지 않을 수 있다.[52] 대인에서 성인으로의 변화는 순수한 자연스러움으로 비약하는 과정이므로 양자 사이에는 저절로 말로 할 수 없는 한 마디의 차이가 있다.[53]

이와 같이 장재가 근거한 전제에 의하면 천지는 항상 조화를 향해서 진행한다. 만약 인간의 마음이 본성을 저버리고 감각적 욕심만을 품고서 자연의 변화에 참여하지 못하고 고착된다면 이것은 일종의 병리이다.

> 요즘 사람들은 자기가 강하고 옳다고 하면서(自强自是) 자기와 같으면 좋아하고 자기와 다르면 싫어한다. 이러하다면 고필의아(固必意我)가 있어서 허(虛)에 말미암을 수 없다.[54]

> 이루려는 마음(成心)을 잊은 뒤라야 도(道)에 나아갈 수 있나니, 변화해야 이루려는 마음이 사라진다. 이루려는 마음이란 의(意)를 가리킨다. 이루려는 마음이 없는 자는 시중(時中)할 따름이다.[55]

---

51) 장재에게는 예의(禮義)조차도 궁극적으로 자연의 변화 과정과 긴밀히 연관되고 있음을 볼 수 있다. 『橫渠易說』「乾卦」. "非窮變化之神以時措之宜, 則或陷於非禮之禮, 非義之義"

52) 『橫渠易說』「乾卦」. "二之時平和, 見龍在田者, 則是可止之處也. 時舍, 時止也, 以時之和平, 故利見不至於有害. 三四則皆時爲危難, 又重剛, 又不中, 至九五則是聖人極致處, 不論時也"

53) 『橫渠易說』「乾卦」. "大人與聖人自是一節妙處"

54) 『經學理窟』「義理」 272쪽. "今人自强自是, 樂己之同, 惡己之異, 便是有固必意我, 無由得虛"

55) 『正蒙』「大心」. "成心忘然後可與進於道, 化則無成心矣. 成心者, 意之謂

스스로 강하다고 여기거나 스스로 옳다고 여기면서 자기와 같은 것만을 좋아하고 자기와 다른 것을 싫어하면 이기적 고착에 빠져서 중정을 잃고 만다. 마음은 언제나 개인의 소유가 아니라 외부 대상에 감응할 수 있을 만큼 개방되어 있어야 정상적인 것이다. 고필의아(固必意我)와 이루려는 마음(成心)을 없애고 허(虛)와 시중(時中)에 말미암을 때라야 이기적 자아를 넘어서 천지(天地)와 혼연한 일체가 된다.

천지의 변화에 순응하지 못하게 하는 가장 큰 요인으로 마음에 자리한 고필의아를 꼽고 있다. 고필의아란 개체의 이기성에 의해서 천인합일의 거대기획을 해치는 방해자이다.

> 고(固)가 없는 자는 뒤쳐져 변화하지 않고, 필(必)이 없는 자는 미리 변화하지 않는다. 네 가지(固必意我)가 없는 자는 마음이 허(虛)하다. 허란 선(善)에 머무는 근본이다. 만약 실(實)하다면 선(善)을 받아들일 수 없다.[56]

> 의(意)가 없다는 것은 상심(常心)이 없음이다. 상심이 없다는 것은 의지하는 바가 없음이다.[57]

고필의아가 없다는 것은 곧 상심(常心)이 없음이고, 이는 곧 심허(心虛)와 같다. 고필의아의 상태란 기질적 욕구를 충족하기 위하여 욕구의 대상을 소유하려는 의식의 집중을 말한다. 장재는 기질적 욕구에 따라 대상을 소유하려는 의식을 공취지성(攻取之性)이라고 불

與. 無成心者, 時中而已矣"

56) 『張子語錄』「語錄上」. "毋固者不變於後, 毋必者不變於前. 毋四者則心虛, 虛者 止善之本也, 若實則無由納善矣" 또한 『正蒙』「中正」편에도 意必固我에 대한 설명이 있다. "意, 有思也. 必, 有待也. 固, 不化也. 我, 有方也. 四者有一焉, 則與天地爲不相似. 天理一貫, 則無意必固我之鑿. 意必固我, 一物存焉, 非誠也. 四者盡去, 則直養而無害矣"

57) 『正蒙』「語錄中」. "無意, 毋常心也, 無常心, 無所倚也"

렀다. 고필의아와 같이 인간의 마음이 감각적 소유로 가득차게 될 때 본성으로서의 천지지성은 숨 쉴 공간을 잃고 만다. 그러한 연유로 공취(攻取)를 고집하는 성심(成心)과 상심(常心)을 거두고 마음을 허(虛)의 상태에 두어야 본성이 발로할 수 있다. 즉 마음을 허허롭고 확연(廓然)하게 한다면 본성이 저절로 실현되면서 자연의 순리(順理)를 받아들일 수 있다. 심허(心虛)를 통해서 본성이 자유롭게 활동한다면 인간 정신은 대상과 감응하여 서로 통할(感而通) 수 있다. 그러한 자연스러운 감응의 중심에 신(神)이 있다. 신은 고요히 움직이지 않지만 모든 변화의 감응에 조용히 회통한다. 이와 같이 장재는 인간의 삶을 내적인 정신과 대상의 조화로운 감응으로 보는 데 충실하였다. 정신에 발로한 본성으로서의 선(善)의지를 음기/양기의 현상세계에 구현할 때 아름다움으로 충만하게 된다.

> 바랄만 한 것(可欲)을 선(善)이라 하니, 인(仁)에 뜻을 둔다면 악(惡)이 없을 것이다. 마음에서부터 선에 진실한 것이 신(信)이다. 안에 가득 차서 밖으로 드러나는 것이 미(美)이다. (그 미가) 천지에 가득 찬 것이 대(大)이다. 크면서 자신의 본성을 이룰 수 있으면 성(聖)이다. 천지와 함께 변화하면서 음양(陰陽)의 헤아릴 수 없는 것이 신(神)이다.[58]

이와 같이 수양은 어떠한 규범을 지키면서 한 자리에 머물기보다 더 심원한 경지를 향하여 계속해서 발전해야 한다. 발전과 성숙에서 질적 고양이 이루어진다는 점에서 수양이란 더욱 생생하게 활물이 되어가는 과정이다. 선(善) → 신(信) → 미(美) → 대(大) → 성(聖) → 신(神)으로의 변화과정을 통해서 점차 체득의 경지가 깊어지고 넓어진다. 하나의 선을 발휘하여 결국에는 내부와 외부의 간극이 사라지는 성과 신의 경지에 도달한다.

---

58) 『正蒙』「中正」. "可欲之謂善, 志仁則無惡也. 誠善於心之謂信, 充內形外之謂美, 塞乎天地之謂大, 大能成性之謂聖, 天地同流陰陽不測之謂神"

지금까지의 논의를 종합한다면 수양의 과정은 무위에서 시작하여 유위(有爲)를 거쳐 무위(無爲)로 나아가는 것이다. 수양이 도달하는 최고의 경지는 무위자연(無爲自然)의 경지임에 틀림없지만, 그것은 유위적 노력을 통해서 감통(感通)의 경지에 통달하는 획득으로서의 무위이다. 그렇게 볼 때 장재의 자연(自然)은 주어진 것이면서도 실현해야 할 것이다. 기질지성과 천지지성은 인간에게 애초에 주어진 무위자연의 상태이지만, 양자 사이에서 선(善)의지를 선택하여 실현하는 과정에서는 유위적 과정이 동반된다. 무위자연은 유위적 과정을 거쳐서만 이를 수 있는 경지이다. 장재가 말하는 무위의 경지는 인간의 선택의지를 통한 자유자재한 구현으로서의 무위를 뜻한다.

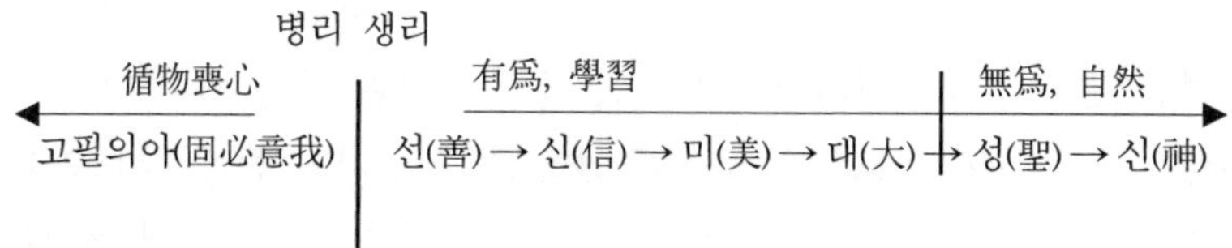

〈그림 7〉 수양의 생리와 병리

이 그림에서 세 가지를 지적할 수 있다. 첫째, 수양의 병리와 수양의 생리는 양자택일적 선택의 관계라는 것이다. 병리에서 생리로 넘어가기 위해서는 병리적 현상을 버려야만 한다. 둘째, 수양의 목표로서 무위를 추구한다는 점이다. 이 때의 무위는 선천적으로 주어진 대로 방기하고서 아무것도 하지 않기보다 정신에 계시된 선을 구현하는 공능의 무위자연이다. 마치 피아니스트가 유위적 연습을 통하여 피아노와 일체가 되어 득음(得音)하는 경지와 같이, 성인은 마음에 발로한 선을 자유롭게 구현하는 득도(得道)의 경지에 도달한다. 셋째, 유위적 수양에서 무위적 구현에 이르는 과정이 연속적이라는 점이다. 유위와 무위는 대립적으로 선택되는 반대관계이기보다 구현으로서의 무위는 유위의 과정을 거쳐서만 획득되는 경지이다.

비록 장재가 도가의 핵심어인 '무위'와 '자연'이라는 말을 사용했지만 그 실제 내용은 서로 다르다. 우선 장재는 도가와 다르게 유위를 부정하지 않았다. 오히려 수양의 가장 많은 부분은 유위와 학습으로 이루어져 있다. 또한 도가에서는 유위－무위의 관계가 대척적이지만 장재에게는 상보적임을 알 수 있다. 장재는 수양론적 변화 구도를 통해서 유위와 무위를 적극적으로 통일하고 있다. 따라서 유위의 노력이 없다면 결코 무위자연의 경지 즉 신의 경지는 열리지 않을 것이다.

장재 수양론에서 입신(入神)의 경지는 '신화(神化)'라는 개념과 관련된다. 입신의 경지는 형이상자적 측면에서는 자연스러운 정신의 구현이고, 형이하자적 측면에서 보면 상관적 기 운동에 조화롭게 순응하는 포괄적 경지이다. '신화'는 입신에 이르는 것을 의미하며 그 개념은 『正蒙』에 별도의 편을 만들었을 정도로 기의 존재론과 수양론에서 중요한 기능을 한다. 형이하자의 음기/양기 운동에서 볼 때 신(神)은 천지를 가득 채우고 있는 정밀한 물질이면서 운동을 추동하는 원천이다.[59] 신의 운동은 아주 미세한 곳에서부터 시작되므로 헤아릴 수 없다.[60] 이러한 신의 운동은 모든 변화의 근본적 동력이다. 신의 운동은 인위적 가공이 개입하지 않았기 때문에 자연성에서 유래한 동력(天德)이다. 자연스러운 신의 동력에 의해서 추동되는 변화는 자연성에서 유래한 운동(天道)이다. 장재는 자연스러운 신의 동력을 본체로 여기고 그에 따라 생겨나는 변화를 쓰임으로 여기는 체용론을 전개한다.[61] 이러한 의미에서 본다면 신화는 기 운동의 발생과

59) 『正蒙』「神化」. "虛明照鑒, 神之明也. 無遠近幽深, 利用出入, 神之充塞無間也"

60) 『正蒙』「神化」. "神爲不測"

61) 『正蒙』「神化」. "神天德, 化天道, 德其體, 道其用, 一於氣而已"

과정을 모두 감싸는 포괄적 개념이다. 예를 들어 북을 두드리거나 춤을 추는 것처럼 세계는 신에 의해서 움직이고 있다.62)

신의 운동이 아무리 신묘한 것일지라도 현상적 변화 과정을 통해서 자신의 모습을 드러낸다. 즉 신화의 현상적 형태는 '변화(變化)'이다. 변화에 적응하지 못하면 신화에 접근하지 못한다. 그러면 변화는 무엇을 통해 인간에게 이해될 수 있을까?

> 하늘의 변화는 기(氣)에서 움직이고 사람의 변화는 하늘의 때(時)를 따른다. 기와 때가 아니면 어찌 변화라는 이름이 가능하겠는가? 또한 변화가 어떻게 발생할 수 있겠는가? (중략) 이른바 기라는 것은 눈에 보일 만큼 응결되지 않았을 때도 그 존재를 알 수 있다. 강건함/유순함, 움직임/멈춤, 호연(浩然)/담연(湛然)이라는 상태가 다 이름으로 부를 수 있는 모습(象)이다. 그렇다면 모습이 기가 아니면 어떻게 모습이라고 가리킬 수 있겠는가? 하늘의 때가 모습이 아니면 어떻게 하늘의 때라고 가리킬 수 있겠는가?63)

기 운동은 때때로 무형이지만 모습을 통해서 그 변화를 인식할 수 있다. 호연(浩然)은 쭈그러들지 않고 넓게 펴져 있는 모습이고 담연(湛然)은 탁하지 않고 맑은 것을 형용한 말이다.64) 자연의 구체적 변화는 기의 운동에서부터 발생한다. 따라서 자연의 변화하는 모습을 기(氣) → 상(象) → 때(時)의 순서로 설명하고 있다. 기의 변화를 알리는 모습과 때에 따라 인간은 자신이 어떻게 처신해야 하는 지를 자

---

62) 『正蒙』「神化」. "天下之動, 神鼓之也, 辭不鼓舞則不足以盡神"

63) 『正蒙』「神化」. "天之化也運諸氣, 人之化也順夫時. 非氣非時, 則化之名何有? 化之實何施? (중략) 所謂氣也者, 非待其蒸鬱凝聚, 接於目而後知之. 苟健順動止, 浩然湛然之得言, 皆可名之象爾. 然則象若非氣, 指何爲象? 時若非象, 指何爲時?"

64) 호연이라는 말은 『孟子』의 호연지기(浩然之氣)에서 널리 알려진 용어이며 담연(湛然)이라는 용어는 이후의 성리학의 기 개념에서 중요하게 사용되었다. 이러한 용어는 대기의 청탁과 같은 자연현상을 표현하는 데 사용되었다.

각할 수 있다.

그렇다면 신(神)과 변화(變化)의 관계를 어떻게 설정할 수 있을까? 이미 수양의 구도에서 보았듯이 신과 변화의 관계는 수양론의 패러다임으로서 한 조를 이루고 있다. 다음의 인용문은 수양의 생리와 수양의 병리의 기준을 분명하게 명시하고 있다.

> '나'라고 하는 것을 없애야만 자기를 바르게 할 수 있다. 신(神)을 보존해야만 외부 사물에 적절히 감응할 수 있다. 천지의 변화를 범위(範圍)하여 지나치지 않아야 한다. 만약 지나치면 공허함에 빠지게 되어 신을 보존할 수 없고 변화를 알 수 없다. 외부 대상을 만나도 한쪽으로 휩쓸리지 아니하므로 원신(圓神)은 의지하지 않는다. 사람들이 일상생활의 과정에서 저도 모르는 사이에 한쪽으로 휩쓸리게 된다.[65]

인간은 '나(我)'라고 하는 것과 '신(神)'이라고 하는 것이 서로 갈등을 일으킬 수 있다. '나'라는 개념은 나와 대상을 분리하는 것이고, '신'이라는 개념은 나와 대상이 적절히 감응하는 상태이다. 따라서 '나'는 수양론의 병리를 뜻하고, '신'은 수양론의 생리를 뜻한다. 대상과 적절히 조화를 이루게 하는 느낌으로서의 신은 인간에게 원래 부여되어 있다. 신에 의해서 계시되는 형이상자적 이념을 보존하고 실현할 때 주체는 음기/양기의 상관적 감응에서 조화를 획득할 수 있다.

수양의 병리는 '나'를 앞세움으로써 '신'이 격리되어 대상과 감응할 수 없는 반면, 정상적 생리에서 '나'는 '신'을 매개로 대상과 감응한다. '신'을 보존하여 외부 대상과 감응할 경우에는 어느 한쪽으로 휩쓸리지 않는다. '신'의 특성이 여러 사물을 두루하여(圓) 조화로운 감응을 일으키는 동력이기 때문이다. 만약 '신'이 탈리된다면 주체는

---

65) 『正蒙』「神化」. "無我然後, 得正己之盡, 存神然後妙應物之感. 範圍天地之化而不過, 過則溺於空淪於靜, 既不能存夫神, 又不能知夫化矣. 旁行不流, 圓神不倚也. 百姓日用而不知, 溺於流也"

대상을 자기의 것으로서 소유하려고 할 것이다. 신의 탈리는 대상에 대한 존중심이 사라지고 오로지 자신의 감각적 욕구를 고집하는 고필의아의 의식을 낳을 뿐이다. 이 점에서 장재의 무아(無我)란 주체가 자신을 대상에서 격리하여 우월시하는 것을 부정한다. 공자가 말한 '자기를 이기는 것(克己)'이 바로 장재의 '무아'와 동일한 의미이다. 그러나 이미 보았듯이 무아의 경지는 처음에는 온전하지 않지만 유위의 노력을 통하여 조금씩 성숙하는 것이다.

장재의 '신' 관념에 따른다면 하나의 주체는 끊임없이 다른 대상과 조화 상태에 있어야 한다. 모든 존재는 다른 대상과의 감응을 통하여 교차적으로 정의되며 '신'이 이러한 기능을 매개한다. 자연은 '신'의 작용을 통하여 주체를 타자와의 관계에서 조화로운 상태에 도달하도록 자극한다. 장재가 추구하는 성인의 경지가 비록 어려운 경지라고 할지라도 그것은 세계를 벗어나는 데 있지 않고 어떻게 하면 세계와 잘 반응할 것인지에 있다. 자기 초탈을 추구하는 은둔의 경향을 보이기보다는 철저히 사회적 적응에서 자연성을 찾았다.

변화의 과정을 거쳐서 대인이나 성인의 경지에 오른 사람은 천지와 일체를 이룬다.

> 대인(大人)은 천지와 그 덕(德)을 합하고, 해와 달에 그 밝음을 합하고, 사계절에 그 순서를 합하고, 귀신(鬼神)에게 그 길흉을 합한다. 이와 같아야 온전하게 천지와 일체(一體)가 될 수 있다.[66]

이 구절은 원래 『易』 건괘(乾卦)에 등장하는 말로 장재가 『易』의 자연주의적 성격을 계승하고 있음을 적실하게 보여준다. 천지, 일월, 사계절, 귀신과의 합덕(合德)은 무아의 경지에까지 나아갈 것을 요구한다. 무아의 경지는 자연에 합치하지 않는 독단적 자아를 극복하고

---

66) 『橫渠易說』「乾卦」. "大人者, 與天地合其德, 與日月合其明, 與四時合其序, 與鬼神合其吉凶, 如此則是全與天地一體"

타자와의 자연스러운 반응체계를 회복하는 것을 의미한다.

성인의 경지가 대인의 경지와 다른 이유는 행위의 자연스러움에 있다. 양자가 추구하는 방향은 같지만 그 자연스러운 정도에서 다르다. 대인의 경지가 심화되면 성인의 자연스러운 경지에 오른다. 성인의 경지는 의식적인 자기 규정 없이 순수하게 다른 대상과 완벽한 '조리(條理)'를 형성한다. 그러한 성인의 지식은 혼자서 소유하는 지식이 아니라 잘 감응하는 지식이다. 큰 종이 가만히 있을 때는 아무런 소리가 없다가 누군가 두드리면 소리를 내듯이 성인의 지식은 감응에 따라서 발생하는 자연스러운 것이다.[67] 그러한 감응은 채소의 싹이 제 때 내리는 비에 따라 성장하는 것처럼 구하는 자와 베푸는 자 사이에 거리가 없다.[68]

인간이 수양하여 질적으로 정련되는 가장 좋은 예는 공자이다. 장재는 공자의 젊었을 때부터 칠십 세가 될 때까지의 과정을 일련의 도덕적 수양의 변화 과정으로 해석하였다. 『論語』에 보면 공자는 "열다섯 살에 배움에 뜻을 두고, 서른 살에 자기의 뜻을 세우고, 마흔 살에 의혹되지 않고, 쉰 살에 천명을 알고, 예순 살에 귀에 거슬림이 없고, 일흔 살에 마음이 바라는 대로 하여도 법도에서 어긋남이 없었다."[69] 공자는 항상 새로운 것을 익히고 살피는 일에 다른 사람과 달랐기 때문에 열다섯 살부터 일흔 살까지 계속 자기 변화를 행할 수 있었다.[70] 공자의 어렸을 때부터의 계속적인 변화 과정은 서른 살에 예(禮)에 맞추어 가는 노력이 시작되어 마침내 일흔 살이 되었

---

67) 『正蒙』「中正」. "洪鐘未嘗有聲, 由扣乃有聲. 聖人未嘗有知, 由問乃有知"

68) 『正蒙』「中正」. "有如時雨之化者, 當其可, 乘其間而施之, 不待彼有求有爲而後教之也"

69) 『論語』「爲政」. "吾十有五而志于學, 三十而立, 四十而不惑, 五十而知天命, 六十而耳順, 七十而從心所慾不踰矩"

70) 『正蒙』「三十」. "仲尼學行, 習察異於他人, 故自十五至於七十, 化而裁之, 其進德之盛者與"

을 때 천지의 변화에 자연스럽게 일치하는 경지에 도달하였다.[71] 장재는 공자처럼 기질의 과불급을 조정하여 하늘이 부여한 천지지성을 자유스럽고 익숙하게 실현하는 경지에 오르고자 하였다.

제2절 수양의 조목

장재의 수양론에서 천지지성에 통일 혹은 돌아감의 과정은 기질을 바르게 변화시키는 과정과 일치한다. 장재는 인숙(仁熟), 의리(義利), 예악(禮樂), 문질(文質), 독서(讀書) 등의 조목을 통하여 지고한 가치인 천지지성을 현실화하려고 하였다. 장재는 하늘이 부여한 본성은 유위적 노력의 과정을 통해서만 적절하게 실현될 수 있다고 믿었기 때문에, 기질을 단련하고 마음을 함양하는 여러 가지 기술을 제시한다.

1. 인숙(仁熟)

장재의 철학이 천인합일을 전제하고 있음을 감안할 때 궁극적으로 수양의 지향점은 신(神)의 감응을 통하여 천지 혹은 우주의 운동에 합치하는 것이다. 인간이 사회나 우주와 조화될 수 있도록 하는 것은 존재 심층의 내재적 본성이며, 본성의 핵심은 인(仁)이다. 장재는 자기에게 내재된 인에 근거하여 가정, 사회, 우주에까지 친화적으로 공감하여 합일하려고 한다. 먼저 그의 기 철학은 이제 인의 보편

---

71) 『正蒙』「三十」. "三十器於禮, 非强立之謂也. 四十精義致用, 時措而不疑. 五十窮理盡性, 至天之命, 然不可自謂之至, 故曰知. 六十盡人物之性, 聲入心通. 七十與天同德, 不思不勉, 從容中道"

성을 공표하기에 이른다.

> 하늘이 만물을 포괄하여 버리지 않음은 인(仁)이 일을 포괄하여 어디에나 존재하지 않음이 없는 것과 같다.72)

인이라는 것은 하늘이 준 것이므로 가장 보편적인 가치이며 인을 매개로 타자와 공감한다. 장재는 자연의 운동이 그치지 않듯이 인간이 끊임 없이 행해야할 중요한 공적 가치가 인이라고 생각한다.

공자가 효를 인의 근본이라고 하였듯이 장재 역시 인과 효의 유대적 특성을 강조한다. 효가 가정을 조화롭게 하듯이 인이 사회를 조화롭게 한다. 따라서 인과 효가 가족 내외에 적용하는 개념적 구분이 가능하지만, 존재들을 공동적 유대감으로 통일시킨다는 측면에서는 동일하다. 또한 유가의 가족주의적 경향은 효를 주요한 덕목으로 취급하지만, 그럼에도 불구하고 사상사적으로는 효가 인의 덕목에 포괄되고 있다. 장재도 효와 인의 동질성에 근거하면서 인의 쉼 없는 실천을 강조한다.

> 인자와 효자가 하늘을 섬기고 자신을 진실하게 하는 것은 인과 효를 그치지 않는 것일 따름이다. 그러므로 군자는 진실함을 귀하게 여긴다.73)

인간이 자연에서 부여받은 지고의 가치는 부모－자식 사이의 혈연적 유대감과 이웃과 백성을 아끼는 사회적 유대감이다. 부모는 천지와 건곤(乾坤)과 같은 우주론적 개념에 등치되고, 그러한 구도에 따라 인륜의 도리는 자연의 도리와 연속적인 것으로 파악된다. 가족

---

72) 『正蒙』「天道」. “天體物不遺, 猶仁體事無不在也”

73) 『正蒙』「誠明」. “仁人孝子所以事天誠身, 不過不已於仁孝而已. 故君子誠之爲貴”

적 유대감이야말로 인간과 타자의 합일적 경지를 달성케하는 가장 중요한 원천인 셈이다.[74)]

장재의 인(仁)이란 존재들 사이의 유대를 강화시킨다는 측면에서 소유를 통해서가 아니라 실천을 통해서 획득된다. 즉 인(仁)의 실천이 사람들 사이의 간주관적 가치를 활성화한다. 인이란 정상적인 가족관계와 인간관계에서 상호적 친근감을 실천하고, 비정상적인 홀아비, 과부, 고아, 자식 없는 부모 등과 같이 유대적 통로가 끊어진 사람들에 대해서 동정함으로써 삶의 의미를 고양시킨다. 이와 같이 인은 존재들 사이의 친근감이라는 점에서 간주관적 가치이며, 서로에 대한 존경이나 감화와 함께 발생한다.

> 인(仁)은 두텁게 감화하는 것을 깊이로 삼으니, 감화가 행해지면 드러난다.[75)]

여기에서 감화라는 개념은 매우 미학적인 개념이다. 감화라는 것은 인간의 무력이나 지능으로써 발생시킬 수 없는 사람들 사이에서 발생하는 마술적인 감염과 비슷하다. 장재의 표현을 빌자면 감화라는 것은 익숙함(熟)을 뜻한다.

> '신(神)을 궁구하여 화(化)를 안다.'는 것은, 곧 덕(德)의 성대함과 인(仁)의 익숙함에 의해서 이르는 것이요, 지력(智力)으로 강제할 수 있는 것이 아니다.[76)]

인은 이미 간주관적 존재성을 말하는 것이므로 늘 익숙하게 실천하고 있으면 저절로 그 감화력이 커진다. 장재에 따른다면 인간은

---

74) 장재의 가족주의적 사상경향에 대해서는 이 글의 사회철학 부분을 참조할 것.

75) 『正蒙』「神化」. "仁以敦化爲深, 化行則顯"

76) 『正蒙』「神化」. "窮神知化, 乃德盛仁熟之致, 非智力能强也"

인을 실천하기 위해 특별한 방안을 사려하기보다 본성적으로 주어진 인을 그저 가동하면 될 뿐이다. 즉 없는 가치의 창조가 아니라 이미 내재한 가치의 활성화일 뿐이다.

> 큰 것은 의식적으로 할 수 있지만, 크면서 감화시키는 것은 의식적으로 할 수 없는 것으로 단지 익숙함(熟)에 달려 있다. 대인(大人)의 일은 노력해서 도달할 수 있지만 감화(化)는 공력을 더할 수 없다. 만일 공력을 더하면 조장(助長)의 어리석음을 범하게 된다. (감화의) 요점은 인(仁)에 익숙해지는 것에 있을 뿐이다.[77]

공자와 같이 마음이 완전히 인에 익숙해져야 혼자서 조장하는 우를 범하지 않고 인간적인 자연스러움을 획득한다. 인의 가치는 모든 사람의 본성에 가동 중에 있으며, 인의 실천이 서투냐 익숙하냐의 차이가 있을 뿐이다. 따라서 인의 수양은 과일이 익듯이 음식이 익듯이 익히는 과정이다. 성리학에서 '함영(涵泳)'이라는 말이 일반화되어있듯이 장재의 '인숙(仁熟)' 역시 자연스럽게 실천이 될 만큼 인이 개인의 행위에 푹 무젖어있는 것을 뜻한다.

인에 익숙해지는 과정으로서 예(禮)를 들 수 있다. 예는 엄격한 격식이기도 하지만, 그 본질은 인의 실현과 관련된다.[78] 따라서 사람 사이의 예절은 형식 자체에 목적이 있는 것이 아니라 인간적인 격조를 높이는 도구로서 사용된다. 장재 철학에서 예란 인을 지향한다는

---

77) 『橫渠易說』「乾卦」. "嘗謂大可爲也, 大而化不可爲也, 在熟而已. 蓋大人之事, 修而可至, 化則不可加功, 加功則是助長也, 要在乎仁熟而已"

78) 뚜 웨이밍에 의하면 인과 예는 창조적 긴장 관계에 있으며, 그 궁극적 목표는 인의 실현에 있다. 예는 인이 어떻게 현실화되는지 그 과정을 드러내는 차별화의 원리이다. 즉 예란 인을 외부 세계로 드러내기 위한 창과 같다. 그러나 인이 없는 예는 자각적인 개선을 불가능하게 만들며, 진실한 인간의 정서를 파괴하는 사회적 강압으로 퇴락하기 쉽다(뚜 웨이밍, 정용환 번역, 1999, 「인과 예의 창조적 긴장」 『뚜 웨이밍의 유학강의』, 청계, 125～142쪽).

점에서 인간적인 친근감을 표현하는 적절한 기술로서 이해할 수 있다.

> 예의(禮儀)가 삼백 가지고 위의(威儀)가 삼천 가지이지만, 어느 하나라도 인(仁)이 아닌 것이 없다.[79]

인은 가장 본질적인 가치이므로 예절을 행할 때에도 거기에 내재한다. 어느 것 하나라도 인이 없다면 가장 중요한 가치를 상실한 셈이다. 따라서 예는 인을 담는 그릇과 같은 것으로, 인을 활성화하는 가장 유력한 수단이다. 인이 없는 예는 공허한 형식에 불과하며, 인 역시 예를 동반하지 못한다면 적절하게 실현될 방도를 잃는다. 인의 내재적 가치는 예의 형식적 도구와 결합함으로써 이상적으로 현실화된다.

장재 철학에서 인(仁)의 활성화는 신(神) 개념과도 밀접한 관련이 있다. 인간은 신에 의해서 타자와 감응하므로 '이곳에서 진실하면(誠) 저곳에서 감동하게 된다.'[80] '이곳의 진실'과 '저곳의 감동'은 이미 주체와 타자의 사회적 교류를 전제하고 있다. 자연과 인간은 이미 동일한 이치에 포괄적으로 합일되어 있으므로 인간의 본성 역시 개별적으로 독립할 수 없다. 인간의 욕구조차 자연의 질서에 순응해야만 참된 욕구이다. 이렇게 본다면 장재의 기 철학에서 내재된 본성적 욕구는 이미 사회적 교류를 넘어 우주와의 교류에까지 연결되어 있다.

신묘한 감응은 아주 작은 것에서 시작하여 전체적 공감에 이른다. 하나(一)에 대한 신중은 많음(多)에 대한 신중과 관련되어 있고, 작은 것(小)은 큰 것(大)과 유기적으로 관련되어 있다. 그러므로 아주 작은 하나의 일에서부터 터득하여 전체적 통합의 유기적 신묘함에까지 이른다.

---

79) 『正蒙』 「天道」. "禮儀三百, 威儀三千, 無一物而非仁也"
80) 『正蒙』 「天道」. "誠於此, 動於彼, 神之道與!"

하나의 작은 것에서 문채를 이루면 나머지 좋은 것들이 함께 드러난다. 하나를 밝혀서 나머지가 더불어 드러나면 의(義)를 실천할 수 있을 것이다. 자신에게 진실하여 의(義)를 실천하면 그 능력을 여러 사태에 통용할 수 있다. 여러 사태에 통변(通變)할 수 있으면 두루 신묘하여(圓神) 막힘이 없다.[81]

통변(通變)과 원신(圓神)이란 주체와 대상 사이에 괴리가 없는 자연스러운 감응을 의미한다. 굽힘/폄의 정해진 이치에 따라 감응하면 이롭지만 타자와 공존하는 이치를 어기고 자신의 이득만을 취할 경우에는 흉스러움을 벗어날 수 없다.[82] 편파적 이기심을 추구하여 상호 공존의 이치를 잃게 되는 것은 개인이 스스로 초래한 것이지 결코 자연의 이치가 허락한 것은 아니다.[83] 자연에는 결코 사사로운 편파와 자만이 없다.

하늘은 말하지 않아도 믿을 수 있고, 신(神)은 성내지 않아도 위엄스럽다. 진실하므로 믿을 수 있고, 삿되지 않으므로 위엄스럽다.[84]

인간의 덕성은 거짓되지 않고 자만하지 않는다. 거짓과 자만에 빠진 사람은 자신의 본성을 아직 모른다.[85]

자연 운동의 가장 큰 특징은 사사롭지 않다는 데 있으며, 인간 역시 자연의 일부이므로 개인의 사사로운 이기심을 버리고 자연의 이치에 참여함으로써 통일적 공감을 획득할 수 있다. 어떠한 경우이든 개인을 유기적 통일성에서 떼어내면 하늘의 진실을 얻지 못한다. 인

81) 『正蒙』「中正」. "一曲致文, 則餘善兼照. 明能兼照, 則必將徙義. 誠能徙義, 則德自通變. 能通其變, 則圓神無滯"

82) 『正蒙』「誠明」. "屈信相感而利生, 感以誠也. 情僞相感而利害生, 雜以僞也. 至誠則順理而利, 僞則不循理而害. 順性命之理, 則所謂吉凶, 莫非正也. 逆理則凶爲自取, 吉其險幸也"

83) 『正蒙』「誠明」. "順性命之理, 則得性命之正, 滅理窮欲, 人爲之招也"

84) 『正蒙』「天道」. "天不言而信, 神不怒而威. 誠故信, 無私故威"

85) 『正蒙』「誠明」. "性之德也未嘗僞且慢, 故知不免乎僞慢者, 未嘗知其性也"

간의 본성을 실현하는 과정은 이기심에 근거한 것이 아니라 공적인 이치 즉 자연의 도리에 합치하는 것이기 때문이다. 유가의 이념형이라고 할 수 있는 군자(君子)는 자신의 이기성에 갇히지 않고 공적 이치에 순응하여 정성껏 실천하는 사람이다.[86] 군자는 대상의 정서를 고려하였기 때문에 사회적 차원으로 확대된 자아를 확보한다. 자신과 교제 중인 대상의 정서를 고려하지 않으면서 자신의 이득만 계탁하는 것은 망령되거나 어리석은 것이자 존재의 공동존재성을 해치는 짓이다.[87]

인의 실천이 신묘한 경지에 이르면 공동존재적 감화가 자연스럽게 발생한다. 유가의 인(仁)이란 존재의 공동존재성에 근거하며, 경지가 지극해지면 신묘해진다. 장재는 인 개념을 필두로 인간의 공동존재적 친근감을 일반화하였으며, 인에 익숙해지는 것이야말로 인간의 본성을 함양할 때 장 우선적인 항목이라고 생각하였다. 장재가 유가적 입장을 확고히 취한 이상 그의 기 철학적 수양론은 인의 일반화로 귀결될 수밖에 없었다.

2. 의리(義利)

<의(義)>[88]

공자 이래로 유가는 공히 의(義)를 중시하였다. 『論語』에 보면 "이

---

86) 『正蒙』「大易」. "惟君子爲能與時消息, 順性命躬天德而誠行之也"

87) 『正蒙』「中正」. "無所感而起, 妄也, 感而通, 誠也. 計度而知, 昏也, 不思而得, 素也"

88) 『經學理窟』에는 의리(義理)에 대하여 독립된 하나의 편을 두어 논의하고 있다. 이 편에서는 평상시 생활에서 의리를 잃지 않고 유지하는 방법들이 소개되어 있다. 장재는 육경(六經)과 같은 유가 경전을 독서하거나 붕우와 학문적 토론을 하면서 마음에서 의리에 대한 열망을 놓지 않았다. 그러한 열정은 이념에 그치지 않고 그의 학문 과정에서 여실하게 느

득이 생기면 의를 생각한다."[89]고 하였는데 이 구절에서 사용된 의 개념은 소득의 정당성과 관련된다. "거친 음식에 물을 마시면서 끼니를 때우고, 팔꿈치를 굽혀 베고 자더라도 즐거움이 거기에 있다. 의가 아니면 부귀는 뜬구름 같다."[90]는 공자의 말도 부당한 소득을 나무라는 것이다. 또한 "군자는 의에 밝고 소인은 이득에 밝다."[91]고 한 것도 소득에 앞서 정의를 전제하느냐 그렇지 않느냐에 따라서 군자와 소인을 구별한 것이다. 이와 같이 『論語』에서 사용된 의(義) 개념은 사람과 사람 사이에서 성립하는 당위적 정당성이 소득에 우선하는 것임을 천명한다. 이런 종류의 논증은 이득에 반하여 의 개념을 정립한다.

그러나 장재는 의(義)를 부당한 이득에 대비한 공적 정당성 개념에 국한하지 않고 자연의 영역에까지 포괄적으로 확대한다.[92] 장재의

길 수 있다. 장재는 당시에 이정(二程)과 쌍벽을 이루며 수많은 제자를 가르쳤던 유명한 교육자였으며, 그는 교육자로서 단순히 지식을 전달하는데 그치지 않고 교육을 자기수양의 방편으로 삼았다. 교육의 장은 다른 사람과의 가르침을 주고받는 관계이지만 그 속에서 교육자와 피교육자가 함께 자연스럽게 의리를 양성할 수 있었다. 장재는 다른 사람을 교육할 때 교육자에게 네 가지 이로운 점이 있다고 지적하였다. 첫째 자신을 단단히 붙잡아 도리에서 벗어나지 않게 하는 것이고, 둘째 다른 사람에게 여러 차례 가르침으로써 자신 역시 문장의 의미를 명료하게 하는 것이고, 셋째 가르칠 때 반드시 의관(衣冠)을 바로 하고 거동을 신중히 하는 것이고, 넷째 자신의 가르침으로 인하여 다른 사람의 재주를 헛되이 파괴하지 않을까 근심하기 때문에 감히 게으를 수 없는 것이다. 『經學理窟』「義理」. "常人教小童, 亦可取益. 絆己不出入, 一益也. 授人數次, 己亦了此文義, 二益也. 對之必正衣冠尊瞻視, 三益也. 嘗以因己而壞人之才爲之憂, 則不敢惰, 四益也"

89) 『論語』「憲問」. "見利思義." 「陽貨」. "見得思義."

90) 『論語』「述而」. "飯疏食飲水, 曲肱而枕之, 樂亦在其中矣. 不義而富且貴, 於我如浮雲"

91) 『論語』「里人」. "君子喩於義, 小人喩於利"

92) 장재의 이로움(利)은 기본적으로 의(義)와 배치되지 않고 긍정적인 의미

의는 공적 지평에 따라 마음을 평정케 하는 것이자 자연의 조리(條理)에 순응하는 것으로 확대된다. 즉 의란 마음속의 천리(天理)를 보존함으로써 마음의 평정을 얻는 것이자, 천지의 조리와 기미를 파악하여 자신의 분수를 실현하는 것이다. 종합하여 볼 때 장재의 의란 인간의 내재적 가치와 외재적 조리의 일치이다. 마음에 내재하는 의리를 궁구해나가면 결국에는 외재적 조리와 일치하는 내외합일의 경지에 이른다. 장재의 의 개념은 본성－조리의 일치, 안－밖의 합일, 인도－천도의 통일이라는 구도 속에서 성립한다. 의를 수양하는 과정은 본성, 안, 인도의 계열에서 시작하여 성인의 경지에 도달하면 조리, 밖, 천도와 합일하는 경지에 이른다. 따라서 장재의 의는 내재적 본성 수양에서 시작하여 외재적 조리와의 합일에 이르는 과정의 순서로 설명하는 것이 수월하다.

'옳음' 혹은 '정의'와 관련된 의의 출발점은 마음이다. 장재의 인이 자연스러운 내재적 본성이었듯이 의도 자연스러움에 연원한다. 의가 마음에 기초하지 않는다면 의를 행하는 근거를 상실하고 만다. 형벌이나 법규와 같은 외재적 강제장치에 의한 정의 개념은 의의 내재성을 모르는 처사이다. 그러한 측면에서 장재는 고자의 외재적 의를 비판하였던 맹자의 내재론을 계승한다. 따라서 마음의 역할이 외부의 기교보다 중요하다. 그는 진정한 의미의 생성이 마음의 참여로부터 가능하다고 판단한다.

> 비록 어떤 사람이 공력을 들였더라도 배우는 데 이르지 않았다면 마음에서 잊어서는 안 된다. 일을 할 때 마음에서 잊지 않아야 참되게 행하여 도리에 맞게 된다. 만일 마음에서 잊는다면 평생 공을 들여 일을 하더라도 속된 것에 지나지 않는다.[93]

로 사용된다. 도리에 따라서 순리대로 진행되는 과정을 이로움이라고 부른다. 이로움에 관해서는 의에 대한 논의에 이어서 설명될 것이다.

93) 『經學理窟』「義理」. "人雖有功, 不及於學, 心亦不宜忘. 心苟不忘, 則雖

학문은 마음의 깨우침을 귀중히 하기에, 옛 것만을 지키는 것은 효력이 없다.[94)]

장재가 애써 노력하는 사이에도 마음을 귀중히 여기는 것은 수양의 주체를 중시하기 때문이다. 장재의 마음은 거울과 같이 단순히 대상을 비추는 모사체가 아니라 새로움을 받아들이는 감수성과 새로운 것을 생성하는 창조성이 있다. 따라서 수양에서 마음의 열정이 빠져있다면 그것은 구태의 지루한 반복에 지나지 않을 것이다. 장재의 '마음의 깨우침'이라는 말은 매우 함축적이다. 장재는 옛 모범을 반복하여 배우더라도 거기에는 늘 주관의 열정이 있어야 한다고 생각한다. 즉 학문을 통하여 기질을 변화하는 것은 주물을 하듯 어떤 질료를 다른 형식으로 찍어내는 것이 아니라 마음의 감수성을 통하여 주체가 성숙하는 것을 말한다. 장재가 추구하는 성인의 학문도 이미 지나간 옛 것을 소재로 하고 있지만, 마음으로서 열중한다면 이미 옛 것이 아니라 새로운 것으로 살아난다.

진리의 추구가 마음의 내재적 본체에 근거하였다면 거기에는 기질의 담금질도 함께 동반되어야 한다. 장재는 본체의 회복과 기질의 단련을 진리 추구의 양 날개로 본다. 기질의 수양이란 잡박한 욕망을 비우는 해체적 과정이다. 흔히 기질의 변화라고 하면 몸의 습관을 강제적으로 틀에 얽어매는 박절한 고행으로 생각할 수 있으나, 장재가 뜻하는 기질의 변화는 산란한 마음을 비우는 것과 관련된다.

학자는 반드시 먼저 기질을 변화해야 한다. 기질의 변화는 마음을 비우는 것(虛心)과 표리 관계에 있다.[95)]

귀와 눈이 밖에서 부림을 당하여 밖의 일만을 잡고 있는 자는, 실제

接人事卽是實行, 莫非道也. 心若忘之, 則終身由之, 只是俗事"

94)『經學理窟』「義理」. "學貴心悟, 守舊無功"

95)『經學理窟』「義理」. "學者先須變化氣質, 變化氣質與虛心相表裏"

로는 스스로 게을러서 자신을 다스리려 하지 않으면서 단지 (일의) 장단점을 말할 뿐, (자신의 본성을) 돌이켜서 궁구할 수 없는 자이다.[96]

기질을 정련하는 고된 수양의 과정은 본성이 자유롭게 활성화되도록 환경을 조성하기 위한 것이다. 기질 변화에 지나쳐서 주체를 옥죄는 것은 수양의 바른 도리가 아니다. 장재에 의하면 마음은 본래 지극히 신령한 것[97]이기 때문에, 기질을 수양한다는 이유를 들어 가식과 억지로서 억압한다면 수양의 본래 목적을 이룰 수 없다. 장재 수양론의 요체는 마음의 활성화에 있기 때문이다. 그러한 의미에서 기질의 수양은 마음을 넓히는 과정이다. 마음이란 새싹이나 불씨와 같으므로 좁게 제한하지 말고 넓게 키워 나가야 진리에 가까워진다.

좁은 마음으로는 좁은 일만을 추구할 수 있을 뿐이요, 넓은 일을 이루기 위해서는 마땅히 넓은 (마음으로) 구해서, 만사를 두루 알고 천하를 구제해야 한다.[98]

그러나 마음 넓히기만으로는 유가적 기획이라고 할 수 없다. 왜냐하면 좋지 않은 욕구에까지 마음 넓기를 확대할 수는 없기 때문이다. 그래서 장재는 마음 넓히기에 조건을 동반한다. 즉 장재의 마음 넓히기는 천리를 확대하는 과정으로 이해해야 한다. 기질에서 발생하는 감각적 욕구는 몸에 제한되지만 인간의 본성은 천리에 부응하는 넓은 것이다. 장재는 기질의 수양을 통해서 몸의 욕구에 제한되려는 의식을 해체하고, 마음 넓히기를 통하여 본성에 활력을 주려고 하

---

96) 『經學理窟』「義理」. "耳目役於外, 攬外事者, 其實是自惰, 不肯自治, 只言長短, 不能反窮者也"

97) 『經學理窟』「義理」. "蓋心本至神"

98) 『經學理窟』「義理」. "以有限之心, 止可求有限之事. 欲以致博大之事, 則當以博大求之, 知周乎萬物而道濟天下也"

였다. 장재는 당시의 세태가 생생한 천리(天理)를 멸하고 감각적 인욕(人欲)을 추구한다고 개탄하면서 다시 천리 회복해야 한다고 주장하였다.

> 요즘 사람들은 천리(天理)를 멸하고 인욕(人欲)을 궁구하고 있으니, 이제 다시 천리로 돌아가야 하리라. 옛 학자들이 천리를 세웠지만, 공자와 맹자 이후에 그 마음이 전해지지 않아서 순자(荀子)와 양웅(揚雄)은 그 마음을 알 수 없었다.[99)]

장재는 천리를 마음에서 찾고 있으며, 공자와 맹자는 마음의 그러한 기능을 키워 나가 자득(自得)의 경지에 도달한 인물로서 파악하고 있다. 그렇게 본다면 천리를 밝히는 데는 마음만큼 중요한 자원은 없을 것이다.

나아가 장재는 천리를 정당화하는 과정에서 조리로서의 의(義)를, 즉 어떻게 의가 음기/양기의 자연 운동에까지 편재하고 있는 지를 설파한다. 장재의 의는 인간의 마음에 근거하지만, 또한 모든 사물에 적용되는 보편성을 갖는다. 장재는 본성에 주어진 의가 자연의 상관적 구조에서 현상한다고 생각하였다. 스크린 위에 영상이 현상되듯이 인간의 몸에는 본성이 깃들어 있고, 기의 물리적 운동에는 의가 현상한다. 의를 사물의 영역에 깃들이는 장재의 작업은 자연의 의리(義理)화라고 할 수 있다. 장재는 의 개념을 공자처럼 사회적 정의 차원으로서만 다루지 않고 자연의 영역에까지 그 원천을 확대한다. 또한 의 개념의 자연으로의 확대는 내재적 의리의 추구와 정합성을 유지하기 위하여 내외합일의 구도를 취하였다.

장재는 불가의 공(空)과 도가의 무(無)를 부정하면서 자신의 자연주의적 기 철학 안에 유가의 의 개념을 일반화하려고 한다.

---

99) 『經學理窟』「義理」. “今之人滅天理而窮人欲, 今復反歸其天理. 古之學者, 便立天理, 孔孟而後, 其心不傳, 如荀揚皆不能知”

> 어지럽게 섞여 떠다니는 기(氣)가 합하여 개체를 이루면 여러 가지 서로 다른 사람과 사물을 낳는다. 기에 있는 음/양의 양단(兩端)이 순환하여 그치지 않음으로써 천지의 대의(大義)를 세운다.[100)]

장재는 기 운동에 내재하는 음기/양기의 두 가지 순환에 의해서 우주에 질서가 생겨나고 이것이 바로 의라고 생각하였다. 자연의 변화에 따라 인간이 마땅히 해야 할 일이 주어진다. 자연에 존재하는 귀신(鬼神), 왕래(往來), 굴신(屈伸)의 역학 관계에 따라서 인간에게 주어진 몫을 다 해야 한다. 유가의 이념인 성인의 경지는 음양이나 귀신과 같은 자연의 운동을 이해하는 것과 상통한다. 그러나 불가는 음/양의 상관적 대의를 모르고 편향되고 말았다. 불가는 사람이 삶과 내세를 왕래하면서 윤회한다고 보았으니 이것은 인간에게 주어진 의(義)와 명(命)을 모르는 처사이다.

> 큰 학문은 마땅히 먼저 하늘의 덕을 알아야 하니, 하늘의 덕을 알면 성인을 알고 귀/신을 알게 된다. 지금 불교 학설의 요체에 의하면, 사람은 반드시 죽고 태어나며 윤회하므로 도를 얻지 못하면 윤회를 면치 못한다는 것이다. 그런 것을 일러 도를 깨쳤다고 해서야 되겠는가? 깨달음에는 의(義)와 명(命)이 있어서, 삶과 죽음을 같이하고, 하늘과 사람을 하나로 하니, 오직 낮과 밤을 알고, 음기와 양기에 관통하여 그것을 체득하여 둘로 하지 않는다.[101)]

삶과 죽음은 음기/양기라는 일정한 조건 속에서 일어나는 결과이므로, 그러한 자연의 상관적 변화에 순응해야 한다.

의는 시중 관념과 결합된다. 움직여야 할 때 움직이고 멈추어야

---

100) 『正蒙』「太和」. 游氣紛擾, 合而成質者, 生人物之萬殊. 其陰陽兩端循環不已者, 立天地之大義.

101) 『正蒙』「乾稱」. "大學當先知天德, 知天德則知聖人知鬼神. 今浮屠極論要歸, 必謂死生轉流, 非得道不免, 謂之悟道可乎? 悟則有義有命, 均死生, 一天人, 惟知晝夜, 通陰陽, 體之不二"

할 때 멈추는 시중이야말로 의이다. 변화하는 때의 적실성에 합치해야만 사물들이 안정을 찾아 혼란스럽지 않게 서로의 관계를 강화할 수 있다.

> 움직임과 멈춤에 때를 잃지 않은 것이 의(義)의 지극함이다. 의가 지극하면 광명(光明)이 드러나니, 오직 때에 맞는 사물이라야 미리 안정하여 허물이 없다.102)

인간은 우주 안에서 아주 조그만 하나의 존재에 지나지 않지만 아무리 조그만 것이라도 무늬와 격식을 통해서 음기/양기의 관련성을 따라 시의적절하게 전체와 결합되어 있다.

> 조그만 일을 달성할 때 도리에 어긋나지 않으면 덕(德)이 일정한 중심을 형성한다. 중심이 모양을 갖추고 정성이 일정하면 무늬와 격식(文節)이 드러난다. 하나의 조그만 것이라도 무늬와 격식을 이루면 나머지 좋은 것이 더불어 빛난다. 그렇게 되면 의(義)를 실천할 수 있다. 진실로 의를 실천할 수 있으면 덕이 저절로 변화에 통한다.103)

자연의 모습은 조리를 통해 아주 작은 것이라도 전체와 연결되어 있다. 의라는 개념도 조그만 부분이 전체 속에서 자신의 위치와 당위성을 자각하는 것이다. 따라서 시중을 지킨다면 전체/부분의 관계에서 부분의 역할을 알고 분수에 만족할 줄 안다.

그렇다면 어떻게 인간의 내재적 가치가 자연의 물리적 조리와 합일될 수 있을까? 장재가 제시하는 논리는 위에서 언급하였던 역할의 배분이다. 자연 전체가 작은 부분들에게 조리에 따라 적절한 역할을

---

102) 『正蒙』「至當」. "動靜不失其時, 義之極也. 義極則光明著見, 唯其時物, 前定而不疚"

103) 『正蒙』「中正」. "致曲不貳, 則德有定體. 體象誠定, 則文節著見. 一曲致文, 則餘善兼照. 明能兼照, 則必將徙義. 誠能徙義, 則德自通變"

부여하듯이, 인간 사회에도 전체적 구도에 따라서 개인에게 주어진 자연스러운 분수가 있다는 것이다. 인간 사회에 존재하는 그러한 분수는 유가에서 오륜(五倫)이라고 부르는 부모－자식, 임금－신하, 남편－부인, 어른－젊은이, 친구－친구의 관계이다. 이러한 역할 분담이 인간 사회를 구조적으로 지탱하는 중요한 벼리라고 생각하였다.[104] 오륜의 조리를 얻어야 사회에서 자신에게 부연된 의미를 바르게 실현할 수 있다. 전체의 조리적 측면에서 볼 때 의란 자신의 역할을 충실히 수행함으로써 전체의 질서에 합치해 가는 과정이다.[105]

상관적 구조에서 기미(幾)는 의를 밝히는 중요한 나침반 역할을 한다. 기미는 굴신왕래(屈伸往來)하며 이치의 시초가 드러나는 곳이기 때문에 자연의 조리를 해석하는 첫 단계라고 할 수 있다. 기미는 행위 주체가 인위적으로 의도하는 것도 아니고 주체와 상관없는 객관적 대상의 단순한 전개도 아니다. 기미는 주체와 객체의 동시적 상호작용에 의해서 어떤 의미가 생성되어 나오는 것을 의미한다. 병아리가 달걀 속에서 나오려고 할 때 어미 닭이 부리로 껍질을 치는 순간과 같다. 주객의 관계에서 "기미를 잘 알아야 의가 밝아진다."[106]란 영원불변의 실체가 아니라 변화하는 각각의 시점에서 구체적으로 드러나는 조건적인 것이므로 기미가 중요하다. 어떤 사태가 진행되기 위해서 또는 어떤 사태를 잘 달성하기 위해서 기미는 자연스러운 기회와도 같으므로 소홀히 할 수 없다. 기미는 통일된 전체가 개체들 사이에 보내는 첫 번째 자연스러운 신호 혹은 의미라고 해석될 수 있다. 따라서 어떠한 일이든 기미에서부터 미리 도모해야만 전체와의 합일을 달성할 수 있다.

---

104) 『正蒙』「至當」. "天下達道五, 其生民之大經乎! 經正則道前定, 事豫立"
105) 『正蒙』「至當」. "有父子君臣上下, 然後禮義有所錯"
106) 『正蒙』「神化」. "見幾則義明"

> 장차 쓰임(用)을 이루고자 한다면 기미(幾)를 느슨하게 해서는 안 되고, 덕에 나아가려 한다면 의(義)를 실천하는 데 정밀해야 한다.[107]

> 일을 미리 하면 확립되니 반드시 가르침을 먼저 해야 한다. 훌륭한 가르침을 다하려면 반드시 의(義)를 정밀히 하여 연마해야 한다. 의를 정밀히 하여 신(神)에 들어간 뒤라야 세우면 이에 서고, 움직이면 이에 화답한다.[108]

기미에서부터 주어진 의미를 정밀히 해야만 주체에게 필요한 것을 확립하고 다른 대상과 조화를 이룰 수 있다. 변화를 숭상한다면 움직임마다 때의 의미를 정밀히 궁구해야 한다.[109] 기미를 통해서 전체적 대의와 관련된 대체적인 윤곽에 접근한다. 이와 같이 기미란 통일된 조리를 알리는 전령사와 같다.

기미는 장재의 철학에서 우주의 조화에 닿아 있다. 내외합일의 첫머리가 기미이다. 장재는 내재적 본성과 외재적 사명이 일치한다고 생각하였으며,[110] 기미를 통해서 그러한 일치의 뜻이 알려진다. 본성과 사명의 일치는 내재적 본성이 곧 외재적 조리와 합일한다는 뜻이다. 장재의 그러한 일치는 『易』의 건괘 단전을 계승한 것이다.

> 크게 끝과 처음을 밝혔다. 여섯 효의 자리가 때에 맞게 이루어지고, 때에 맞게 여섯 용을 타고서 하늘을 거느렸다. 건도(乾道)의 변화는 각각 성(性)과 명(命)을 바르게 하였다. 이것은 큰 조화(太和)를 보호하고 거기에 합치하는 것으로 이롭고 바르다.[111]

---

107) 『正蒙』「至當」. "將致用者, 幾不可緩. 思進德者, 徙義必精"

108) 『正蒙』「中正」. "事豫則立, 必有敎以先之. 盡敎之善, 必精義以硏之. 精義入神, 然後立斯立, 動斯和矣"

109) 『正蒙』「大易」. "尙變則動必精義"

110) 『正蒙』「太和」. "性命通一無二"

111) 『易』「乾卦/彖傳」. "大明終始, 六位時成, 時乘六龍以御天. 乾道變化, 各正性命, 保合太和, 乃利貞"

건괘(乾卦)는 변화하는 순서에 따라 처음부터 끝까지 온전하게 조화를 이루었다. 장재가 말하는 큰 조화(太和)의 의미 역시 이 구절에서 온 것으로 변화의 의미를 적절히 구현하고 있다. 건괘에 나오는 초구(初九)의 잠룡(潛龍)에서 구육(九六)의 항룡(亢龍)까지가 자연의 변화하는 운동을 가장 잘 실현한 것이다. 초구(初九) 잠룡(潛龍)의 덕은 공자의 제자였던 안회의 수양에 해당하는 것으로 이러한 과정을 거쳐야만 계속해서 다음 단계로 변화해 갈 수 있다. 변화하는 전체의 과정 중에서 시작점부터 자리를 잡아야 차근차근 질을 향상시킬 수 있다.

장재의 의란 처음부터 끝까지 전체의 조리를 다하여 큰 조화를 이루어 내는데 있다. 『역』의 괘처럼 또는 오케스트라의 교향곡처럼 시작에서 끝까지의 과정이 통일된 조화를 달성한다. 이러한 수양의 과정은 『孟子』에 나오는 '집대성(集大成)'에 대한 조목을 계승하였다.

> 모아서 크게 이룬다는 것(集大成)은 쇠로 된 악기 소리가 나면 옥으로 된 악기 소리를 울리는 것이다. 쇠 소리는 조리(條理)를 시작하는 것이고, 옥 소리는 조리를 끝내는 것이다. 조리를 시작하는 것은 지혜로운 자의 일이고, 조리를 끝내는 것은 성인의 일이다.[112]

여기에서 조리는 맥락(脈絡)을 의미하는 것으로[113] 어떤 일이 질서를 가지면서 조화를 이루는 것이다. 장재는 『孟子』의 이 구절을 계승하였기 때문에[114] 의란 조리의 맥락을 알아서 순리에 맞게 일을 진행하는 것이라고 해석하였다. 『孟子』가 말하는 '집대성'을 이루기 위해서는 '일의 시작점－쇠 소리－지혜'라는 한 계열과 함께 '일의

---

112) 『孟子』「萬章下」. "孔子之謂集大成. 集大成也者, 金聲而玉振之也. 金聲也者, 始條理也, 玉振之也者, 終條理也. 始條理者, 智之事也, 終條理者, 聖之事也"

113) 朱熹, 『孟子集注』「萬章下」. "條理, 猶言脈絡"

114) 『正蒙』「大易」. "孟子所謂始終條理, 集大成於聖智者與!"

완성－옥 소리－성인'이라는 또 다른 계열이 뒤따라야 한다. 조리란 처음 부분과 완성 부분이 분리할 수 없을 만큼 내재적으로 연결되어 있으면서도 서로 다른 차이를 지니고 있음이다. 의가 기미로 드러나는 지점은 집대성의 처음인 쇠 소리에 등치될 수 있다. 먼저 기미를 잘 파악하여 일을 시작하는 것은 지자에 해당하고, 마침내 유가의 끝을 잘 마무리하여 완성에 도달하는 것은 성인에 해당한다.

기미에서 시작하여 완성으로 향하는 변화는 갑자기 달성되는 것이 아니라 꾸준한 노력의 과정 뒤에 이룩된다. 처음의 기미에서부터 확실하게 배워야 완성을 도모할 수 있다. 처음 부분을 배우지 않으면서 다음으로 넘어가려는 자는 변화를 논의할 자격이 없다.

> 학문이 아직 이루어지지 않았으면서도 변화만을 이야기하려는 자는 반드시 (학문의) 끝을 아는 데 근심이 있다. 대개 변화는 가볍게 의논할 수 있는 것이 아니다.115)

장재는 조리의 처음 부분에서부터 확실히 하지 않고서는 그 끝을 기약할 수 없다고 말한다. 장재는 『易』, 『孟子』, 『論語』 등에서 기미(幾)에 관한 학설을 계승하면서, 천지에서 제공한 전체 조리(條理)의 처음과 끝을 오케스트라의 조화처럼 집대성하려고 하였다. 물론 그러한 조화의 기획에는 본성의 실현도 포함되어 있다. 장재는 기미에서 조리를 시작하여 궁극에는 조리를 완성함으로써 내재적 본성과 외재적 법칙이 합일되는, 가치 세계와 물리 세계의 거대한 통합을 꿈꿨다.

<이(利)>

일반적으로 개인의 욕구 혹은 욕망에 도움을 주는 정도에 따라

---

115) 『經學理窟』 「義理」. "學未至而好語變者, 必知終有患. 蓋變不可輕議"

‘이로움’이라는 개념을 적용한다. 장재 역시 “마음에 기쁜 것이 이로움”[116]이라고 하였으나, 개인에게 국한된 욕망을 넘어서라고 한다는 점에서 차이가 있다. 그는 개인의 영리(榮利)를 잊는 것이야말로 즐거움이라고 말한다.

> 영리(榮利)는 즐거움이 아니며, 영리를 잊는 것이 즐거움이다.[117]

개인의 영리는 전체의 조화를 위해서 조절되고 양보되어야 정당하다. 개인의 행위는 사사로운 의도에 따라 어떤 일을 조작하기보다 전체에 순응하여 부득이(不得已)하게 해야 지혜로운 것이다.[118] “부득이하게 해야 할 것을 하는 경우에는 사람을 죽이는 것도 의로운 것이지만, 마음으로 꾸며서 하는 것은 좋은 결과를 가져올지라도 사사로운 것이다.”[119] 장재가 부득이함을 존중하는 것은 개인의 삶이 전체의 자연에서 영위되어야 한다는 그의 자연주의 사상과 상통한다. 이와 같이 장재의 이로움이란 이기심의 과잉을 극복하고 자연의 조화에 참여함으로써만 얻어진다. 따라서 장재의 이로움 역시 의로움과 마찬가지로 전체의 조화라는 거대 담론에서 이해될 수 있다.

일찍이 공자가 “군자는 의에 밝고 소인은 이로움에 밝다.”[120]고 하여 이로움을 사사로운 것으로 구분하였지만, 이와 달리 장재는 이로움을 긍정적으로 해석한다. 장재는 이로움에 대하여 『易』을 계승함으로써 흉(凶)이나 허물(咎)에 대비되는 실질적 유용성을 뜻하는 것으로 생각하였다.[121] 만약 개인의 자의성에 말미암지 않고 큰 조화

---

116) 『正蒙』「大易」. “說諸心, 利也”
117) 『正蒙』「有德」. “榮利非樂, 忘榮利爲樂”
118) 『正蒙』「中正」. “不得已而後爲, 至於不得爲而止, 斯智矣夫!”
119) 『正蒙』「中正」. “不得已, 當爲而爲之, 雖殺人皆義也. 有心爲之, 雖善皆意也”
120) 『論語』「里仁」. “君子喩於義, 小人喩於利”
121) 예를 들어 『易』 건괘(乾卦)에서는 “利見大人”이라고 함으로써 이로움

에 따르는 이로움이라면 매우 정상적인 것이다.

> 자기를 바르게 하고서 다른 대상을 바르게 하려는 것은 사사로운 의도에 얽매이는 것과 같다. 사사로운 의도로 선(善)을 행하면 (이것은 억지로) 이롭게 한 것(利之)이자 가식이 들어간 것(假之)이다. 사사로운 의도 없이 선을 행하면 (이것은) 본성에 따르는 것(性之)이자 (자연의 이치에) 말미암은 것(由之)이다.122)

장재는 가식적으로 추구하는 이로움을 부정하고, 자연스럽게 발생하는 이로움은 적극적으로 추구한다. 장재는 이로움을 자연의 조화에 참여함으로써 제공되는 이로움으로 파악한다. 이로움에 대한 이러한 해석은 『易』의 전체론을 계승한 그의 유기체적 철학의 당연한 귀결이었다고 추리할 수 있다.

장재가 이로움을 추구하는 방법은 대부분 '길함(吉)'과 '이로움(利)'이라는 개념이 빈번히 등장하는 『易』에서 왔다. 『易』에서 다루는 자연의 변화와 인간의 순응이라는 관점을 그대로 계승하였다. 그가 자주 사용하는 굴신(屈伸), 왕래(往來), 감응(感應)과 같은 개념 등이 『易』의 사상과 일치한다. 장재는 이로움을 해석할 때도 『易』의 상관적 역할에 따른 전체적 조화와 변화 개념을 따른다.

> 여섯 효가 각기 이로움을 다해서 움직이는 것은 각 효마다 음양(陰陽), 강유(剛柔), 인의(仁義), 성명(性命)의 이치를 따르기 때문이다.123)
>
> 때에 따라 이로움을 다하고, 성명(性命)의 이치를 따르고, 삼극(三極)의 도에 이른다. 능히 이것을 따를 수 있으면 흉함과 후회에 빠지지 않으니, 이른바 '변화와 움직임은 이로움으로써 말한다.'는 것을 뜻한다.124)

을 긍정적 측면에서 말한다. 이외에도 『易』에서의 이러한 용례는 흔하다.

122) 『正蒙』「中正」. "正己而正物, 猶不免有意之累也. 有意爲善, 利之也, 假之也. 無意爲善, 性之也, 由之也"

123) 『正蒙』「大易」. "六爻各盡利而動, 所以順陰陽剛柔仁義性命之理也"

장재는 『易』에 나오는 자연의 변화를 중심으로 이로움을 설명함으로써 인간의 욕구가 자연의 운동에 근거해야 한다는 명제를 이끌어 내었다. 장재에 의하면 인간이 천지의 도리에 부응하여 때의 변화를 알고 자신에게 주어진 역할에 따른다면 이로움이 생기고 뉘우침에 빠지지 않는다. 이러한 장재의 사유는 인간이 전체에서 독립할 수 없음을 전제한다. 자연의 운동에 의해서 누릴 수 있는 개체의 이로움은 개체가 전체의 기획 속에서 다른 대상과 상호 작용함으로써 획득된다. 모든 존재의 근거인 기(氣) 자체가 상호작용을 통한 전체의 조화를 지향하므로 기의 상호작용의 과정에는 이로움이 동반된다. 음양(陰陽), 취산(聚散), 굴신(屈伸), 출입(出入) 등 서로 다른 개체들이 섞여서 변화하는 과정은 무질서하지 않고 조화로운 이치가 내재한다.

장재의 기 철학에서 '利'자는 전체의 조화에 따라 '걸림이 없이 잘 진행하는 것'을 의미하기도 한다. 요즈음 우리가 사용하는 '영리하다'는 말도 이러한 맥락에서 파악될 수 있다. 즉 '막힘(滯)'이라는 용어의 반대말인 '걸림 없이 잘 진행한다'는 뜻으로 '이(利)'자를 사용하였다.

> 걸림이 없이 잘 진행하는 것(利)은 신(神)이요 막힌 것은 (형체가 있는) 사물(物)이다. 바람과 우레는 모습이 있어서 마음보다 빠르지 않고, 마음은 견문(見聞)을 제어하지만 본성(性)보다 넓지 못하다.[125]

장재에게 물(物)은 형체가 있는 개체인 반면 신(神)은 전체와 소통하는 역할을 하고 있으며, 이(利)는 그런 신을 묘사하는 말로 사용되

---

124) 『正蒙』「大易」. "以趨時盡利, 順性命之理, 臻三極之道也. 能從之則不陷於凶悔矣. 所謂變動以利言者也"

125) 『正蒙』「誠明」. "利者爲神, 滯者爲物. 風雷有象, 不速於心, 心禦見聞, 不弘於性"

었다. 여기서의 신은 마음과 본성의 신묘함이다. 바람이나 우레가 빠르게 보일지라도 그것에는 인간이 구조화 할 수 있는 패턴(象)이 있지만, 마음과 본성은 그것들보다 더 빨라서 구조화 할 수 있는 어떠한 모습도 없다. 마음과 본성은 걸림이 없으므로 감각기관을 제어할 수 있고, 따라서 인식 범주의 상위자에 속한다.126) 그러나 거꾸로 마음의 기능이 감각적 활동에 제어된다면 자연에서 주어진 본성이 제약되는 폐단에 빠진다. 즉 감각적 활동의 반복에서 생겨난 고착적인 습관이 자연스런 본성의 활력을 고갈하는 것이다. 본성과 마음은 전체의 조화에 부응하여 자연스럽게 진행(利)하는 것이지만, 감각적 활동은 인간의 행위를 개체의 국소성에 정체시킬 수 있다. 따라서 인간은 감각적 욕구에 따르는 고착을 극복하고 걸림이 없이 소통하는 조화로운 본성의 이로움을 얻어야 한다.

걸림이 없는 전체의 조화란 내부와 외부의 합일을 추구한다. 주체의 내부와 외부가 합일되면 이로움이 생성된다. 이러한 안팎의 소통에 의한 이로움은 『易』에 나오는 '정의입신(精義入神)', '이용안신(利用安身)', '궁신지화(窮神知化)'를 계승한 것이다.

> '精義入神'이란 어떤 일을 할 때 자신의 내부를 미리 예감하여 자신의 외부에서 이로움을 구하는 것이고, '利用安身'이란 자신의 외부에서 이로움을 밝혀 자신의 내부를 기르는 것이고, '窮神知化'란 내부의 양성과 외부의 성대함이 저절로 이르는 것으로 억지로 추구하거나 힘쓴다고 될 일이 아니다.127)

---

126) 인식활동에서 마음의 기능이 다른 감각적 인식에 가치론적으로 선행한다는 학설은 유가의 전통이다. 『大學』에서는 "마음이 없으면 보아도 보이지 않고 들어도 들리지 않으며 음식을 먹어도 맛을 모른다."고 하였다. 유가는 감각기관을 통해서 하나의 상이 단순하게 모사된다고 보지 않고 항상 마음의 활동이 감각적 인식을 통일한다고 생각하였다.

127) 『正蒙』「神化」. "精義入神, 事豫吾內, 求利吾外也. 利用安身, 素利吾外, 致養吾內也. 窮神知化, 乃養盛自致, 非思勉之能强"

여기에서 보듯이 장재는 외부와 절연되어 닫혀 있는 내부를 상정하지 않았다. 오히려 주체의 내적인 것은 외적인 것과의 연속에서 기술된다. 인간에게 생기는 이로움 역시 내부와 외부의 조화에서 성립한다.

유가의 내외합일설을 계승하였던 장재는 기본적으로 주체와 대상 사이를 투쟁이나 갈등 관계로 파악하지 않고 서로 화해할 수 있는 보충적 관계로 낙관한다. 세상의 이치는 조화로운 것이며, 인간의 관계도 상호 보충적으로 협동함으로써 이익을 산출할 수 있다.

> 군자는 다투지 않는다. 사물들 사이의 굽혔다 펴는 감응에서 미리 기미를 파악할 따름이다. 의(義)를 정밀히 하여 입신(入神)하는 것은 다투지 않은 경지에서 상호간에 반응하여 이치에 따르는 것으로 이로움이 막대하다. 억지로 추구하거나 생각을 만들어낼 필요가 어디에 있겠는가? 굽히고 펴는 변화를 밝히는 데서 다할 뿐이다.[128]

장재 기 철학의 낙관론은 존재들 간의 상호적 이로움에 기반한다. 주체와 대상 사이의 관계는 A냐 A가 아니냐(either A or not A)와 같은 상호 대척적 관계가 아니라 부모와 자식, 친구와 친구, 남편과 아내 등과 같이 서로 도움을 주고받는 관계이다. "상대가 진취적으로 나올 경우 이쪽에서 굽히고, 상대가 굽히면 이쪽에서 진취적으로 하지 않아도 저절로 앞으로 나아가게 되므로 싸울 필요가 없다."[129] 자기의 옳은 바를 지켜 억지로 다투지 않고, 저절로 나아가게 될 때까지 기다리는 이러한 인내심은 비움(虛)의 자세라고 할 수 있다. 주체는 대상과의 관계에서 자신의 의견을 앞세우기보다 먼저 상대의 의견을 이해해야 한다. 상대의 입장을 먼저 다 받아들이는 포용력과 자

---

128) 『正蒙』「至當」. "君子無所爭, 知幾於屈伸之感而已. 精義入神, 交伸於不爭之地, 順莫甚焉, 利莫大焉. 天下何思何慮, 明屈伸之變, 斯盡之矣"

129) 『正蒙』「至當」. "君子無所爭, 彼伸則我屈, 知也. 彼屈則吾不伸而伸矣, 又何爭!"

기의 비움이 전제되어야 굽혔다 펴는 도리를 다할 수 있고 자기 자신을 신장시킬 수 있기 때문이다.[130] 장재가 주장하는 비움 개념은 자기의 것을 적극적으로 제거한다기보다 상대와의 관계에서 자기의 주장을 억지로 내세우지 않고 상대의 이질적 의견을 배려하는 것으로 해석할 수 있다. 장재가 말하는 비움의 관념은 주체의 독백적 자기 개발의 과정이 아니라 다른 대상과의 굴신왕래(屈伸往來)하는 감응에 기초한다. 즉 자기 자신을 비우고 상대를 배려하면서 자연스러운 굴신왕래에 참여해야만 자신의 진정한 가치를 실현할 수 있다. 이러한 자기 비우기, 타자 배려하기 등은 임시적 처세술이라기보다 전체적 조화를 판단의 기준으로 삼는다. 전체의 기준에서 본다면 굽힘/폄은 양자가 적절히 작용함으로써 전체의 조화를 도출하기 때문이다.

장재의 내부와 외부의 이로운 감응은 궁극에는 하늘을 즐기는 경지에까지 도달한다. 음/양, 굽힘/폄 등의 상관적 운동은 하늘의 조화의 일부이며, 하늘의 조화를 즐긴다는 것은 곧 상관적 운동을 통일하는 것이다.

> 위로 통달하면 하늘을 즐기고, 하늘을 즐기면 원망이 없다. 아래로 배우면 자기를 다스리고, 자기를 다스리면 허물이 없다.[131]
>
> (앞으로) 다가 올 사물을 알지 못하면 사물을 이롭게 할 수 없고, 낮과 밤에 관통하지 않으면 하늘을 즐거워할 수 없다.[132]

성인은 자신을 사사롭게 하지 않고 밤낮의 변화에 합일하여 하늘을 즐긴다. 하늘을 즐기는 경지에 이르면 천지에서 부여한 이치대로 유유자적 조화롭게 살아갈 뿐이다.

---

130) 『正蒙』「至當」. "無不容然後盡屈伸之道, 至虛則無所不伸矣"
131) 『正蒙』「至當」. "上達則樂天, 樂天則不怨. 下學則治己, 治己則無尤"
132) 『正蒙』「至當」. "不知來物, 不足以利用. 不通晝夜, 未足以樂天"

3. 예악(禮樂)

<예(禮)>

장재는 예를 통하여 가정의 조화와 사회의 유기적 통일을 기대하였다. 장재의 예는 통합의 형식이기는 하지만 그 뿌리가 외부적 강제에 연원하지 않고 자연스러운 친화감에서 유래한다는 점에서 유가적이다. 사람이 본래 타자에 대해서 친근감을 가진다는 인(仁)의 정신을 떠난다면 예의 핵심을 잃은 것이다. 장재는 인이라는 친화적 감정에 근거하여 예라는 공동 존재적 형식을 방법론으로서 수용하였다. 인과 더불어 예가 필요한 것은 개체들 간의 다양성 때문이다. 예는 형식과 질서에 의해 다양성들을 통합한다. 예에 의해서 가족의 다양한 구성원들, 사회의 다양한 구성원들, 정치적으로 다양한 신분들이 통합된다. 여러 구성원들은 신분, 계급, 나이, 성별 등 여러 질적 차이에 의래서 다양한 양태를 띠게 되며, 예는 그러한 다양한 차이에 어울리는 실천형식을 제공한다.[133)]

예악이 사회적 위계구조를 유지하는 기능을 하는 것은 틀림없지만 장재가 말하는 예악의 근원은 인위적 제도의 산물이라기보다 자연성에서 유래한다. 예악은 형식적 절차를 통해서 부여된 자연성을 실현하는 것이다. 그래서 인위성보다는 자연성에 근원적 출발점이 있다. 장재의 예악 사상 역시 그 근거를 자연성에서 해석하였다.

예(禮)는 저절로 생겨난 곳(所自生)으로 돌아가는 것이고, 악(樂)은

133) 역사적으로 볼 때 이러한 예 관념은 단순히 유가적 이념 표방에 그치지 않고 실제로 종법제도에 근간한 사회체제를 구성한 적이 있다. 그 대표적인 사례가 조선시대이다. 조선시대는 송대 성리학이 마련해 놓은 종법제도에 근간하여 정치제도, 족보, 토지소유 등이 보편화되었다.

> 저절로 이루어지는 것(所自成)을 즐기는 것이다. 예는 다름을 구별하여 근본을 잊지 아니한 뒤에야 근본을 헤아려 절문(節文)할 수 있다. 악은 같음을 통일하여 자신의 분수를 즐기는 것이다. 하늘이 사물을 낳음에 저절로 분별이 있으므로 인간은 반드시 자신의 자연성을 헤아려야 한다. 그러므로 예는 저절로 생겨난 곳으로 돌아가는 것이라고 말한다. 악에 대해서 말하자면, 자신이 즐거워하는 것을 얻으면 이것이 바로 악이다. 달리 무엇을 기대하겠는가! 그러므로 악은 저절로 이루어지는 것을 즐기는 것이라고 말한다.[134)]

예는 억지로 꾸며서 만든 것이 아니라 저절로 생겨난 것(所自生)이고 악은 저절로 이루어지는 것(所自成)이다. 낳고 이루는 것(生成)이 자연의 본성적 법칙이므로 거기에 근거한 예악 역시 자연성에 근거한다.[135)] 예는 자연성의 계보를 거슬러 올라가 서로 다른 갈래를

---

134) 『經學理窟』「禮樂」. "禮反其所自生, 樂樂其所自成. 禮別異不忘本, 而後能推本爲之節文. 樂統同, 樂于分而已. 禮天生自有分別, 人須推原其自然, 故言反其所自生. 樂則得其所樂卽是樂也, 更何所待! 是樂其所自成"

135) 예를 통한 계보적 차이의 강화와 악을 통한 감성적 동일성의 강화는 모두 인간의 자연성을 조화롭게 양성하는 데 일차적 목적이 있다. 조화, 중용, 조절, 안정, 절도 등의 인위를 통하여 인간의 자연성은 안정된 상태에서 유지될 수 있다. 다음에 인용하는 『禮記』「樂記」의 구절을 보면 자연성에 인위적 가공이 첨가된 것을 확인할 수 있다.

> "상을 당했을 때 최마(衰麻)의 상복을 입고 곡하고 읍하는 것은 상을 다스리는 절도이다. 악을 펼칠 때 종, 북, 방패 등으로 조화와 안정을 유지한다. 혼인할 때 갓과 고깔을 쓰는 것은 남자와 여자를 구별하는 것이다. 활쏘기와 잔치는 접대하는 도리이다. 예로써 민심을 조절하고 악으로써 백성의 소리를 조화롭게 한다."(『禮記』「樂記」. "先王之制禮樂, 人爲之節. 衰麻哭泣, 所以節喪紀也. 鐘鼓干戚, 所以和安樂也. 昏姻冠笄, 所以別男女也. 射鄕食饗, 所以正交接也. 禮節民心, 樂和民聲").

예악은 자연스러운 것임에도 불구하고 인위적 조절을 통해서 중용의 안정을 얻을 수 있다. 이 점에서 예와 악은 자연에서 기원한 것임에도 불구하고 인위의 가미를 통해서만 확보된다.

구별하는 것이고, 악은 자신이 좋아하는 것에 참여하는 것이다. 예를 통하여 차이성을 확인하고, 악을 통하여 동일성을 확대한다. 자연의 법칙은 인간에게 계보의 차이와 감정의 공감을 부여하였다.

보통 예(禮)라고 하면 형식의 강제적 부과로 이해할 수도 있겠으나, 장재의 사상 안에서 예의 기원은 자연에서 유래한다. 어떠한 질서와 규칙이라도 자연에서 부여받은 자발성을 넘어서는 것은 없다. 장재는 예가 자연스러운 것임을 주장하면서 예의 근거를 인간의 본성으로 귀결시킨다.

> 예가 반드시 모두 사람에게서 나오는 것이 아니다. 사람이 없었던 경우에도 천지의 예가 저절로 있었다. 예가 어찌 사람에게서 만들어져 나왔겠는가? 하늘이 사물을 만들 때 존비대소(尊卑大小)의 모습이 있었고, 사람은 그것을 따를 뿐이다. 이것이 예를 행하는 이유이다. 학자들 가운데 예가 사람에게서 나오는 줄로만 알고서 예가 하늘의 자연(自然)에 근본한다는 것을 모르는 경우가 있다. 이렇게 하여 고자(告子)는 의(義)가 본성 밖에 있는 것으로 생각하면서 의의 실천이 안에서 말미암는다는 것을 몰랐다. 마땅히 본성의 안과 밖을 합하는 도(道)라야 옳다.[136]

장재에 의하면 예는 사람의 마음에서 나온 것이고, 자연의 법칙과 갈등하지 않고 합일한다. 인간은 자신의 내재적 본성을 보존해야만 하늘이 부여한 근본적 질서로 돌아갈 수 있다. 즉 예를 행하여 본성을 실현해야만 자연의 질서에서 이탈하지 않을 수 있다.[137] 이와 같이 예의 출발점과 목적점이 자연에서 부여한 본성(性)으로 모아진다.

---

136) 『經學理窟』「禮樂」. “禮不必皆出於人. 至如無人, 天地之禮自然而有, 何假於人? 天之生物, 更有尊卑大小之象, 人順之而已, 此所以爲禮也. 學者有專以禮出於人, 而不知禮本天之自然. 告子專以義爲外, 而不知所以行義由內也, 皆非也. 當合內外之道”

137) 『經學理窟』「禮樂」. “禮所以持性, 蓋本出於性, 持性, 反本也. 凡美成性, 須禮以持之, 能守禮已不畔道矣”

예란 인간의 본성을 현실화하는 유력한 수단이다. 예는 분명 강제적 요소가 존재하지만[138] 그 목적은 본성을 실현함으로써 천지와 합일하는 데 있다.

> 알고 있더라도 예로써 본성을 (구현하지 못하면) 자기의 것이 아니다. 그러므로 예를 알고 본성을 이루면 도의가 나오니, 그것은 마치 천지가 자리를 잡으면 변화가 행해지는 것과 같다.[139]

예는 인간의 내면적 본성을 실현하는 기술적 장치이다. 예는 사회적 강제를 위한 형식이 아니라 주체의 자기실현을 위한 방법이다. 천지가 자리하면 일월성신과 산천초목이 운행하듯이, 사람은 예로써 자리를 갖추고서야 본성을 실현할 수 있다. 장재는 개체들이 예를 통하여 자신의 본성을 실현하는 것과 더불어 세상의 조화를 이끌어 낼 수 있다고 생각하였다.

예의 자연성은 혼란스러운 것이 아니라 질서정연한 것이다. 예는 사람에게만 국한되는 것이 아니라 모든 현상에 적용되는 자연의 보편적 위계 구조이다. 자연에서 생겨난 사물은 선차적인 것과 후차적인 것이 있고, 소대(小大)와 고하(高下)의 질서를 통하여 서로 공존한다. 자연이 제공하는 순서의 차이와 형태의 차이를 안 뒤에야 예를 행할 수 있다.[140] 가족 공동체와 사회 공동체 모두 자연이 제공하는 일정한 위계적 구조를 가진다.

혈연적 유대는 다른 사회적 관계에 선행한다.[141] 혈연관계에서 친

---

138) 『正蒙』「中正」. "强禮然後可與立"

139) 『正蒙』「至當」. "知及之而不以禮性之, 非己有也. 故知禮成性而道義出, 如天地位而易行"

140) 『正蒙』「動物」. "生有先後, 所以爲天序. 小大高下相幷相形焉, 是謂天秩. 天之生物也有序, 物之旣形也有秩. 知序然後經正, 知秩然後禮行"

141) 예를 들어 자연스러운 친함의 정도는 친친지쇄(親親之殺)를 들 수 있다. '친함의 차등에 따라 친하고, 높고 낮음에 따라 사람을 존중하는

밀함의 정도가 같을 경우에는 더 벼슬이 높은 사람을 높이고, 벼슬이 같을 경우에는 혈연관계가 더 가까운 사람을 친해야 한다. 만약 혈연적 위치나 벼슬의 위치가 같을 경우에는 나이로 그 선후를 가린다.[142] 이와 같이 혈연 공동체와 사회 공동체 모두 친밀함이나 높고 낮음의 자연적 질서가 있다. 혈연적 친밀함과 사회적 높고 낮음의 위계는 인위적 설계로 만들어진 것이 아니라 자연성에서 유래한 필연적 결과이다. 가족 공동체에 있는 친밀함의 계보와 사회 공동체에 있는 관직의 고하는 공히 자연이 부여한 질서이므로 이것을 지키는 것이야말로 예(禮)이다.

예는 차이자들을 조절하여 공존케 하는 질서라는 측면에서 공자의 명분(名分)론과도 연관된다. 명분론은 일찍이 공자가 이름을 바르게 할 것을 주장하면서 시작되었다. 임금은 임금으로서 할 일이 있고 신하는 신하로서 할 있이 있다. 이와 같은 방식으로 부모, 자식 등 모든 이름을 가진 것들은 그 이름에 주어진 몫을 해야 한다. 공자는 사회를 평화롭게 하기 위해서는 먼저 사람들의 명분(名分)을 바르게 지정해야 일이 잘 진행되어 예악(禮樂)이 지켜진다고 하였다. 공자는 이름을 바르게 하는 것에서부터 사회가 올바른 방향으로 나아갈 수 있다고 믿었다.

공자에 의하면 이름을 바르게 하는 것에서부터 인간의 정치적 활동이 시작한다. 이름을 바르게 하는 것이 예악과 형벌을 바르게 하는 기초이다. 공자가 생각하는 각 사물의 이름은 관계망의 위계구조를 지시한다. 그러므로 정치를 할 때 "임금은 임금다워야 하고, 신

것(親親尊尊)'과 '친함의 차등에 따라 친하고, 현명함의 정도에 따라 존중하는 것(親親尊賢)' 등에서처럼 친친지쇄는 사회적 관계의 필수적 요소였다.

142) 『正蒙』「樂器」. "親親尊尊, 又曰, 親親尊賢, 義雖各施, 然而親均則尊其尊, 尊均則親其親爲可矣. 若親均尊均, 則齒不可以不先, 此施於有親者不疑"

하는 신하다워야 하며, 아버지는 아버지다워야 하고, 아들은 아들다워야 한다."[143] "임금은 임금다워야 한다."는 명제는 "① 임금은 임금 이외의 것이 아니다."는 사실 명제와 "② 임금은 임금의 역할을 실천해야 한다."는 당위명제로 분리될 수 있다. 그럼에도 불구하고 공자는 사실 명제와 당위 명제를 결코 구분하지 않았다. 사실 명제와 당위 명제를 분리하지 않았기 때문에 세상의 모든 자연적 사실조차도 당위적 위계구조로 되어 있다고 생각하였다. 공자가 보기에 당위성은 후천적으로 만들어 낸 것이 아니라 선천적으로 주어지는 자연적 현상이다. 임금－신하, 부모－자식 등의 사회적 인간관계는 자연 상태에서부터 원래 존재하는 것이지 인간이 만들어 낸 것이 아니었다. 이 점에서 자연 상태와 사회 상태를 분리할 수 없다. 인간의 사회 역시 자연의 일부일 뿐이다. 자연 상태와 사회 상태가 분리되지 않는다는 입장에서만 공자 정명론의 자연주의적 당위성을 이해할 수 있다.

그러면 정명론에서 설파하는 자연주의적 당위성이란 무엇일까? 우리는 이름이 어떠한 것을 지시하는 기능을 한다고 보통 생각한다. 일반적으로 사용되는 "－에 X가 있다."와 "그것은 X이다."는 문장에서 사용하고 있는 이름 X는 사실을 지시한다. 위의 예문에서 X는 '사과, 녹색, 동그란 것' 등을 지시할 수 있다. 그러나 공자의 정명 사상에서 말하는 이름은 사실의 지시 기능을 넘어서 관계적 당위성을 지시한다. 정명 사상에서는 어떤 X는 사물 그 자체의 모양, 냄새, 소리, 색깔 등을 지시하는 것이 아니라 주변의 다른 존재물과의 관계적 당위성을 지시한다. 어떤 존재 X는 Y와 어떤 관계에 있기 때문에 필연적으로 Y에 대해서 Z라는 당위성을 지닌다. 예를 들어 신하가 임금에게 충성을 하고, 자식이 부모에게 효도를 하는 것이 이에 해당한다. 만일 X의 주변에 관계적 대상이 하나도 없다고 한다면 자신

143) 『論語』「顔淵」. "君君, 臣臣, 父父, 子子"

의 존재 의미를 잃어버린 매우 불쌍한 사람으로 취급받을 것이다. 『맹자』는 "늙어서 처가 없는 홀아비, 늙어서 남편이 없는 과부, 늙어서 자식이 없는 늙은이, 어려서 부모를 잃은 고아 등이야말로 가난해도 하소연할 데 없는 불쌍한 사람"[144]이라고 하였다. 자연적으로 주어진 인간관계에서의 당위적 역할을 중요시하는 정명론은 장재를 비롯한 신유가의 사상에 그대로 계승된[145] 유가의 일관된 주장이다.

정명론은 철저하게 가치를 자연주의적 사실에서 이끌어낸다. 바꾸어 말하자면 가치 명제를 통해서 사실을 해석한다. 정명론에 의하면 모든 사물과 사람은 가치중립적인 단순한 물질이 아니라 가치 내재적이고 가치 지향적인 특성을 지닌다. 그러면서도 모든 사물의 가치는 내용적으로 동등한 가치가 아니라 서로 다른 가치를 지닌다. 이러한 근거에 따라 정명론은 예 사상과 마찬가지로 가치론적 위계구조를 철저하게 지키려는 입장을 고수한다. 맹자와 장재의 예 사상 역시 내재적 자연성을 지향함에 따라 그들의 명분론도 가치론적 위계구조를 자연스러운 것으로 받아들였다.

그렇다면 가치론적 위계 구조는 어떻게 인지될까? 먼저 인식의 대상에는 일정한 모습이 있으면 인식 주관에는 뜻이 생긴다. 인식 주관과 인식 대상 사이의 상호 작용에 의해 이름 붙이기가 자연스럽게 도출된다. 이러한 결과로 생겨난 자연스러운 이름이 있으면 따라야 할 당위적 예법이 동반된다.

> 뜻이 이르면 시(詩)가 이르고, 상(象)이 있으면 반드시 이름을 붙일 수 있고, 이름을 붙이면 하나의 개체가 되니, 이렇게 하여 예가 생긴다.[146]

---

144) 『孟子』「梁惠王下」. "老而無妻曰鰥. 老而無夫曰寡. 老而無子曰獨. 幼而無父曰孤. 此四者, 天下之窮民而無告者"

145) 『正蒙』「乾稱」을 참고.

146) 『正蒙』「樂器」. "志至詩至, 有象必可名, 有名斯有體, 故禮亦至焉"

마음에서 뜻이 생겨나는 것과 더불어 대상에 대한 어떤 상(象)과 이름이 생겨난다. 마음에서 뜻이 생겨난다고 하는 것은 아주 자연스러운 인간의 감정을 말한 것이다. 만약 이러한 자연스러운 감정의 결과로 어떠한 이름이 만들어졌다고 한다면 그 이름 역시 자연성에 뿌리박은 것이다. 그렇게 이름이 성립하고 나면 서로 다른 이름을 통하여 타인에 대해서 자신의 이름에 맞는 행위를 하고, 타인에게도 그 이름에 맞게 대우를 해줌으로써 예가 실현된다. 이러한 명분론은 이질자들이 서로 반응함으로써 각 개체의 마음이 움직이고, 자연스럽게 상호 간에 이름 부르기가 진행된다. 자연은 이질자 사이의 이름 부르기를 통하여 하나의 자연스러운 질서를 형성해 간다. 명분론과 예 사상은 세계의 무수한 이질자들이 서로 반응하는 과정을 통하여 개체의 의미가 이름으로 드러나고 이름에 의지하여 전체적인 하나의 질서가 유지된다.

자연주의적 명분론은 혈연관계에서부터 적용된다. 가족 공동체에서의 위계적 친밀감은 조상에게 제사지내는 의식을 통하여 드러난다. 제사를 통해 혈연에서 자신의 계보학적 위치를 확인하고 자신의 근원자인 조상에게 감사한다. 제사의식은 혈연 공동체의 위계에 머물지 않고 사회 공동체의 위계를 확인할 때도 중요한 기능을 하였다. 천자(天子)－제후(諸侯)－대부(大夫)－사(士)－서인(庶人)의 사회적 등급에 따라 지낼 수 있는 제사의 영역이 각기 달랐다. 사회적 위계의 정점에 있는 천자는 제후 이하의 모든 제사를 지내고 하늘에 대한 체(禘) 제사를 한번 더 지냄으로써 자신의 지위를 확인하였다.[147] 장재에 의하면 주(周)나라 시대에 천자는 여섯 가지 제사를 지내는 반면 제후는 네 번 지냈다고 한다.[148] 이러한 제사 의식에 의거해 사회

147) 『正蒙』「王禘」. "禮不王不禘, 則知諸侯歲闕一祭爲不禘, 明矣"
148) 『正蒙』「王禘」. "至周以祠爲春, 以禴爲夏, 宗廟歲六享, 則二享四祭爲六矣. 諸侯不禘, 其四享與"

적 관계 역시 그 위계구조를 자연에서 부여받는다.

성(姓)과 씨(氏) 역시 천자와 제후를 나누는 수단으로 삼았다. 천자는 백성의 태생적 계보에 따라 성(姓)을 부여하고 제후는 자(字)로 씨(氏)를 삼음으로써 높고 낮음에 따라 상하(上下)를 통일하였다.[149] 노(魯) 나라는 본래 희(姬)라는 성을 사용하였지만 나중에 맹씨(孟氏)와 계씨(季氏)가 다른 씨(氏)를 사용하면서부터 씨가 나뉘었다고 한다.[150] 이처럼 장재는 혈연 공동체와 사회 공동체의 위계적 그물망이 자연에서 직접적으로 생겨난 것으로 해석하였다.

예가 명분론에 근거하여 전체적 질서를 중요시하지만, 고착된 정형을 유지하기보다 상황에 따라서 예를 실천하는 방법이 다양해진다. 예 실천의 다양성은 시중(時中)으로 설명된다. 전체의 질서란 획일적이지 않고 이질적인 것들이 균형을 이룸으로써 통합되며, 예란 그러한 이질자들이 시의절절하게 유기적으로 어울리는 형식이다.

> 때에 맞게 실천하는 것이 예(禮)이니, 예란 곧 때에 맞게 실천하는 데서 드러나는 일이다.[151]

예에서 상황을 고려하는 시중은 예법의 다양성을 표현한다. 예는 너무 형식이나 질서에만 치우치게 되면 그 본의를 잃는 경우가 생기므로 시중을 중시한다. 그렇기 때문에 상(喪)을 당했을 때 다스리기보다 슬퍼한다.[152] 이와같이 예의 형식은 감정을 맥락에 따라 자연스럽게 표출되도록 한다. 예의 시중정신은 인간의 가치가 맥락 의존

---

149) 『正蒙』「王禘」. "天子因生以賜姓, 諸侯以字爲謚, 蓋以尊統上, 卑統下之義." 朱熹에 의하면 '謚'자는 '氏'자를 잘못 적은 것이라고 한다. (『張載集』이 부분을 참고할 것)

150) 王植, 『正蒙初義』「王禘」, 689쪽 상단. "朱子曰 … 魯本姬姓, 其後有孟氏季氏, 同爲姬姓, 氏有不同"

151) 『經學理窟』「禮樂」. "時措之宜便是禮, 禮卽時措時中見之事業者"

152) 『論語』「八佾」. "喪, 與其易也, 寧戚"

적임을 뜻한다. 모든 기가 상관적 반응의 도정에 있다면 사람의 실천 형식도 변화의 맥락에 따라서 서로 다르다. 즉 사계절의 변화, 신체적 성장, 사회적 교류의 다양한 관계 등 여러 맥락에 어울리는 예법을 실현해야 한다.

정리하자면 예는 가족 공동체, 사회 공동체, 정치 공동체 등 모든 부분에서의 자연적 차이를 안정적으로 실현하는 도구이다. 장재는 친밀감의 정도, 신분의 고하, 나이의 다소, 남녀의 구별 등의 차이가 자연에서 유래하며, 예를 통하여 그 차이를 확보해야 한다고 생각하였다. 따라서 장재의 예는 획일적 수렴보다는 이질자의 분산적 조화를 위한 것이다.

현대의 고도로 세분화되고 개별화된 관점에서 본다면 예의 분산적 다양화가 가족주의에 한정됨으로써 매우 불충분하게 여겨지지만, 사상사적 관점에서 본다면 장재는 자연에서 유래한 차이자들을 부각시킴으로써 당시의 전반적인 사회구조를 개혁하려는 의도를 품고 있었다. 장재는 자연에서 유래한 인간관계를 복원하여 당시의 사원 중심적 공동체를 대체함으로써 삶의 질이 근원적으로 향상된다고 생각하였다. 이러한 장재의 예법 개념은 사회현상학적으로는 종법제적 개혁을 뜻한다. 족보를 만들어서 가족의 유래를 정립하고, 제사를 지냄으로써 가족적 친화감을 확인하고, 의장전(義莊田)이라는 씨족 공동 소유의 경제적 토대를 마련하고, 왕－신하－백성의 관계를 자연적 친화감에 의해 하나로 묶음으로써 정치적 안정을 도모하려고 하였다.

<악(樂)>

악(樂)이란 춤과 음악으로 이루어진 종합예술을 가리킨다. 공자와 맹자가 악을 논의한 구절이 있기는 하지만 유가의 악에 관한 사상은 『禮記』의 「樂記」편을 중심으로 발전되었다. 「樂記」에서는 악(樂)이 사람의 심중에서 나오고 천지를 조화시키는 것으로 보는 한편 예는 외부적 성격이 강하고 천지를 질서지우는 기능으로 파악한다.[153] 장재 역시 「樂記」의 사상을 계승하였다. 예가 자연적 차이를 나누는 것이라고 한다면 악은 정서를 동일화한다.[154] 인간이 자신의 즐거운 바를 얻으면 그것이 악이니,[155] 악을 통하여 자신의 감정을 실현한다. 악은 즐거움의 실현이라는 측면에서 개인의 정서적 측면에서 논의될 수 있지만 그 배경에는 천지와의 공명에 근거하여 인간의 심성을 조율하는 데 큰 목적이 있다. 인간의 심성이 어떻게 악에 따라 표현되는가를 알기 위해서는 개인의 심리적 차원을 넘어서는 포괄적 이해가 필요하다. 악 개념에는 개인 정서의 발생, 천지와의 공명, 도덕적 판단 등이 전체적으로 통합되어 있기 때문이다.

악이 자연의 법도에 따라 발생하는 과정에는 순서가 있다. 장재는 「虞書」에 따라 악(樂)을 시(詩), 가(歌), 성(聲), 율(律)로 나누어 설명하였다.[156] 시(詩)는 뜻을 말로 표현한 것이고, 가(歌)는 그 말을 길게 한 것이고, 성(聲)은 그 길이에 의거한 소리이고, 율(律)은 소리를 조화롭게 한 것이다.[157] 이와 같이 악이 발생하여 하나의 패턴으로 완성되는 과정을 시 → 가 → 성 → 율로 설명한다. 악에서 시는 감정을 발생하는 시발점으로서 매우 중요하다. 시는 음악의 형식적 측면보다는 내용적(정서적) 측면을 지시한다. 사람의 뜻을 말로 표현한 시와 그 말을 길게 늘인 가는 아직 음악적으로 여러 사람이 공유할 수 있는 형태가 아닌 반면, 성[158]과 율의 단계에서는 다른 사람도 함께

153) 『禮記』「樂記」. "樂由中出, 禮者外作.", "樂者天地之和也, 禮者天地之序也."

154) 『經學理窟』「禮樂」. "樂統同, 樂吾分也"

155) 『經學理窟』「禮樂」. "樂則得其所樂, 即是樂也"

156) 『書』「舜典」. "詩言志, 歌永言, 聲依永, 律和聲"

157) 『經學理窟』「禮樂」. "只此虞書, 詩言志, 歌永言, 聲依永, 律和聲, 求之, 得樂之意, 皆盡於是"

158) 『禮記』「樂記」에서 성(聲)은 아직 패턴을 이루지 못한 일상적인 사람

참여할 수 있는 단계이다.159) 성의 단계에 도달한 다음에 여러 소리들이 높낮이와 길이의 조합에 따라 조화를 이룬다.

이렇게 악(樂)의 발생을 사람의 정서에서 찾는 것은 「樂記」에서 연원한다. 「樂記」의 다음 구절은 유가 악의 발생에 대한 관념을 집약적으로 표현한다.

> 음(音)은 사람의 마음에서 발생한다. 사람의 마음이 움직이는 것은 다른 대상이 그렇게 만든 것이다. 마음이 다른 대상에 감(感)하여 움직이기 때문에 성(聲)으로 나타난다. 성이 서로 응하기 때문에 변화가 생긴다. 성의 변화가 일정한 격조를 갖추면 음(音)이라고 한다. 음을 배합하여 악(樂)이 된다.160)

이곳에서는 심(心) → 성(聲) → 음(音) → 악(樂)으로 악의 발생과정을 설명하고 있다. 장재가 말하였던 시(詩) → 가(歌) → 성(聲) → 율(律)과 동일한 발생론적 시초를 지시한다. 사람의 마음이 움직여 시가 발생하는 것은 인위적인 것이 아니라 사물과의 반응과정에서 저절로 그러하다. 천지 사이에 존재하는 사물들 사이의 반응에서 드러나는 감정이 왜 그러한지를 더 이상 묻지 않는다. 자연스럽게 드러나는 감정을 인간의 가장 기본적인 원천으로 삼고 있다.161) 공자 역시

의 소리를 뜻하고 음(音)은 성(聲)이 음악적 질서로 조화를 이룬 상태의 소리를 뜻한다. 여기에서 장재가 말하는 성(聲)은 음(音)을 포함한다.

159) 『經學理窟』「禮樂」. "詩只是言志, 歌只是永其言已, 只要轉其聲, 合人可聽"

160) 『禮記』「樂記」. "凡音之起, 由人心生也. 人心之動, 物使之然也. 感於物而動, 故形於聲. 聲相應, 故生變, 變成方, 謂之音. 比音而樂之"

161) 유가에서는 우주를 신(God)에 의한 창조물로 보지 않고 원래부터 스스로 그렇게 움직이고 있는 대상 즉 '자연(自然)'으로 본다. '자연(自然)'을 영어로 표현하자면 '저절로 그러한 것'을 뜻하는 'so of itself'로 번역할 수 있다. 영어 번역과 관련하여서는 A. C. Graham, 1989, *Disputers of the TAO*, p.190 참고.

"시(詩)에서 흥기하고, 예(禮)에서 서며, 악(樂)에서 이루어진다."[162]고 하였다. 유가는 자연스러운 감정을 인정한 상태에서 그것을 적당하게 조절해나가는 방식을 취하였다. 장재의 악 개념 역시 감정을 더 안정된 상태로 조화시키는 기능을 담당한다.

악은 심성에서 발생하므로 덕성을 기르는 것과 관계가 깊다.[163] 「樂記」에 따르자면 소리는 마음에서 발생하는 자연스런 소리와 그것을 꾸며주는 후차적인 소리로 구분이 가능하다. 음악을 연주하는 악기(樂器)와 같은 후차적인 소리는 마음에서 발생하는 본원의 소리와 어울려 본원의 소리가 문채가 나도록 보충하고 조절하는 기능을 한다. 유가 사상은 이러한 소리의 분류를 통해서 자연스런 소리를 중심으로 꾸미는 소리가 적절히 가미되는 것을 정상적 악(樂)이라고 규정하였다. 두 종류의 소리에서 꾸미는 소리가 자연스런 소리를 압도하는 것은 좋지 못하다.[164] 시와 노래와 춤은 마음에서 자연스럽게 나오는 것이고 악기의 연주로써 그것을 꾸며줄 수 있다. 시와 노래와 춤이 인간의 진실한 감정을 그대로 표현한 것이라고 하면 악기는 그러한 감정을 알맞게 드러내 주는 역할을 한다. 이와 같이 정서의 발생과 악기의 조절은 본말의 관계에 있다. 먼저 마음의 정서가 생겨나 그것이 소리로 표출될 때라야 악기의 합주 기능이 필요하다. 악기의 연주는 조절이나 꾸밈의 기능을 하였다. 그렇기 때문에 문채절주(文采節奏)는 꾸미는 소리이다.[165] 마음의 움직임에 근본하여 음악이 가미되는 것이다.

---

162) 『論語』「泰伯」. "興於詩, 立於禮, 成於樂"

163) 『禮記』「樂記」. "德者, 性之端也. 樂者, 德之華也"

164) 『禮記』「樂記」. "金石絲竹, 樂之器也, 詩言其志也. 歌, 詠其聲也. 舞, 動其容也. 三者本於心, 然後樂器從之. 是故情深而文明, 氣盛而化神, 和順積中, 而英華發外, 唯樂不可以爲僞"

165) 『禮記』「樂記」. "樂者, 心之動也. 聲者, 樂之象也. 文采節奏, 聲之飾也. 君子動其本. 樂其象, 然後治其飾"

좋은 악(樂)은 중정(中正)을 지켜야 한다. 좋은 악은 인간의 심성에서 자연스럽게 발생하는 것으로 도덕적, 사회적, 정치적, 풍토적 측면에서 과불급이 일어나지 않도록 인위적 조절이 가미되어야 한다. 치세의 악은 안정감을 동반한 즐거움을 유발하지만, 난세망국의 악은 지나친 원망, 분노, 애통, 우수를 자아낸다.[166] 유가는 공히 악에서 극단적인 음(音)을, 음식을 차리는 예법에서 극단적인 맛을 배제하였다. 꾸며주는 음이 사람의 감정을 유도하여 극에 치닫게 하면 자연스러운 감정을 해치기 때문이다. 그러므로 슬픔을 너무 슬프게 하거나 기쁨을 너무 기쁘게 유도하는 악은 좋은 것이 아니다. 악을 통하여 자연스럽게 흘러나온 정서를 안정되게 도울 뿐이다. 악에서의 근본은 자연스러운 정서의 평정한 유출에 있음은 두 말할 나위가 없다.

> 악은 음을 극으로 치닫지 않고, 음식의 예법에서는 맛을 극으로 치닫지 않는다. 청묘(淸廟)라는 시를 노래할 때 사용하는 거문고(瑟)는 줄을 누이고 밑바닥에 넓은 구멍을 뚫어 연주하면서 한 사람이 노래 부르고 세 사람이 화답하니, 거기에는 버리는 음이 있다. 큰 제사의 예법에서는 맹물을 윗자리에 두고 날생선을 도마처럼 된 접시에 올려놓고 국에는 양념을 섞지 않으니, 거기에는 버리는 맛이 있다. 그러므로 선왕의 제정한 예악은 입, 배, 귀, 눈 등의 욕구를 끝까지 치닫지 않고, 백성이 좋고 싫어하는 정서를 평안하게 하여 인간의 바른 도리를 회복하도록 가르쳤다.[167]

---

166) 『禮記』「樂記」. “治世之音, 安以樂, 其政和. 亂世之音, 怨以怒, 其政乖. 亡國之音, 哀以思, 其民困”

167) 『禮記』「樂記」. “樂之隆, 非極音也. 食饗之禮, 非致味也. 淸廟之瑟, 朱弦而疏越, 壹倡而三歎, 有遺音者矣. 大饗之禮, 尙玄酒而俎腥魚, 大羹不和, 有遺味者矣. 是故先王之制禮樂也, 非以極口腹耳目之欲也, 將以敎民平好惡而反人道之正也” 이 부분에 대한 번역은 韓國文集叢刊 68, 『愚伏集』, 421쪽을 참고.

이처럼 예악(禮樂)은 인간의 자연스러운 정서를 평안하게 조절(節)하는 것이다. 그러나 인위에 의한 조절이 자연성을 억압해서는 안 된다. 거문고의 아래에 구멍을 뚫어 극단의 음을 버리듯이 인위는 자연성이 유지되도록 돕는 역할을 한다.

악(樂)의 발생을 자연스러운 감정에서 찾았던 장재는 우주의 진행 과정도 악적 요소가 있다고 생각하였다. 정치와 예악과 같은 인간의 활동은 우주의 진행 과정에 상응하여 나온다. 인간의 감정 역시 우주의 진행과 상응하는 대체적인 주기를 지니고 있다. 장재가 생각하는 우주에 상응하는 악은 순수 물리적인 것이라기보다 정치적 성격을 함께 지니고 있었다.

> 성음(聲音)의 도는 천지와 함께 조화를 이루고 정치와도 통한다. 누에가 실을 토하면 상(商)의 줄이 끊어지는 것이 바로 천지와 상응하는 것이다. 누에가 실을 토할 때는 목(木)의 기운이 극성한 시기로 상(商)과 금(金)의 기운이 쇠퇴한다. 예컨대 '율(律)이 태주(太簇)에 해당한다.'거나 '율(律)이 임종(林鐘)에 해당한다.'는 것은 한쪽이 성하면 다른 쪽이 반드시 쇠퇴한다는 것을 의미한다. 봄에는 목(木)의 기운이 성해야 하거늘 금(金)의 기운이 쇠퇴하지 않았다면 이것은 조화롭지 못한 것으로 천지의 기(氣)와 상응하지 못한다.168)

우주는 일정한 리듬을 가지고 성쇠를 반복한다. 봄, 여름, 가을, 겨울 등 사계절의 변화에 상응하여 악기의 현(絃)도 절기에 따라 성쇠의 순서가 다르다. 장재가 설명하는 상응관계는 일종의 대우주(macrocosmos)와 소우주(microcosmos)에 해당한다. 이러한 상응관계는 악기의 음(音)과 인간의 발성 부위에도 적용된다. 궁(宮)은 발음하는

168) 『經學理窟』「禮樂」. "聲音之道, 與天地同和, 與政通. 蠶吐絲而商絃絶, 正如天地相應. 方蠶吐絲, 木之氣極盛之時, 商金之氣衰. 如言律中太簇律中林鐘, 於此盛則彼必衰. 方春木當盛, 却金氣不衰, 便是不和, 不與天地之氣相應"

구강 전체, 상(商)은 입술, 각(角)은 이빨, 치(徵)는 목구멍, 우(羽)는 혀에 각각 배당하였다.[169] 우주를 통괄하는 하나의 법칙은 상응성을 가지고서 모든 대상에 연관되어 있다. 그러므로 악(樂)이 인간에 의해서 행해지더라도 자연스러움을 잃지 않아야만 전체의 법도에서 일탈하지 않을 수 있다.[170]

장재는 우주 자연과 인간 감정의 상응적 해석을 바탕으로 악(樂)을 도덕적 견지에서 평가한다. 현대적 관점에서 본다면 어떻게 물리적 음의 체계가 도덕적으로 해석될 수 있는지 궁금한 부분이다. 장재에 의하면 좋은 악은 중화(中和)의 기(氣)를 갖추었지만 나쁜 악은 하나의 감정에 치우쳐서 사람의 착하지 못한 마음을 자극한다.[171] 하나의 감정으로 계속해서 침잠해 들어가면 균형을 잃게 되므로 다시 평정한 상태로 조절해 주어야 좋은 악이라고 할 수 있다. 노래를 부를 때도 너무 높아서도 안 되고 너무 낮아서도 안 된다. 너무 높으면 감정이 다급하고 쇠미해지며(噍殺), 너무 낮으면 느릿하고 완만해지기(嘽緩) 때문에 적절한 변화를 주어서 조절해야 한다.[172] 감정의 극대화나 극소화를 잘 조절하여 중정(中正)을 유지케 하는 음악을 이상으로 삼았다.

다음으로는 풍토적 환경에 의한 감염력 들 수 있다. 장재는 정(鄭)나라와 위(衛)나라 지역이 바르지 못하고 사음(邪淫)한 까닭을 풍토와 연관하여 설명하였다.

---

169) 『經學理窟』「禮樂」. “商角徵羽皆有主, 出於脣齒喉舌, 獨宮聲全出於口, 以兼五聲也”

170) 『經學理窟』「禮樂」. “律者自然之至, 此等物雖出於自然, 亦須人爲之. 但古人爲之得其自然, 至如爲規矩, 則極盡天下之方圓矣”

171) 『經學理窟』「禮樂」. “古樂所以養人德性中和之氣, 後之言樂者止以求哀 … 哀則止以感人不善之心”

172) 『經學理窟』「禮樂」. “歌亦不可以太高, 亦不可以太下, 太高則入於噍殺, 太下則入於嘽緩, 蓋窮本之變, 樂之情也”

> 정(鄭)나라와 위(衛)나라의 음(音)이 예부터 바르지 못한 악(樂)이라고 하는 것은 어째서일까? 그 두 지역의 땅은 황하(黃河)에 임하고 있으면서 토지층이 두텁지 못해 거기에 사는 사람들 역시 자연스럽게 기(氣)가 가벼웠다. 토지가 척박하여 밭갈기와 김매기를 잘 하지 않고 농산물을 생산하기 때문에 사람들이 야위고 게으르다. 이와 같은 환경 때문에 그 곳의 악(樂)을 들으면 게을러진다.[173]

정(鄭)나라와 위(衛)나라의 지역이 황하에 인접해 있으면서 지대가 낮기 때문에 그 곳 사람들의 의지가 약하고 게으른 성격을 소유하게 되었다는 것이다. 장재는 그 두 지역의 악(樂)이 감염력이 커서 아직 자신의 감정을 조절할 줄 모르는 사람들을 쉽게 감염시키지만 도덕적으로 평정을 얻지 못했기 때문에 좋지 않다고 판단하였다.[174] 이와는 반대로 험준한 고산계곡에서 생활하는 오랑캐 족속들은 그 기(氣)가 매우 강건하여 중국을 항상 위협한다고 해석하였다.[175] 지리적 환경이 적당하지 못하고 너무 험준하거나 너무 낮으면 인간의 적절한 감정을 해친다고 생각하였다. 이러한 장재의 주장은 다분히 환경 결정론적인 인상을 풍긴다. 그러나 주목할 점은 조화를 해치는 요인으로 지리적 환경을 들었다는 것이다. 정(鄭)나라와 위(衛)나라의 악(樂)이 중정을 잃고 음란하게 된 하나의 원인으로 환경을 들고 있다. 이와 같이 풍토마저도 인간의 정서에 과불급을 일으키는 요소가 될 수 있다.

악의 공감력과 감염력은 이미 「樂記」에 등장한다. 간사한 소리가

---

173) 『經學理窟』「禮樂」. "鄭衛之音, 自古以爲邪淫之樂, 何也? 蓋鄭衛之之濱大河, 沙地土不厚, 其間人自然氣輕浮. 其地土苦, 不費耕耨, 物亦能生, 故其人偸脫怠惰, 弛慢頹靡. 其人情如此, 其聲音同之, 故聞其樂, 使人如此解慢"

174) 『經學理窟』「禮樂」. "移人者, 莫甚於鄭衛, 未成性者, 皆能移之, 所以夫子戒顔回也"

175) 『經學理窟』「禮樂」. "若四夷則皆據高山谿谷, 故其氣剛勁, 此四夷常勝中國者, 此也"

사람에게 감하면 역기(逆氣)가 응하여 상(象)을 이루고 음란한 악(樂)을 발생한다. 바른 소리가 사람에게 감하면 순기(順氣)가 응하여 상(象)을 이루고 조화로운 악이 발생한다.[176] 게으르고 사된 기(氣)가 몸에 접하여 감염되지 말게 하고 항상 좋은 기를 접하기를 권유한다. 정 나라의 음은 뜻을 음탕하게 하고, 송 나라의 음은 여색에 빠지게 하고, 위 나라의 음은 뜻을 촉급하고 번거롭게 하고, 제 나라의 음은 교만하게 만든다.[177] 지역에 따른 음악뿐만 아니라 악기에 따른 감염력도 있다. 종소리는 굳세므로 사기를 돋우고, 돌소리는 경쾌하므로 살신성인하게 유도하고, 줄소리는 슬픈 것이므로 마음을 고요하고 깨끗하게 만든다.[178] 여러 악기는 각각 자신의 기질적 특이성을 지님으로써 사람에게 영향을 미치는 영역이 서로 다르다. 이와같이 장재는 인간의 마음과 환경이 공감력과 감염력에 의한 통일되어 있다고 생각하였다.

4. 문질(文質)

우리는 '문(文)'이라고 하면 흔히 인위적인 꾸밈을 떠올리지만 장재는 '문'을 자연운동에 근거하여 설명한다. 하늘과 땅 사이는 자연운동에서 저절로 유래하는 많은 법(法)과 상(象)으로 가득 채워져 있다. '법'과 '상'이라고 한다면 천지자연의 드러난 법도를 의미하며,

---

176) 『禮記』「樂記」. "凡姦聲感人而逆氣應之, 逆氣成象而淫樂興焉. 正聲感人而順氣應之, 順氣成象而和樂興焉. 倡和有應, 回邪曲直, 各歸其分, 而萬物之理各以類相動也"

177) 『禮記』「樂記」. "鄭音好濫淫志, 宋音燕女溺志, 衛音趨數煩志, 齊音敖辟喬志"

178) 『禮記』「樂記」. "鍾聲鏗, 鏗以立號, 號以立橫, 橫以立武. 君子聽鍾聲, 則思武臣. 石聲磬, 磬以立辨, 辨以致死. 君子聽磬聲, 則思死封疆之臣. 絲聲哀, 哀以立廉, 廉以立志. 君子聽琴瑟之聲, 則思志義之臣"

그러한 법도들의 원천이 천지자연이다. 장재의 그러한 자연주의적 태도는 『易』「繫辭」를 계승한 것이다.

> 위로는 하늘에서 상(象)을 관찰하고 아래로는 땅에서 법(法)을 관찰한다.179)
>
> 천지의 사이를 채우는 것은 법상(法象)일 따름이니, 문리(文理)의 드러남은 눈이 아니면 볼 수 없다.180)

위의 문장은 『易』「繫辭」에 나오는 것이고, 아래의 문장은 장재의 해석이다. 하늘과 땅은 일정한 질서에 따라 다양한 법과 상을 드러낸다. 인간은 하늘과 땅이 드러낸 이치의 모습을 관찰함으로써 자연의 의도를 간파하며 따른다. '문리(文理)'라는 것은 '천문(天文)'과 '지리(地理)'를 축약한 말로, 옥(玉)에 있는 조리(條理)와 같이 다양한 것들이 같이 있으면서도 어지럽지 않은 질서 있는 모양을 비유한다. 하늘에는 수많은 별들이 있지만 거기에는 일정하게 드러나는 상(象)이 있고, 땅에는 복잡한 사물들이 있지만 그것들 사이에는 일정한 질서 혹은 위계가 있다. 『역』을 근거로 한 장재의 '문리(文理)'는 서로 다른 존재들 사이를 이어주는 일정한 원리와 질서로서의 법상(法象)이다.

'문리'는 질서 있는 변화의 드러남이다. 하늘과 땅의 다양한 구성원들 사이에서 등장하는 법상은 고정되어 있는 부동의 '무늬'가 아니라 끊임없이 변화하는 '무늬'이다. 장재는 변화하는 자연의 모습에 인간이 이해하고 예측할 수 있는 '문리'가 있다고 믿었다. 봄, 여름, 가을, 겨울과 같은 자연의 변화 속에서 '문리(文理)'를 관찰하면 일정한 법칙을 발견할 수 있다.

---

179) 『易』「繫辭下」. "仰則觀象於天, 俯則觀法於地"
180) 『正蒙』「太和」. "盈天地之間者, 法象而已. 文理之察, 非離不相睹也"

> 변화와 수(數)를 관통하여 다하지 않으면 문(文)이 물(物)을 이룰 수 없고, 상(象)이 기(器)를 제정할 수 없고, 기미(幾)가 사무(務)를 이룰 수 없다.[181]

변화와 수란 천지자연의 질서를 말하고, '문', '상', '기미'는 그러한 질서가 관찰 가능하게 현상에 드러난 상태다. '문', '상', '기미'에 근거하여 천지자연의 변화와 질서를 다하고 다시 그것들을 일상의 구체적 일에 적용한다.

자연의 전체적 질서는 한꺼번에 다 드러나는 것이 아니라 무늬를 통하여 차츰차츰 부분적으로만 현실화된다. 천지자연의 질서란 일시적 포괄이 아니라 시의(時宜)적이고 부분적인 변화과정의 연속에서만 이해되기 때문이다. 그러한 측면에서 '문리'란 질서의 현재성을 뜻한다. 서리가 내리는 것에서 얼음이 얼 것을 알고 새싹이 나오는 것에서 여름이 올 것을 알듯이, 문리란 질서의 현재적 의미를 관찰함으로써 상관적 전체를 추리하는 근거이다. 장재의 기 철학에 의한다면 현재적으로 드러난 부분을 통해서 전체의 구도에 들어가는 것이 가장 적실한 태도이다.

천문과 지리의 변화에는 유(有)에서 무(無)로의 소멸이나 무에서 유로의 파격적 소멸이나 생성은 없다. 땅에서는 다양한 개체들이 결합하는 과정에서 법(法)이 생겨나고 하늘에서는 별들의 서로 다른 운동에 의해서 상(象)이 생겨나며, 그러한 변화와 다양성은 불연속적 파격이 아니라 조리에 의한 연속이다.

> '성인이 올려보고 굽어본다.'는 것은 숨고 드러남의 연고(幽明之故)를 이르는 것이요, 있고 없음의 연고(有無之故)를 이르는 것이 아니다.[182]

---

181) 『正蒙』「大易」. "非通變極數, 則文不足以成物, 象不足以制器, 幾不足以成務"

182) 『正蒙』「太和」. "聖人仰觀俯察, 但云知幽明之故, 不云知有無之故"

> 형체일 적에 (그것으로써) 숨는 원인(幽之因)을 알고, 형체가 아닐 적에 (그것으로써) 드러나는 연고(明之故)를 안다.[183]

천지자연의 존재는 없어졌다가 생겨나는 격절이 아니라 숨음과 드러남에 의한 변화의 연속된 과정에 있다. 겨우내 얼었던 물이 풀리는 것은 얼음 자체가 완전한 무로 소멸되는 것이 아니라 물로 변화된 것이다. 곧 얼음의 자취가 숨고 물의 자취가 드러난 것이다. '문(文)'이라는 것은 기(氣)라는 실재가 드러날 때 형성된다. 이러한 장재의 생각은 자연의 변화를 숨음과 드러남의 연속적 인과로 읽음으로써 기의 변화를 설명한다. 기는 취산(聚散)하는 변화 과정에서 연속적으로 다양한 모습들을 드러내니, 그것이 바로 '문(文)'이다.[184]

장재는 천지자연의 변화와 질서 속에서 '문(文)'의 일차적 의미를 읽음으로써, 『易』「繫辭」에 근거하여 인간이 자연에 부응하는 천인합일적 존재론을 계승하였다.[185] 자연은 음과 양의 적절한 배합과 교대를 통하여 '문(文)'을 형성하고, 인간은 자연에 드러나는 '문'에 순응하여 세상을 이롭게 한다. 즉 천도(天道)를 중심으로 인도(人道)가 조화되는 것이다. 이러한 태도는 천지의 운동을 낙관적으로 상정함으로써 인간의 세계를 긍정적으로 해석한다. 장재를 포함한 대부분의 유가는 적절한 '문리(文理)'를 통하여 낮과 밤, 하늘과 땅, 남성과 여성, 통치자와 백성 등의 관계에서 조화와 안정을 이룰 수 있다고 낙관하였다.

자연의 '문리'는 인위적 제도와 문물을 설명하는 데까지 연결된다. 『論語』에 보면 순(舜) 임금과 문왕(文王)의 때에 봉황이 와서 울고 복희(伏羲)의 치세에는 황하강에서 용마(龍馬)가 문화의 법칙이 담긴 그림(圖)를 등에 지고 나왔다는 고사가 나온다.[186] 장재는 자연에서

---

183) 『正蒙』「太和」. "方其形也, 有以知幽之因, 方其不形也, 有以知明之故"
184) 『正蒙』「乾稱」. "所謂變者, 對聚散存亡爲文"
185) 『易』「繫辭上」. "明於天之道而察於民之故"

하도낙서와 같은 문명(文明)의 상서로움을 동반하지 않았다면 공자의 문장(文章)도 그치고 말았을 것이라고 해석한다.[187] 여기에서의 문명이나 문장은 천지의 도가 밖으로 흥기한 것을 의미한다. 고대의 성왕과 공자의 도가 문장으로 드러날 수 있었던 것은 자연의 이치와 합일하기 때문이라고 본다. 공자는 광(匡)이라는 지역에서 포악한 양호(陽虎)로 오인되어 죽음에 직면하였을 때 하늘이 아직 '문(文)'을 저버리지 않는 한 자신에게 어떠한 해도 끼치지 못할 것이라고 말한 적 있다.[188] 이처럼 가장 절박한 죽음에 직면하여서도 '문리(文理)'를 가장 먼저 말하였다. 공자는 자연에서 드러난 문리에 바탕하여 인간의 문화를 개발해 나가는 것을 자신의 소명으로 삼고 있었다.

인간의 문화와 문명을 자연의 법칙과 긴밀히 연결하였지만 그렇다고 이것을 자연결정론이나 자연종속론이라고 일방적으로 처리할 수는 없다. 만일 문화를 해석할 때 유학자들이 유위적 노력을 도외시하였다고 한다면 문화가 발달한 요순의 시대와 문화가 혼란하였던 걸주의 시대를 가치론적으로 포폄하는 것은 불가능하였을 것이다. 오히려 유가에서의 문화 개념은 자연의 법칙과 인간의 노력이 얼마나 조화를 이루느냐에 달려있다. 따라서 천문과 지리를 살펴서 인사를 완성하는 것이 '문(文)'을 드러내는 과정이다.

그렇다면 자연과 인위는 어떻게 조화를 이룰 것인가? 이 지점에서 '문'은 자연성과 더불어 인위성을 지니게 된다. 자연 상태에서의 '문'은 조리의 드러남이지만, 인위적 가공 상태에서의 '문'은 조리에 맞도록 꾸미는 인위적 노력의 산물이기 때문이다. 자연의 문리는 곧 도와 일치하는 것이지만 인간의 노력으로서의 '문'은 도와 괴리를

---

186) 『論語』「子罕」. "子曰, 鳳鳥不至, 河不出圖, 吾已矣夫"

187) 『正蒙』「三十」. "鳳至圖出, 文明之祥, 伏羲舜文武之瑞, 不至則夫子之文章知其已矣"

188) 『論語』「子罕」. "子畏於匡曰, 文王旣沒, 文不在兹乎? 天之將喪斯文也, 後死者不得與於斯文也. 天之未喪斯文也, 匡人其如予何?"

일으킬 여지가 생긴다. 즉 인위적 가공에 의한 '문'은 자연의 실질(實質)과 부조화를 일으킬 수 있다. 이 때문에 인위적 측면에서 본다면 '문'은 그 자체로 아름다운 것이라기보다 아름답기 위하여 꾸미는 것으로 규정된다. 인위적 '문'은 과불급을 일으킬 수 있으므로 적절하게 조절하지 못하면 '문리(文理)'를 잃고 만다. 그래서 공자는 질(質)이 '문'을 이기면 조야해지고 문이 질을 이기면 잡박해지므로 문과 질이 적절히 조화를 이루어야 한다고 말하였다.[189] 자연에서부터 형성되었던 무위적 '문'이 이제 유위적 꾸밈의 영역으로 들어오면서 과불급이라는 새로운 고충을 야기하게 되었다.

인위적 '문'에 나타나는 과불급을 어떻게 조절할 수 있을지가 유가의 공통된 고민이었다. 자연의 변화에 대응하기 위하여 인위적 노력으로서의 꾸밈(飾)을 문식(文飾)이라는 말로 일반화할 수 있다. 예를 들어 공자가 말하였던 문과 질의 관계는 인위적 문식과 자연스러운 소박한 질(質)의 관계이다. 이처럼 문식으로서의 '문'은 자연의 '문리'와는 판연히 다른 것으로 이해되어야 한다. '문'의 개념이 '문리'에서 문식으로 분절되어 나옴으로써 자연주의에서 인간주의로의 활로를 열었을 뿐만 아니라 거꾸로 자연 상태 그대로의 '문리'의 가치를 약화시키는 경우도 발생하였다. 즉 자연 상태는 그대로 완전한 상태라기보다 적절한 문식을 가해 주어야 하는 경우도 있는 것이다. 비록 장재가 자연주의적 경향이 강하다고 할지라도, 그 역시 실질 그 자체가 항상 아름다운 것은 아니므로 실질은 상황에 따라 적절히 문식의 조절을 받아야 하는 것으로 보았다. 이렇게 될 경우 자연적 실질과 인위적 꾸밈 둘 중의 어느 것이 절대 우위에 있다고 할 수 없고 상황에 따라서 꾸밈이 우위에 설 수도 있고 실질이 우위에 설 수도 있게 되었다.

189) 『論語』「雍也」. "質勝文則野, 文勝質則史, 文質彬彬, 然後君子"

예란 사실을 교정하여 적절함을 구하는 것이므로, 혹은 꾸밈으로써 하고(文) 혹은 바탕으로써 해야지(質), 사물의 뒤에 처하여 고정된 법식을 사용해서는 안 된다.[190)]

장재의 이러한 논의는 『詩』에서 장강(莊姜)의 아름다움을 칭송하는 대목과도 관련된다.[191)] 장강(莊姜)은 본디 아름다운 사람인데 입 모양을 예쁘게 꾸미어 웃고, 흑백이 뚜렷한 눈동자를 움직이고, 거기에 하얀색으로 문채를 내었으니, 더욱 아름다웠을 것이다. 즉 본래의 아름다움과 꾸며주는 아름다움이 함께 칭송되는 대목이다. 이와 같은 이치로 예는 자연적 상태를 더 아름답도록 조화시키는 기능을 한다. 장재는 이 대화와 관련하여 '문'의 자연성과 인위성의 양면을 다 언급하였다. 장강처럼 재질이 본래 아름다운 사람은 하얀색으로써 더 문채가 나게 꾸며주지만 그처럼 재질이 아름답지 못한 사람은 여러 가지의 문식을 더해주어야 한다.[192)]

이제 '문(文)'이라는 개념은 자연적 '문리(文理)'와 인위적 문식(文飾)의 두 측면에서 다루어져야 한다. '문리'가 자연적 실질의 발로라고 한다면 문식은 더 아름다울 수 있도록 자연스러움에 이질(異質)을 첨가하는 것이다.[193)] 이처럼 '문'에 나타나는 자연성과 인위성 사이

---

190) 『正蒙』「樂器」. "禮矯實求稱, 或文或質, 居物之後而不可常也"

191) 자하(子夏): '입 모양을 예쁘게 꾸미어 웃네, 흑백이 뚜렷한 눈동자여, 하얀색으로 문채를 내었네.'라는 구절의 의미는 무엇입니까?
공자: 그림을 그릴 때 색을 칠하는 일은 바탕보다 뒤에 한다.
자하: 예(禮)를 뒤에 하는 것입니까?
공자: 네가 나를 계발시켜 주는 구나. 나와 시를 이야기할 만하구나.
(『論語』「八佾」. "子夏問, 巧笑倩兮, 未目盼兮, 素以爲絢兮, 何謂也? 子曰, 繪事後素. 曰, 禮後乎? 子曰, 起予者, 商也. 始可與言詩已矣")

192) 『正蒙』「樂器」. "他人才未美, 故宜飾之以文. 莊姜才甚美, 故宜素以爲絢"

193) 김태환, 2000, 『朝鮮時代 詩歌文學의 素朴美 硏究』, 한국정신문화연구원 박사학위논문. 이 논문에서는 유가의 '문(文)'을 자연스러운 드러남의 문채(文彩)와 이질에 의한 꾸밈의 문식(文飾)으로 설명한다.

의 긴장과 조화는 장재가 자연주의에 토대하면서도 유위적 인문주의를 놓지 않으려는 끈질긴 노력이라고 할 수 있다. 장재는 자연스러운 '문리'를 인위적인 문식보다 근원적인 것으로 여기면서도 인위에 의한 문식을 용인하였다. 인위적 문식을 널리 배우는 것은 실질의 의미를 체득하여 세상의 보편적 이치에 도달하기 위한 과정이다. 그렇기 때문에 문식을 폭넓게 익힘으로써 오히려 누구에게나 통용되는 보편적 '문리'에로 나아갈 수 있다고 보았다.[194] 장재는 자연스러운 질을 근본으로 하면서도 인위적 문식을 보충적 관계에 둠으로써 양자택일의 논리를 지양하고 질과 문의 적절한 조화를 시도하였다.

5. 독 서

장재의 독서법은 독서자의 본성 회복과 유가 텍스트의 권위화로 되어 있다. 장재의 독서란 주체가 본성으로 돌아가기 위한 방법으로서 필요하지만, 그렇다고 독서가 상대적 수단으로 머물지 않고 중대한 지위를 차지하는 결과를 낳는다. 그 이유는 모든 텍스트들을 상대적 지위로 해체하지 않고 유가 텍스트에 최고의 권위를 부여하기 때문이다. 유가 텍스트가 텍스트들 중에서 최고의 권위를 획득하게 되는 것은 도학의 의미를 가장 확실하게 담고 있다고 보기 때문이다. 이것은 문자에 도리를 담고 있다는 '文以載道'적 시각과 일치한다. 한 나라 이후 힘을 잃었던 유가 텍스트는 다시 송 대에 이르러 도를 실은 텍스트로 해석됨으로써 사회적 권위를 획득하기 위한 터전을 마련하였다. 송 대 유가 텍스트의 권위화의 시발에 속했던 사람 중

---

194) 『正蒙』「中正」. "博文以集義, 集義以正經, 正經然後一以貫天下之道. 博文約禮, 由至著入至簡, 故可使不得叛而去"

의 한 명이 장재라고 할 수 있다.

장재는 당시의 세태가 천리(天理)를 멸하고 인욕(人欲)을 추구한다고 개탄하면서 다시 천리를 회복해야 한다고 주장하였다. 그에 의하면 공자와 맹자 이후에 천리를 담은 마음이 끊어졌으며 순자(荀子)와 양웅(揚雄)은 그 마음을 알지 못하였다.[195] 반면 공자가 천리를 자득(自得)한 인물이라고 보았다. 여기에서 자득이란 '스스로 노력하여 얻은 것'이기도 하지만 '자연스럽게 실천할 수 있는 경지'이기도 하다. 공자처럼 "마음에 따라 행하여도 법도를 넘어서지 않은" 자연스러운 실천이 체득되도록 덕을 닦으라고 권유하였다.[196]

천리를 체득하기에 좋은 방도는 성인이 남긴 책을 읽는 것이다. 성인의 텍스트는 다른 책들과 달리 의리를 함양했던 자취가 담겨 있어서 유가사상의 정수를 얻을 수 있다. 이와 같이 장재는 유가 텍스트만이 성인의 뜻을 담고 있다고 봄으로써 최상의 권위를 부여하였다.

> 학자가 책을 신뢰할 때 모름지기 『論語』와 『孟子』를 신뢰해야 하고, 『詩』와 『書』는 어긋남과 혼잡함(舛雜)이 없고, 『禮記』는 여러 유자(儒者)에게서 나왔지만 의리(義理)를 해치는 곳이 없고, 『中庸』과 『大學』은 성인의 문하에서 나온 것이 틀림없다.[197]
>
> 성인(聖人)을 보려면 『論語』와 『孟子』를 요체로 삼아야 한다. 『論語』와 『孟子』는 학자에게 크게 족하니, 모름지기 함영(涵泳)해야 한다.[198]

---

195) 『經學理窟』「義理」. "今之人滅天理而窮人欲, 今復反歸其天理. 古之學者, 便立天理, 孔孟而後, 其心不傳, 如荀揚皆不能知"

196) 『經學理窟』「義理」. "人惰於進道, 無自得達, 自非成德君子必勉勉, 至從心所欲不踰矩方可放下, 德薄者, 終學不成也"

197) 『經學理窟』「義理」. "學者信書, 且須信論語孟子. 詩書無舛雜. 禮雖雜出諸儒, 亦若無害義處, 如中庸大學出於聖聞, 無可疑者"

198) 『經學理窟』「義理」. "要見聖人, 無如論孟爲要. 論孟二書於學者大足, 只是須涵泳"

장재는 젊은 시절 도가와 불가를 비롯한 여러 서적을 읽은 것으로 판단되지만, 결국에는 유가의 사상에 심취하였다. 일찍이 범중엄이 권하였던『中庸』을 이십 년 이상 읽으면서 꾸준한 노력으로 이미 한 경지를 얻었다고 술회하였다.[199] 그는 다른 서적에서와 다르게 유가의 경전을 반복해서 읽었으며 그 때마다 새로운 의미를 찾는 희열을 느꼈다. 그 중에서도 성인의 경지를 이해하는 데는『論語』와『孟子』가 요체였다. 장재는『論語』와『孟子』를 자신의 주요 텍스트로 삼아 그 의미를 새기면서 평생 삶의 보조자로 삼았다.

장재는 다독보다 여유로운 정독을 중시했다. 그는 자신이 평생의 종지로 삼았던『論語』와『孟子』를 충분히 삶에 우려내는 정독을 하였다. 따라서 장재의 독서하는 자세는 한가와 여유를 추구한다.

> 대개 뜻이 즐거우면 (의미가) 쉽게 파악되지만, 급박하고 즐겁지 않으면 (경전의 의미를) 놓친다. 대개 의리(義理)를 구하는 까닭은 천지(天地), 예악(禮樂), 귀신(鬼神)과 같은 큰 일이 아닌 것이 없으니, 마음을 한가(閑暇)하게 하지 않으면 (그 의미를) 이해할 수 없다.[200]

독서란 성인이 했던 것처럼 자신의 본성을 여유롭게 표출하며 삶을 영위하는 과정 중의 하나였다. 성인의 책을 읽음으로써 본성을 기른다. 자기실현과 관련이 없는 수많은 지식들을 외워다가 남들 앞에서 자랑하는 것은 도학을 추구했던 장재의 안중에 없었다. 성인의 도학이란 계속하여 흘러나오는 샘물과 같으므로 마음을 여유롭게 하여 읽어야 이해가 된다는 것이다. 공자의 제자 안회가 가난한 가운데서도 여유롭게 도학을 즐겼듯이 독서자 자신의 본성에 한가해야 성인의 의도가 드러난다는 것이다. 이러한 장재의 한가한 독서는

---

199)『經學理窟』「義理」. "某觀中庸義二十年, 每觀每有義, 已長得一格"

200)『經學理窟』「義理」. "蓋意樂則易見, 急而不樂則失之矣. 蓋所以求義理, 莫非天地禮樂鬼神至大之事, 心不洪則無由得見"

성인의 글 속으로 들어가면서 동시에 자신의 내재적 본성으로 회귀한다. 바꾸어 말하면 성인의 텍스트를 이해하는 만큼 자신의 본성에 대해서 즐길 수 있는 경지일 때 여유롭고 한가한 독서가 가능하다.

장재는 독서자의 마음으로 의미의 근본을 이해하라고 권한다. 그래서 장재는 독서를 할 때 반드시 글자 하나하나를 훈고(訓詁)하기보다 의미의 해득을 중시하였다. 즉 글자를 많이 암기하기보다 도학의 의미를 깨치라고 말한다.

> 마음에서 이해한다는 것은 의미가 자명하기를 구하는 것이니, 반드시 한 글자 한 글자를 서로 검토할 필요는 없다.[201]

> 책을 볼 때 급박하면 의미가 전혀 보이지 않는다. 반드시 대체(大體)부터 따져야 한다. 언어는 손가락처럼 지시할 뿐이어서 손가락이 뭔가를 지시하면 그 지시 대상은 손가락과 다른 곳에 있다. 만약 문자에 묻혀서 근본을 구하지 않으면 경전의 의미를 잃는다. 이것은 마치 아기들이 지시하는 손가락만 쳐다보는 꼴과 같다.[202]

> 경(經)의 의미는 증명(證明)을 취하는 데 불과하다. 그러므로 비록 문자를 모르는 자라고 하더라도 선(善)을 행하는 데 무슨 해로움이 있으리오![203]

경서의 문자는 지시 기능을 하는 수단이므로 문자를 넘어서 의미까지 충분히 다가서야 바른 독서법이다. 장재는 유가 텍스트를 문자적 수단과 의미적 목적으로 이분화 한다. 수단에 대한 학습이 충족되었다고 하여 제대로 된 독서인 것은 아니다. 왜냐하면 유가 텍스트가 제시하는 목적을 아직 제대로 이해하지 못했기 때문이다. 오히

201) 『經學理窟』「義理」. “心解則求義自明, 不必字字相校”

202) 『經學理窟』「義理」. “觀書且不宜急迫了, 意思則都不見, 須是大體上求之. 言則指也, 指則所視者遠矣. 若只泥文而不求大體則失之, 是小兒視指之類也”

203) 『經學理窟』「義理」. “凡經義不過取證明而已, 故雖有不識字者, 何害爲善!”

려 문자적 이해가 불완전할지라도 경전의 의미를 알고 있다면 그것이 더 유익하다고 말한다. 장재의 이러한 도학적 태도는 성리학자 일반이 추구했던 이상이다. 단순히 과거시험에서 높은 등급으로 합격하기 위하여 문자를 암기하는 것은 도학자가 추구할 일이 아니라고 보았다. 그렇다면 독서를 통하여 유가 텍스트의 의미를 이해한다는 것은 곧 자신의 삶의 의미를 증득하는 과정에 다름 아니다. 유가의 경전은 자신의 수양을 확인하는 거울이다. 유가 경전이란 증명(證明)을 취할 때 참고하는 가장 유력한 대화 상대였다. 무턱대고 수양해서는 안 되며, 유가 경전을 거울로 삼아 자신의 덕을 길러야 그만큼 빨리 의리(義理)를 체득할 수 있다.[204)]

유교 경전의 독서는 자신의 마음을 유지하는 중요한 요소이므로 한시라도 손에서 놓으면 덕성을 수양하는 데 게으름이 생긴다. 그런 의미에서 유교 경전을 읽는 것은 부차적 수단을 넘어 매우 중요한 자리를 차지한다. 마음의 수양이란 순간 좋은 마음을 내었다고 되는 것이 아니므로 유교 경전을 독서함으로써 끊임없이 도움을 받을 수 있다.

> 책으로써 마음을 벼리잡고 유지하거늘, 한 시라도 놓으면 일시에 덕성(德性)에 게으름이 생긴다. 독서하면 마음이 항상 보존되고, 독서하지 않으면 끝내 의리(義理)를 볼 수 없다.[205)]

자신에게 있는 좋은 마음을 알았다고 할지라도 그것을 유지하지 못하면 다시 잃게 된다. 본래 유교 경전의 텍스트는 본성을 함양하는 보조자였지만 실제로는 가장 강력한 권위를 지닌 지도자적 위치

---

204) 『經學理窟』 「義理」. "又不可徒養, 有觀他前言往行, 便畜得已德, 若要成德, 須是速行之"

205) 『經學理窟』 「義理」. "蓋書以維持此心, 一時放下, 則一時德性有懈, 讀書則此心常在, 不讀書則終看義理不見"

를 점하게 되었다. 유교 경전은 단순한 보조자가 아니라 의리를 담고 있는 도학의 토대로서 권위화 되었다.

참고로 장재는 유교 경전 외의 역사, 의학, 문학, 노장학 등에 대한 서적에 대해서는 큰 가치를 부여하지 않았다. 그가 평가한 해로운 책과 유익한 책을 정리한 것을 보면 다음과 같다.

> 역사서는 보아서 취할 것이 없으면 보지 않아도 좋으니, 이렇게 본다면 하루에 여섯 권 내지 일곱 권을 마칠 수 있다. 또한 역사를 배우는 것은 사람을 위하지 않으면서 남보다 모르는 것이 있음을 부끄러워하니, 의도가 서로 이기려는 데 있을 뿐이다. 의학 책은 성인이 그것을 보존하였을지라도 대단한 학문은 아니므로 이해하지 않더라도 크게 해롭지 않다. 의학을 이해한다 하더라도 뼈와 살에만 그 혜택을 미치는데 불과하여 삶을 조금 연장하여 줄 뿐 이치상 오래도록 사는 방법은 없나니, 이치를 궁구하고 자신의 본성을 다한다면 저절로 (그렇다는 것을) 알 수 있다. 문집(文集)과 문선(文選) 류의 책은 여러 편을 보아서 취할 것이 없으면 그것을 더 이상 보지 않아도 된다. 도장(道藏)과 불가의 문헌은 보지 않더라도 해롭지 않다. 이미 이와 같다면 얻어 볼만한 것이란 없고, 오직 중요한 것은 의리(義理)일 뿐이다. 그러므로 육경(六經)을 반복해서 보아 밤낮으로 쉬지 않고 육칠 년 간 공부하여도 스스로 얻어 보지 못할 수 있으나, 의리라면 무궁한 것이어서 스스로 꾸준하게 노력하여 한 경지(一格)를 얻으면 다시 다른 경지를 얻을 수 있다.206)

역사, 의학, 문학, 도가, 불가 등의 문헌에서는 장재가 중요시한 의리(義理)가 없기 때문에 보지 않아도 좋다고 평가하였다. 장재는 교

---

206) 『經學理窟』 「義理」. "若史書歷過, 見得無可取則可放下, 如此則一日之力可以了六七卷書. 又學史不爲爲人, 對人恥有所不知, 意只在相勝. 醫書雖聖人存此, 亦不須大段學, 不會亦不甚害事, 會得不過惠及骨肉間, 延得頃刻之生, 決無長生之理, 若窮理盡性則自會得. 如文集文選之類, 看得數篇無所取, 便可放下. 如道藏釋典, 不看亦無害. 旣如此則無可得看, 唯是有義理也. 故唯六經則須着循環, 能使晝夜不息, 理會得六七年, 則自無可得看. 若義理則儘無窮, 待自家長得一格, 則又見得別"

제하는 대상과의 의리를 중시하였기 때문에 남의 무지에 의탁하여 남보다 우위에 서기 위하여 혼자서 소유하는 교묘한 기술이나 재주를 어리석은 것으로 평가하였다.[207] 지식만을 위한 독서를 포함하여 바둑, 음주, 서예, 그림 등이 그러한 것이다.[208] 장재가 이런 따위를 부정하는 이유는 의리를 저해하고 주체의 이기심만으로 도모하는 기교이기 때문이다. 한편 장재는 산수(山水)를 유람하는 취미와 관련하여서도, 가히 애착이 가지만 궁극적으로 인간에게 이익을 주지 못하므로 경서와 의리에 노니는 것만 못하다고 보았다.[209] 자연을 감상하는 것은 타자를 이기려는 마음이 개입되지는 않지만 인간의 본성을 함양하는 데까지는 나아가지 못한다고 여겨 적극적 가치를 부여하지 않았다.

---

207) 『經學理窟』「義理」. "人不知學, 其任智自以爲人莫及, 以理觀之, 其用智乃癡耳"

208) 장재는 이러한 이기려는 마음에서 나온 기술보다 차라리 앉거나 누워서 호흡하는 것이 더 낫다고 하였다. 휴식을 잘 하면 체력이라도 길러준다는 의미에서 그렇게 말하였을 것이다. 『經學理窟』「義理」. "棊酒書畵, 其術固均無益也. 坐寢息其術同, 差近有益也"

209) 『經學理窟』「義理」. "山水林石之趣, 始似可愛, 終無益, 不如游心經籍義理之間"

제 5 장

◈

사 회 철 학

기의 본체가 기의 현상에, 형이상자가 형이하자에, 천지지성이 기질지성에 구현되는 장소가 인간이 서로 관계를 맺고 있는 사회이다. 그 중에서도 형이상자로서의 본성적 이념이 가장 확연하게 드러난 현장은 혈연을 중심으로 하는 가족관계이다. 장재는 혈연적 감정에 기초한 인(仁)이나 효(孝)와 같은 개념을 통하여 사회 철학을 구성하려고 하였다. 장재가 보기에 사회를 벗어나서 형이상자를 구현하려는 시도는 고립을 추구하는 신비주의적 명상이며, 사회를 벗어나서 형이하자를 수양하려는 시도는 일신(一身)의 초월적 힘을 갈구하는 산림 속의 차력사와 다를 것이 없다. 장재가 추구하는 중용의 길은 혼자만 알 수 있는 신비주의적 이념의 추구도 아니요, 범용을 뛰어넘는 초능력의 소유도 아니요, 바로 형이상자와 형이하자가 교차하는 지점인 사회적 삶이다.

그러나 장재의 철학이 사회를 터전으로 하여 중용적 태도를 취함에도 불구하고 여전히 혈연주의적 편향성을 약점으로 지적할 수 있다. 장재가 형이상자라고 말하는 천지지성으로서의 사랑(仁)이 구현되는 장소인 혈연관계는 정치적 통치자—피치자의 관계에까지 유비적으로 확대된다. 임금을 자신의 부모처럼 생각함으로써 정치적 이념을 혈연적 효(孝)의 감정으로 대치하려고 시도한다. 이러한 시도는 종종 무모하리만큼 사회 윤리를 혈연으로 환원하려는 경향을 보이고 있다. 따라서 장재의 혈연주의적 사회 철학은 적절한 비판을 통해서만 혈연 일방주의를 극복할 수 있다.

제1절 혈연에 근거한 유비 가족

장재의 기 철학은 원자론적 개체를 부정하면서 혼연적 개체를 상정하며, 개체 상호의 상관적 구도에서 존재를 해석한다. 인간 역시 혼연성과 상관성에서 규정된다는 점에서 다른 대상과의 상호 작용 속에서만 이해될 수 있다. 그러나 인간의 혼연성과 상관성이 혈연적 계보의 관계로 수렴되면서 혈연에 중심을 둔 윤리학을 전개하였다. 장재는 국가, 또는 여타의 사회 윤리를 혈연 윤리의 확대로 이해하려고 하였다.

장재는 이러한 자신의 혈연주의적 사회 윤리를 지지하기 위하여 두 가지 전제를 취하고 있다. 하나는 개체의 존재론적 상관성이고, 다른 하나는 혈연에 근거한 본말론이다. 장재에 의하면 개체의 존재론적 상관성은 우주의 모든 존재에 해당하는 가장 포괄적 설명이다. 이에 반해서 혈연에 근거한 본말론은 사회적 관계를 구체적으로 조직화하는 현실적 사회구성 원리라고 볼 수 있다. 먼저 장재가 취하고 있는 두 전제를 소개한 다음 이어서 논의를 전개하기로 한다.

<전제 1: 상관적 개체>

장재에 의하면 모든 개체는 다른 존재와의 연관성 속에서 규정된다. 데모크리토스의 원자론에서 취하는 독립적 개체를 상정하지 않고 모든 개체는 자신과 연관되는 다른 개체와의 상관성 속에서 규정된다. 상관성을 통해서 하나의 개체는 다른 개체들에게 소통할 수 있다.

> 사물에는 고립되는 이치가 없다. 같고 다름, 굽히고 폄, 끝나고 시작함으로써 살피지 않으면 사물로서 성립할 수 없다. 처음과 끝이 있기에 일이 완성된다. 같고 다름, 있고 없음이 서로 감(感)하지 않으면 일이 완성되지 않는다. 완성되지 않으면 사물이라고 할 수 없다. 그러므로 한결같이 굽히고 펴며 서로 감하여야 이로움이 생긴다.[1)]

위의 구절에서 보듯이 사물의 고립은 이치에서 벗어나는 비정상적 일탈이다. 사물들은 서로 상호작용하면서 서로에게 기대어 있다. 개체는 같고 다름, 굽히고 폄, 끝나고 시작함 등과 같은 상호적 운동에 참여함으로써 자신의 일을 이룰 수 있다. 장재는 그러한 상관적 감응의 과정에서 이탈하는 것을 고립의 병통이라고 지적하였다. 개체를 원자론적으로 정의하는 것은 애초부터 가정되지 않는다. 모든 개체가 단독자로 쪼개어질 수 없다는 데서 개체를 정의한다. 즉 모양이 같거나 다른 개체들 사이의 굽히고 펴는 상호작용(感)을 통해서 사물은 설명된다.

우리가 알고 있는 유가의 오륜(五倫)도 질적 차이자 사이의 결합에서 그 의미를 찾을 수 있다. 부모－자식 간에는 친함이 있어야 하고, 임금－신하 간에는 의로움이 있어야 하고, 남편－아내 간에는 구별이 있어야 하고, 어른－어린이 간에는 순서가 있어야 하고, 친구－친구 간에는 신뢰가 있어야 한다. 유가의 오륜은 고유한 독립성에

---

1) 『正蒙』「動物」. “物無孤立之理, 非同異屈伸終始以發明之, 則雖物非物也. 事有始卒乃成, 非同異有無相感, 則不見其成. 不見其成, 則雖物非物. 故一屈伸相感而利生焉”

의하여 개인을 해석하지 않고 개체 간의 결합양식에 따라 존재의 의미를 규정한다. 장재 역시 서로 다른 개체들 사이의 결합에서 존재의 의미를 찾는다는 점에서 간주관성(inter-subjectivity)을 입론의 근거로 삼았다. 하늘/땅, 해/달, 봄/가을, 귀/신 등 무엇 하나라도 결합적 공유에서 존재의 의미를 찾을 수 있다.[2] 깊은 계곡에서 소리치면 메아리가 울려 나오듯 이것과 저것은 서로 분리할 수 없게 결합되어 있다.[3]

<전제 2: 혈연에 근본한 사회성>

첫째 전제였던 존재의 상호성이 실현되는 구체적 지점은 혈연관계에서부터다. 특히 송대 신유가에 이르면 혈연관계의 친밀감은 혈연 외적 사회관계를 넘어서 우주적 원리로까지 유비된다. 그 효시를 장재(張載)의 『西銘』에서 볼 수 있다. 『西銘』은 하나의 짧은 문장에 불과하지만 정주학 및 조선 시대의 성리학자들이 늘 외워서 생활의 준칙으로 삼았다는 점에서 그 사료적 가치가 크다. 먼저 원문의 일단을 인용한다.

> 건(乾)을 아버지라 부르고 곤(坤)을 어머니라 부른다. 나는 여기에 아득히 혼연하게 살아간다. 그러므로 천지에 가득한 것을 나의 몸으로 삼고, 천지를 이끄는 것을 나의 본성으로 삼는다. 백성은 나의 동포이고, 사물은 나의 동료이다. 임금은 내 부모의 맏아들이고, 신하는 맏아들을 돕는 가신이다. 연장자를 높이는 것은 자신의 어른을 어른으로 대하기 때문이고, 고아와 약자를 돕는 것은 자신의 어린이를 어린이로 대하기 때문이다. 성인(聖人)은 그러한 일에 덕이 있고, 현자는 그러한 일에 뛰어나다. 무릇 세상의 늙은이, 병든 자, 형제가 없는 자, 자식이 없는 자, 홀아비, 과부 등은 넘어져도 하소연할 곳 없는 내 형제이다.[4]

---

2) 『正蒙』「至當」. “浩然無害, 則天地合德. 照無偏系, 則日月合明. 天地同流, 則四時合序. 酬酢不倚, 則鬼神合吉凶. 天地合德, 日月合明, 然後能無方體; 能無方體, 然後能無我”

3) 『正蒙』「有德」. “谷神能象其聲而應之”

여기에서 보면 건(乾)=아버지, 곤(坤)=어머니, 백성=동포, 사물=동료, 임금=맏아들, 신하=가신, 연장자=집안 어른, 고아와 약자=집안의 어린이 등으로 유비 관계를 형성하고 있다. 장재는 혈연에 기초하여 가족관계를 더 넓은 사회관계와 우주적 관계에까지 유비적으로 확장한다. 유비의 중심에는 언제나 혈연의 친밀한 정감이 자리한다. 혈연적 유대감은 이차 사회와 우주에까지 적용된다. 결국에는 하늘은 아버지에 땅은 어머니에 유사성을 지니고 있다.

특히 위의 인용문에서 밑줄 친 부분은 우주적, 혈연적, 정치적 측면에서 존재를 해석하고 있다. 그 중에서도 건/곤 사이의 우주적 존재와 부/모 사이의 혈연적 존재는 인간을 이해하는 토대이다. 장재는 건/곤의 분류에 의거하여 부/모라는 혈연적 관계를 우주에까지 적용한다.

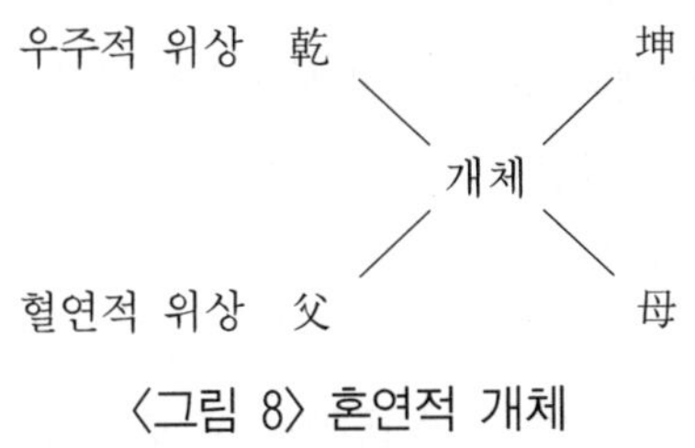

〈그림 8〉 혼연적 개체

장재는 우주를 인간의 혈연관계에 대응하여 해석한다. 부모라는 혈연적 위상이 건곤이라는 우주적 위상과 유비를 형성한다. 부/모 사이의 자식, 자식/배우자 사이의 손자 등과 같이 수평적으로는 이성간의 결합이 있고 수직적으로는 계보적 발생이 이어진다. 이러한 혈

4) 『正蒙』『西銘』. "乾稱父, 坤稱母. 予玆藐焉, 乃混然中處. 故天地之塞, 吾其體, 天地之帥, 吾其性. 民吾同胞, 物吾與也. 大君者, 吾父母宗子, 其大臣, 宗子之家相也. 尊高年, 所以長其長, 慈孤弱, 所以幼吾幼. 聖其合德, 賢其秀也. 凡天下疲癃殘疾惸獨鰥寡, 皆吾兄弟之顚連而無告者也"

연적 사슬에서 보이는 인간의 모습은 패러다임과 신탬에 의해서 잘 짜여진 세계 안에 있다.

혈연적 관계에 의해서 세계를 해석한 결과가 곧 정치 공동체의 모습이다. 정치 관계는 가족관계의 포괄적 적용에 다르지 않다. 세계는 더 큰 집에 지나지 않는다. 때문에 통치자는 종자(宗子)에 유비되고 백성은 동일한 핏줄에 유비된다.

〈표 6〉 정치적 존재의 혈연주의적 유비

유비0	유비1	유비2	유비3	유비4	유비5
가족 관계	父母	宗子	家相	同胞	與
정치 관계	天地	大君	大臣	民	物

정이(程頤)가 『西銘』을 극찬하면서 말하였던 '이일이분수(理一而分殊)' 역시 혈연관계의 유비적 확대에서 이해할 수 있다. 이일(理一)의 측면에서 본다면 혈연적 관계의 친근감은 정치적 혹은 우주적 관계에까지 적용될 수 있고, 분수(分殊)의 측면에서 본다면 그러한 친근감의 적용에 차등이 존재한다. 묵씨의 겸애(兼愛)는 사랑에 차등이 없어서 문제였고, 양주의 위아(爲我)는 부모-자식-가상-동포 등으로 이어지는 연계를 보지 못해서 문제였다. 장재는 묵가의 무차별주의와 양주의 고립적 자아를 모두 부정하였다. 장재의 입장에서 본다면 세계 안의 모든 존재는 가족의 구성원들처럼 차이와 닮음의 교직으로 되어 있다. 부-부 사이의 차이, 부-자 사이의 닮음 등 혈연관계에서 보이는 패러다임적 상관자와 신탬적 상관자의 교직이 세계를 이해하는 기초였다.

제2절 혈연윤리의 중심: 종법, 가문, 제사

장재의 기 철학적 자연주의는 궁극적으로 혈연의 자연성을 옹호하는 데로 귀결된다.5) 인간에게 가장 자연스러운 정서는 혈연적 친밀감이라고 보았다. 따라서 인간 사회가 친화적 유대를 강화하는 가장 좋은 방법은 혈연의 친밀감을 높이는 것이라고 믿었다. 그는 혈연의 자연성에 근거하여 사회 공동체를 결속하는 방법을 먼저 주(周)나라의 종법(宗法) 제도에서 찾는다.6)

---

5) 송 나라 시대 유가 귀족의 역할: 그들은 지방 공동체에 학교를 세우고 서적을 인쇄하여 유가의 도덕을 가르쳤다. 또한 건물, 운하, 댐, 길, 다리 등을 건설하였다. 반란이 일어나면 군대를 조직하여 지휘하였다. 한편 공식적으로는 전쟁, 홍수, 기근이 들면 지방 정부의 요구에 응하였다. 또한 당 나라 때에는 중앙 정부가 지방의 시장의 작은 부분까지 직접 관할하였지만 송 나라 때에는 자유스럽게 놔두었다. 이와 맞물려 유가적 소양을 갖춘 지방의 지주가 증가하였다. 왕이 임명한 지방의 관리는 사실상 지방의 지주와 협력을 통해서만 지역을 다스릴 수 있었다. 총 인구가 4억이 넘는 지방에 2만 명이 못되는 행정 관리가 파견된 것에 비해 유가적 지주는 약 125만 명이나 되었다(John King Fairbank, 1992, *China: a New History*, the Belknap Press of Harvard University Press, pp.97~104).

6) 송대에 종법 제도를 부활하려는 움직임은 장재와 동시대를 살았던 범중엄에게서 확연하다. 범중엄은 가족을 계속 이어지는 연속체로 봄으로써 종교적 시각에서 이해하였다. 범중엄의 선친은 빈주(邠州) 사람이고 나중에 소주(蘇州)로 이사하여 범중엄을 낳았다. 그는 두살 때 아버지가 죽자, 어머니가 장산(長山) 주(朱)씨 집안으로 재가했다. 이에 그의 성이 주(朱)씨로 바뀌었고, 진사 시험도 바뀐 성으로 합격하였다. 그러나 나중에 관리가 된 뒤 다시 범(范)씨 성을 회복하였다. 범중엄은 나중에 범씨 가문과 주(朱)씨 가문에 모두 보답하였다. 또한 소주의 범씨 일가는 의장전(義莊田)이라는 대토지를 가문이 공동으로 소유하면서 가문의 재교육과 발전을 위한 토대로서 사용하였다. 이러한 의장전을 본다면 송대 성리학의 종법제 부활의 추구는 단순히 이념적인 주장에서 끝나지 않고 실질적인 사회체제의 개편을 추인하였다고 판단된다. 결국 북송 때부터

세상의 인심을 다스리려면 종족을 모으고 풍속을 두텁게 하여 사람들에게 근본을 잊지 않도록 해야 한다. 반드시 족보의 계통을 밝히고 종자(宗子)의 법을 세워야 한다. 종법이 무너지면 사람들이 어느 줄기에서 나왔는지 모를 것이다. 옛 사람은 자신의 출처를 모르는 자가 드물었다. 나중에 종자의 법이 무너졌지만 족보가 남았기 때문에 그 풍습이 남아 있었다. 지금은 족보마저 사라지자 사람들이 자신의 출처를 모르게 되었다. 이에 백년에 이른 가문이 없고 혈통에 질서가 없게 되어, 비록 아주 친한 관계일지라도 인심이 매우 박하게 되었다.[7]

종법은 기의 자연주의적 계보를 추적하고 강화하는 수단이다. 혈연적 계보를 확인하여 자신이 속한 혈연적 기의 공동체를 형성함으로써 인간 사회의 정서적 연대를 이끌어 낼 수 있다고 믿었다. 만약 종법이 무너지고 족보가 사라진다면 사회에 질서와 친화감을 형성할 가장 자연스러운 토대를 잃어버린 셈이다.

장재에 의하면 혈통의 자연주의적 계보는 사회성의 근원일 뿐만 아니라 국가 공동체를 형성하는 필수적 재원이다. 국가 구성원의 연대는 혈연의 연대에서 적용되는 친화감 이상의 것일 수 없다. 국가는 자연주의적 혈연의 윤리가 확대된 형태의 것이다. 따라서 혈연 공동체의 연대와 친화가 확보된다면 국가의 평화도 그와 함께 동반되는 것으로 보았다.

가문을 중심으로 하는 사회 체제가 확대되기 시작하였다. 脫脫 등 편찬, 1977, 『宋史』, 中華書局, 15책, 10267쪽. Denis Twitchett, 1962, "the Fan Clan's Charitable Estate", *Confucian Personalities* (ed. Arthur F. Wright and Denis Twitchett), Stanford University Press, pp.97～133. 遠藤隆俊, 1993, 宋代史研究會研究報告第四集『宋代の知識人』「宋代蘇州の范氏義莊について」, 汲古書院, 195～226쪽.

7) 『經學理窟』「宗法」, 258～259쪽. "管攝天下人心, 收宗族, 厚風俗, 使人不忘本, 須是明譜系世族與立宗子法. 宗法不立, 則人不知統系來處. 古人亦鮮有不知來處者, 宗子法廢, 後世尚譜牒, 猶有遺風. 譜牒又廢, 人家不知來處, 無百年之家, 骨肉無統, 雖至親, 恩亦薄"

종자의 법이 서지 않으면 조정에 세신(世臣)이 없게 된다. 만약 공(公)이나 경(卿)이 어느 날 갑자기 가난한 환경에서 선출된다면 종법은 확립되지 못한다. 그 벼슬아치가 죽으면 가족이 흩어져 가문이 전해지지 않는다. 종법이 확립되면 사람마다 자신의 출처를 알기 때문에 조정에 크게 이롭다. 혹자는 무엇이 조정에 이로운지 묻는다. 공과 경이 자신의 가문을 보호하면 충의가 서지 않겠는가? 충의가 서면 조정의 근본이 공고하지 않겠는가? 요즘 급속히 부귀를 얻는 자들은 단지 삼사십 년의 생계를 도모하여 집 한 채를 지어서 소유한다. 그러다 죽으면 자식들이 그것을 분배하여 모두 탕진하고 가문마저 사라진다. 이와 같이 해서는 가문을 지킬 수 없는데 어떻게 나라를 지키겠는가?[8]

장재의 기 철학에서 사용되고 있는 혈연 중심의 상관적 사고가 국가 공동체의 구성에도 그대로 적용되고 있다. 국가 공동체의 구성원은 개인의 능력에 의해서만 구성되어서는 안 된다. 국가의 정치와 행정을 이끌어가는 공(公)과 경(卿) 등의 요직을 담당하는 구성원은 특정의 가문에서 뽑아야 한다. 왜냐하면 가문(家門)의 형성은 국가 형성의 모델이기 때문이다. 장재에 의하면 가문의 발달은 곧바로 국가 발달과 연계되어 있었다.

더 나아가 하나의 국가는 한 혈통의 분기로 해석되었다. 천자와 제후의 정치적 관계는 계약에 의한 임시적 관계가 아니라 자연주의적 혈통으로 맺어진 필연적 관계이다. 국가는 거대한 혈연적 유기체이다.

천자가 나라를 세우고 제후가 종(宗)을 세우는 것은 천리(天理)이다. 나무에 비유하면 줄기가 위와 아래로 곧게 뻗은 것과 같다. 만약 곁으

---

8) 『經學理窟』「祭祀」, 295쪽. "宗子之法不立, 則朝廷無世臣. 且如公卿一日崛起於貧賤之中以至公相, 宗法不立, 旣死遂族散, 其家不傳. 宗法若立則, 人人各知來處, 朝廷大有所益. 或問: 朝廷何所益? 公卿各保其家, 忠義豈有不立? 忠義旣立, 朝廷之本豈有不固? 今驟得富貴者, 止能爲三四十年之計, 造宅一區及其所有, 旣死則衆子分裂, 未幾蕩盡, 則家遂不存, 如此則家且不能保, 又安能保國家!"

> 로 가지와 잎이 무성해지면 줄기는 저절로 꺾인다. 강물에 비유하면 바르게 흐르는 것이 강의 몸통인 것과 같다. 만약 강줄기가 범람하면 저절로 강의 몸통이 전환하여 강줄기로 흐른다. 종(宗)이 서로 이어지는 것은 확실한 이치이다. 가지가 창대하면 다시 종주(宗主)가 되어야 한다.9)

장재는 국가를 나무와 강에 비유하고 있다. 나무를 보면 뿌리, 줄기, 가지, 잎으로 갈라져 나가듯, 혹은 세세한 강의 줄기가 하나로 합하여지듯 국가의 발생은 인위적 가공물이 아니라 자연 상태에 존재하는 통합적 유기체이다. 따라서 국가의 목적은 인위적 목적을 설정하여 그것을 달성하는 데 있지 않고 자연적 계보를 강화하는 데 있다. 개인은 자신의 혈연적 계보를 통해서만 국가의 구성원으로서 정체성을 부여받을 수 있다. 모든 사회 공동체에 대한 논의가 종법과 가문에 환원되므로 혈연적 계보를 떠난 국가 공동체 자체만의 특정한 차원의 논의를 찾아볼 수 없다. 결국 장재가 구상하고 있는 사회 공동체의 공공성은 혈연적 계보에 의존한다.

혈연 공동체의 계보를 내용상 가(家)와 종(宗)으로 구별하여 고찰할 필요가 있다. 가(家)의 가장 구체적 형태는 세금을 걷을 때 사용하는 경제적 단위이다. 하나의 집에서 일정한 토지를 농사지으면서 부모, 조부모, 자식 등이 함께 거주하는 것이 혈연적 공동체이다. 송대 사회는 이러한 가를 단위로 구체적 경제 활동이 이루어졌다. 조상에게 물려받은 토지와 재산을 잘 관리하여 다시 후손에게 넘겨주면서 가가 유지되었다. 송대의 신유가에 의하면 사회를 유지할 때 '가(家)'는 '국(國)'보다 본질적인 것이었다. 가(家)가 비록 둘 이상으로 나눠질 수 있었다고 할지라도 가(家)에는 원칙적으로 방계의 의미는 없

9) 『經學理窟』「宗法」, 259～260쪽. "天子建國, 諸侯建宗, 亦天理也. 譬之於木, 其上下挺立者本也, 若是旁枝大段茂盛, 則本自是須低摧. 又譬之於河, 其正流者河身, 若是涇流汎濫, 則自然後河身轉而隨涇流也. 宗之相承固理也, 及旁支昌大, 則須是却爲宗主"

다. 모든 가(家)는 조상과 후손으로 되어 있다. 가(家)는 가장, 자식, 며느리, 비복(婢僕) 등으로 구성되었다. 가(家)를 조직하는 것으로는 법(法), 교육(訓), 족보, 제사 등이 있었다. 가(家)는 '문(門)'이나 '문호(門戶)' 등으로 불리기도 하였다. 기가(起家), 흥가(興家), 제가(齊家), 화가(和家), 보가(保家), 분가(分家), 패가(敗家) 등은 맥락상 가(家)의 경제적 토대와 관련된다. 사회적 지위에서 보면 농가(農家), 왕가(王家), 관가(官家) 등으로 구분된다. 정치적 구도에서 보면 가(家)는 호(戶)로 분류되어 호적에 기록되고, 부의 경중에 따라 세금을 내는 단위였다.[10] 이와 같이 가(家)는 정치, 경제, 교육 등 사회의 광범위한 영역에 걸쳐 토대적 역할을 하였다.

장재, 정이, 주희 등은 혈연적 유대를 투철히 하기 위하여 가(家) 개념에서 나아가 종(宗) 개념을 도입해야 고대 유가의 혈통 개념을 복원할 수 있다고 믿었다. 정이는 정기적으로 같은 후손이 종가(宗家)에 모여서 제사를 지냄으로써 예의를 알 수 있다고 보았다. 그럼으로써 종가(宗家)와 분가(分家)의 구분을 만들었다. 장재는 혈연주의적 도덕의 정립을 위해서 종(宗) 개념과 그에 따른 족보의 정확한 기록이 필요하다고 보았다. 사람들로 하여금 자신의 뿌리를 명심하도록 하는데 족보의 편찬이 중요한 기능을 하였다. 이처럼 장재는 사회적 안정을 위해서 어떻게 종자(宗子) 제도를 복원할 것인지도 자세하게 논하였다.[11]

---

10) Patricia Ebrey, 1984, "Conceptions of the Family in the Sung Dynasty", *Journal of Asian Studies*, vol. 43, Association Asian Studies, pp.223～225.

11) 앞의 책, 230～231쪽. 신유가에 의해서 종(宗) 개념이 복원되기 시작하면서 유산이 자식들에게 균등하게 양도될 근거가 없어졌다. 왜냐하면 종자에게 유산의 특권이 주어졌기 때문이다. 종자는 족보를 정확히 기록하고, 후손을 모아서 조상의 제사를 주관하는 의무가 주어졌다. 종자 제도는 입양 제도를 억제하였다. 종자 제도에서의 도덕은 전체 혈통에서 자신의 위치를 자각하는 것이었다. 지위의 고하가 경제력에서 결정되지 않았다. 그러나 북송 초기의 종(宗) 개념은 신유가 일부가 주장하는 사

종(宗) 사상은 제사의식을 통하여 자신의 혈연적 뿌리와 가지를 확인한다. 종(宗)은 예부터 계속 혈통을 이어가는 대종(大宗)의 집안과 갈라져서 새롭게 혈통을 형성하는 소종(小宗)으로 나눌 수 있다. 종자(宗子)는 모든 유산을 세습하였다. 연하자는 어려서부터 연장자에게 순응하도록 교육된다. 혈통을 잇는 종자는 다른 가족 구성원과 구별되지만 아버지와 백숙부 사이의 관계, 자식과 조카의 관계는 그 성격이 흐릿해진다. 백숙부와 조카의 관계는 아버지와 자식의 관계에 매우 가깝다고 생각되었다. 자기의 자식과 형제의 자식은 같은 조상에서 나왔다는 점에서 동일한 갈래이다.[12] 나아가 동일한 조상에게 제사지냄으로써 그 혈통의 자손들은 강한 사회적 유대를 유지한다. 조상에 대한 제사는 다섯 세대가 흐르면 의무가 없어지므로 다섯 세대의 조상에 해당하는 혈족은 연대가 강한 집단을 형성한다. 이와 같은 종(宗) 개념에 근거한 혈족 제도는 중국 근대가 될 때까지 계속되었고,[13] 조선시대에도 보편적인 것이었다.

종(宗)에 근거한 혈연주의는 종교적 성격도 지닌다. 자연주의적 혈연 공동체의 종교적 성격은 제사에서 가장 잘 드러난다. 제사는 현재의 살아있는 혈족이 고대의 죽은 조상에게 제사를 지냄으로써 자신의 혈연적 계보를 정신 혹은 영혼의 관점에서 체험한다.

상이었을 뿐 일반적 상황은 공동체 개념이 강한 가(家)를 형성하고 있었다. 다만 송 나라 이후 종(宗) 개념은 이념적으로 근대까지 계속 살아있었다고 할 수 있다.

12) 송 나라 때에는 만약 부계의 후손이 아니라면 가문의 혈통을 잇는 것은 예법에 맞지 않았다. 그러나 때로는 이러한 기준이 준수되지 않은 경우도 있었다. 부계의 친척 중에서 양자를 입양하여 후손을 잇는 경우가 있었다. 법적으로 삼세 이하의 아기를 입양하면 성을 바꾸어 자식으로 기를 수 있었다. 나중에 양자로 들인 아버지의 형제 중에서 아들이 태어난다고 할지라도 이 아이에게 양도권을 전부 주었다. 이에 대한 구체적 사례 연구로는, Patricia Ebrey, "Conceptions of the Family in the Sung Dynasty", pp.231~246.

13) 앞의 책, 221쪽.

> 귀(鬼)에게의 제사는 사당에서 하지 않고 제터에서 먼 조상에게 일제히 음식을 올리는 것을 말한다. 순서와 높이를 따지지 않고 한꺼번에 음식을 올려 정미한 신(精神)을 생각할 뿐이다. 귀는 태허(太虛)로 돌아갔으므로 한꺼번에 음식을 올린다. 이미 귀에게 음식을 드린다고 했으니 세대 수와 높은 순서를 분별한다면 장래에는 백 세대가 넘는 귀가 나올 것이다. 제터에서는 그 예법이 종묘에서와 다르므로 귀에게 음식을 드릴 뿐이다.[14]

직접적으로 대면한 적이 없는 먼 조상이지만 제터에서 한꺼번에 제사지냄으로써 동질감을 가질 수 있다. 세대가 먼 조상일수록 우주의 공간으로 흩어지므로 친밀감은 줄어들 것이다. 조상의 세대가 멀어짐에 따라 자연에 가까워진다. 계보학적 거리의 확대는 결국 자연을 일종의 조상과 관련되는 것으로 보도록 요구한다. 천지에 제사지내는 것 역시 자신의 계보학적 뿌리에 동감하는 행위이다.

혈연적 측면에서 볼 때 장재는 미시적으로는 부모-자식 관계를 중시하였고, 거시적으로는 천지의 모든 존재가 계보적으로 통합되어 있다고 믿었다.

> 사직과 모든 신(神)에게 제사지내는 것은 모든 신의 공으로써 하늘의 덕에 보답하는 것이다. 그러므로 하늘로서 귀신을 섬기는 것은 지극한 섬김이자 지극한 이치이다.[15]

동류로서의 고향은 근친적 혈통이지만 천지라는 거시적 혈통에서 보면 나와 관련되지 않는 대상이 없다. 사실상 장재의 『西銘』은 계

14) 『經學理窟』「祭祀」, 295쪽. “此言鬼饗, 既不在廟, 與壇墠之數, 即並合上世一齊饗之而已, 非更有位次分別, 直共一饗之耳, 只是懷精神也. 鬼者只是歸之太虛, 故共饗之也. 既曰鬼饗之, 又分別世數位次, 則後將有百世之鬼也. 既是壇墠, 則其禮必不如宗廟, 但鬼饗之耳”

15) 『正蒙』「王禘」. “祭社稷五祀百神者, 以百神之功報天之德爾. 故以天事鬼神, 事之至也, 理之盡也”

보적 동일성에 대한 거시적 관점과 미시적 관점을 통합하여 드러내고 있다. 정이는 『西銘』이 미시적 관점과 거시적 관점에서 인간의 계보를 설명한 것을 매우 좋다고 칭송하고, '이일이분수(理一而分殊)'라는 말로 정리하였다.[16] 한 가정으로서 말하면 부모가 집안의 부모이고, 천하로서 말하면 천지가 세상의 부모이다. 부모에게 친하고, 백성을 사랑하고, 더 확대하여 만물을 아낀다.[17] 분수에 따라 장재의 『西銘』을 해석하자면 '친친(親親)－인민(仁民)－애물(愛物)'이라는 방향성을 갖는다. 이일(理一)의 관점에서 보면 천지의 모든 사물이 나와 동류이지만, 분수(分殊)적 관점에서 보면 현실적 제약이 있으므로 인간관계의 종류에 따라 친근감의 실현에 방향성과 순서가 생긴다. 이와 같이 장재가 가정하는 세계는 혈연적 공감으로 통합된 하나의 거대한 친족 집단이다.

제3절 혈연윤리 보편화의 약점

장재가 혈연윤리를 보편화하는 데 사용하였던 충서(忠恕)나 오륜(五倫)과 같은 개념은 공자 이래의 유가 개념을 그대로 수용하고 있다. 따라서 장재의 혈연윤리를 논하는 과정에서 선진(先秦) 시대의 유가 텍스트까지 포괄적으로 다룰 필요가 있다.

먼저 충서(忠恕)라는 말은 공자에게서 기원한다. 공자는 제자 자공(子貢)에게 "자기가 원하지 않는 것을 남에게 베풀지 말라."는 말을 평생의 교훈으로 삼으라고 한 적이 있다.[18] 장재는 이 구절을 서(恕)

16) 『張子全書』, 國學基本叢書, 臺灣常務印書館, 9쪽, 13쪽.
17) 앞의 책, 1쪽.
18) 『論語』「衛靈公」. "子貢問曰, 有一言而可以終身行之者乎? 子曰, 其恕乎! 己所不欲, 勿施於人"

로 해석한다.

'자기가 원하지 않는 것을 남에게 베풀지 말라'고 하였으니, 이렇게 한다면 자기를 헤아려 남에게 인(仁)을 베풀 수 있다.[19]

인(仁)의 도리에는 근본이 있다. 가까이 자신에게서 비유하여 그것을 남에게까지 추급한다. 그것이 인을 실현하는 방법이다.[20]

장재에 의하면 공자의 황금률은 자신의 입장을 헤아려서 남을 대하는 서(恕) 의해서 이해된다. 유가의 최고 덕목인 인(仁) 역시 자신의 입장을 유추하여 남을 대하는 데 있다. 이러한 유가의 황금률은 나중에 주희에 의해서 '충(忠)'과 '서(恕)'로 정리된다. '충'과 '서'는 공자의 도를 하나로 관통하고 있는 이념이기도 하다.[21]

(1) 충: 자기를 다 하는 것(盡己之謂忠).
(2) 서: 자기를 헤아려서 남을 대하는 것(推己之謂恕).

위의 해석에 따른다면 '충'은 자기를 실현하는 것이며 '서'는 남을 대하는 태도이다. 여기에서 유의할 점은 충서(忠恕)에서 말하는 자기실현이 개인의 능력, 취미 등의 잠재력을 개발하는 개인적 차원의 것이 아니고 친구－친구의 관계, 임금－신하의 관계, 장년자－연소자의 관계 등에서와 같이 사회적 차원에서의 자기 개발을 뜻한다는 것이다.

장재는 유가의 오륜을 인위적 가공물이 아닌 하늘에서 부여한 자연스러운 것으로 파악한다. 인간의 사회적 역할이야말로 가장 자연스러운 이치이므로 사회적 예법을 지키는 일은 그 자체로 하늘의 질

19) 『正蒙』「有德」. "'己所不欲, 勿施於人', 能恕己以仁人也"
20) 『正蒙』「至當」. "仁道有本, 近譬諸身, 推以及人, 乃其方也"
21) 『論語』「里仁」. "子曰, 參乎! 吾道 一以貫之. 曾子曰, 唯. 子出, 門人問曰, 何謂也? 曾子曰, 夫子之道, 忠恕而已矣"

서에 일치하는 것으로 해석하였다.

> 본성과 천명이 벼리 잡힌 뒤라야 인의(仁義)가 실천된다. 그러므로 부모－자식, 통치자－신하, 윗사람－아랫사람 등의 구별이 선 뒤라야 예의(禮義)가 실천될 수 있다.[22]

장재가 언급하는 개인은 원자와 같은 추상적 실체가 아니라 사회적 역할에 따라 의미를 획득한다. 로즈몽에 따르면 유가는 전통적으로 인간을 원자(atom)와 같이 보편적 추상자로 일반화하지 않고 사회적 역할에 따라서 정해지는 것으로 보았다.[23] 유가에서의 개인은 성, 피부색, 나이, 인종, 능력, 시간, 장소와 상관없이 모든 인간이 생존권, 자유, 소유권, 안전권 등을 보편적으로 가지고 있다기보다 부모 앞에서, 임금 앞에서, 친구 앞에서와 같이 맥락에 따라 적당한 역할을 수행해야 한다. 유가는 타인이 배제된 개인의 권리와 욕망에 대해서 언급하지 않고 개인은 언제나 타인과의 관계 속에서 권리와 욕망의 분수가 정해진다. 공자에 의하면 아버지가 남의 물건을 훔쳤을 때 숨겨주는 것이 정직이다.[24] 이것은 단일한 추상적 도덕 규범을 정하기보다 인간관계의 친밀감에 따라 도덕적 수행을 다르게 해석하였기 때문이다. 이처럼 유가의 자기실현은 사회적 신분을 전제하고 있으므로, '자기를 다하는 것(忠)'은 자기에게 부여된 사회적 기능을 다하는 것으로 이해할 수 있다. '자기를 다하는 것(忠)'은 타인에 대한 자신의 역할을 진심으로 추구하는 것이다.[25] '자기를 다하는 것'

---

22) 『正蒙』「至當」. "性天經然後仁義行, 故曰, 有父子君臣上下, 然後禮義有所錯"

23) Henry Rosemont, Jr., 1991, "Right-Bearing Individuals and Role-Bearing Persons", *Rules, Rituals and Responsibility*(ed. Mary I. Bockover), Open Court.

24) 『論語』「子路」. "葉公語孔子曰, 吾黨有直躬者, 其父攘羊而子證之. 孔子曰, 吾黨之直者, 異於是. 父爲子隱, 子爲父隱, 直在其中矣"

25) 『論語』「子路」. "與人忠"

은 자신의 욕망과 능력을 완성하는 과정이라기보다 타인과 결합되어 있는 상태에서의 자신의 역할을 달성하기 위하여 최선을 다하는 것이다. 그래서 "집에 있을 때는 부모에게 효도하고 밖에 나갔을 때는 공손하라."[26]고 말한다.

유가의 황금률에 해당하는 '자기를 헤아려서 남을 대하는 것' 즉 충서(忠恕) 역시 자기를 다하는 것과 마찬가지로 정해진 사회적 역할을 근거로 삼고 있다.

> 윗사람에게서 싫어하는 것으로 아랫사람을 부리지 말라. 아랫사람에게서 싫어하는 것으로 윗사람을 섬기지 말라. 앞 사람에게서 싫어하는 것으로 뒷사람을 선도하지 말라. 뒷사람에게서 싫어하는 것으로 앞사람을 따르지 말라. 오른쪽 사람에게서 싫어하는 것으로 왼쪽 사람과 사귀지 말라. 왼쪽 사람에게서 싫어하는 것으로 오른쪽 사람과 사귀지 말라. 이것을 일컬어 혈구(絜矩)의 도라고 한다.[27]

위－아래, 앞－뒤, 좌－우의 사회적 역할이 정해진 상태에서 유가의 황금률인 '남이 자기에게 하지 않았으면 바라는 것을 남에게 베풀지 말라.'는 격식이 적용되고 있다. 도가와 같이 사회적 역할을 고려하지 않는 개인의 욕망은 부자연스러운 것이므로 개인은 자신의 욕망을 사회적 구조 안에서 부여받는다. 도가가 사회 정치적 체제에 무관심하였던 것과 달리 유가는 사회 정치적 체제야말로 인간의 자연성을 잘 구현하는 필수적인 것으로 생각하였다. 인위적 정치 체제에 대해서 도가는 자연성을 해치는 것으로 보았지만 유가에게는 자연성을 확대하는 계기였다. 이러한 논리적 귀결에 따라 유가는 삼강오륜이라는 사회적 역할론을 창안하였다.

---

26) 『論語』「學而」. "子曰, 弟子入則孝, 出則弟"

27) 『大學』 10장. "所惡於上, 毋以使下. 所惡於下, 毋以事上. 所惡於前, 毋以先後. 所惡於後, 毋以從前. 所惡於右, 毋以交於左. 所惡於左, 毋以交於右. 此之謂絜矩之道也"

유가의 황금률은 삼강오륜이라는 사회적 역할론에 기초한다. 인간이 행해야 할 황금률적 규범은 정해진 사회적 관계에 따라서 다양하게 적용된다. 오륜은 황금률이 적용되는 다양한 스펙트럼을 보여준다.

(1) 부모－자식 사이의 친밀함
(2) 임금－신하 사이의 의로움
(3) 남편－부인 사이의 구별
(4) 연장자－연하자 사이의 순서
(5) 친구－친구 사이의 신뢰

유가에 의하면 이상 다섯 가지는 자연에서 필연적으로 제공하는 인간의 사회적 이념이다. 오륜에 의해서 인간은 동물보다 나은 가치를 지니고 있다.[28] 오륜에 따른다면 자신의 부모와 남의 부모에게 일괄적으로 적용할 수 있는 보편적 도덕규범은 없다. 오히려 인간의 가치를 실현하기 위해서는 자기와 관계하는 상대와의 친밀도에 따라서 대하는 태도가 달라져야 한다.

유가는 오륜을 사회적 규범으로 제시하면서 외적으로 양주의 이기주의와 묵가의 보편주의를 비판하였다.

> 양주(楊朱)의 극단적 이기주의: "자신의 한 터럭을 뽑아서 천하를 이롭게 할 수 있다고 할지라도 그렇게 하지 않는다."[29]
>
> 묵자(墨子)의 극단적 보편주의: "자신의 머리에서 발꿈치까지 닳아 없어질 때까지 모든 사람에게 차등없는 보편적 사랑을 실천하라."[30]

---

28) 『孟子』「滕文公上」. "飽食煖衣, 逸居而無教, 則近於禽獸. 聖人有憂之, 使契爲司徒, 教以人倫, 父子有親, 君臣有義, 夫婦有別, 長幼有序, 朋友有信"

29) 『孟子』「盡心上」. "孟子曰, 楊子取爲我, 拔一毛利而天下, 不爲也"

양주류의 이기주의는 자신의 이득을 위해서 타인의 나이, 사회적 지위 등에 근거한 사회적 교류의 가치를 고려하지 않았다. 한편 묵가류의 극단적 보편주의는 자기와 밀접한 가족이나 이웃에 대한 자연스러운 친밀감을 고려하지 않았다. 유가에 의하면 양주는 외부에 존재하는 사회적 가치를 무시하였고, 묵가는 내부에 존재하는 가족적 가치를 무시하였다. 유가는 그러한 양자의 편향을 교정하기 위해서는 안과 밖의 인간관계를 종합하는 내－외 합일의 사회적 관계 구조를 제시한다.

『大學』에 나오는 '수신(修身)－제가(齊家)－치국(治國)－평천하(平天下)'[31]에서 내－외 합일의 구도를 구체적으로 볼 수 있다. 유가는 내－외를 합일할 때 가족관계를 기본적 토대로 생각한다는 점에서 내적 친밀감을 친밀감의 정도가 낮은 외부적 사회관계로 확장하는 방법을 사용하고 있다. 내부에서 외부로의 합일을 추구하는 유가적 방법은 근본과 말단 혹은 선차적인 것과 후차적인 것의 분명한 구분에 있다. 후차적인 것 즉 외적인 것은 선차적인 것 즉 내적인 것의 확보를 통해서만 더불어 실현될 수 있는 것으로 파악하였다. 천하를 평안케 하려면 먼저 나라를 다스려야 하고, 나라를 다스리기 위해서는 먼저 집을 다스려야 하고, 집을 다스리기 위해서는 먼저 자기 자신을 수양해야 한다. 본말론에서 근본에 해당하는 것은 언제나 말단의 현상적 결과에 대하여 책임을 진다. 가령 집이 다스려지지 않으면 그 책임은 그 근본에 해당하는 '수신'이 안 되었기 때문이다. 항상 근본이 말단적 현상에 대하여 책임을 지기 때문에 근본의 힘이 말단으로 확장될 수는 있어도 말단의 힘이 근본을 변화시킬 수는 없다. 이러한 본말론적 논리에 따른다면 천하를 평안케 하려는 목적론

---

30) 『孟子』「盡心上」. "墨子兼愛, 摩頂放踵利天下, 爲之"

31) 『大學』. "古之欲明明德於天下者, 先治其國. 欲治其國者, 先齊其家. 欲齊其家者, 先修其身"

적 의도는 그 자체로 충족되지 않고 그와 결합되어 있는 선차적인 근본에서 해결의 실마리를 구한다. 근본과 말단이 연쇄적으로 결합되어 있으며, 그 중에서 말단이 목적론적 지향점이라면 근본은 그 선차적 동력인 셈이다.

자신의 가족관계를 헤아려서 여타의 사회관계로 확장하려는 본말론적 구도는 '충서(忠恕)'의 사상에도 적용된다. 집 안의 부모, 연장자, 어린이를 대하듯 가족 외적인 임금, 연장자, 연하자를 대해야만 정당하게 사회적 친화감을 달성할 수 있다.[32] 가족관계를 다른 모든 관계 범주의 근본으로 상정함에 따라 가족 외적 사회관계가 가족관계로 환원되는 현상이 일어난다. 맹자나 여타 유가들이 주장하는 것처럼 통치자-피치자의 관계가 부모-자식의 관계로, 가족 외적 연장자-연하자의 관계가 가족 내적 형-동생의 관계로 대체되거나 환원된다.

가족관계의 친밀감을 가족 외집단으로 확대한다고 해서 가족 외집단의 친밀감을 가족관계의 친밀감으로 정확히 동화시키는 것은 아니다. 예(禮) 개념을 통하여 가족 집단과 가족 외집단에 걸쳐서 존재하는 다양한 인간관계에 친밀감의 차이를 단계적으로 적용한다. 친밀감은 부모-자식 사이의 것이 가장 크고 강해야 하며 점차 적용 대상이 확대될수록 그 강도가 약해진다. 친밀감의 차등적 적용은 '인간 사이에 친해지는 차례(親親之殺)'에서 보인다.[33] 이렇게 본다면 유가 전래의 본말론은 완전한 환원주의라기보다 차등적 환원주의이다.[34]

---

32) 『孟子』「梁惠王上」. "老吾老以及人之老, 幼吾幼以及人之幼, 天下可運於掌. 詩云, 刑于寡妻, 至于兄弟, 以御于家邦. 言擧斯心, 加諸彼而已"

33) 『中庸』 20장. "仁者人也, 親親爲大. 義者宜也, 尊賢爲大. 親親之殺, 尊賢之等, 禮所生也"

34) 부모-자식 사이에 존재하는 친밀감을 외부로 확대한다고 할지라도 인간관계의 고정적 차등성을 초월할 수 없다. 인간관계에 존재하는 바꿀

유가의 가족관계로의 환원적 방식에 대해서 물음을 던질 필요가 있다. 가족관계를 가족 외적 관계에 차등적으로 적용하는 것이 사회관계의 보편적 방식으로 사용될 수 있을까? 부모－자식의 관계를 통치자－피치자의 관계로 유비적으로 확대하는 데는 많은 난점이 있다. 가족관계는 혈연에 의해서 정서적으로 강하게 결합되어 있지만 정치적 관계는 공동의 목적을 공유한 상태에서 선택적으로 교류를 한다. 가족관계는 강한 유대로 오랜 동안 교류하였기 때문에 서로에 대하여 일체감과 동질감을 느끼겠지만 그러한 동질감을 정치적 관계에까지 유비적으로 확대할 필연성이 있는 것은 아니다. 정치적 관계에서는 공동의 이익을 위하여 서로의 의견을 교환하여 합의에 이르렀을 때라야 원만한 교류가 성립한다. 정치적 관계에서 친화감이 생기기 위해서는 이성적 판단이 선행하지 않으면 안 된다. 정치적 관계는 자신과 상대에 대한 의견을 이해하는 과정, 계산적 이성에 의해서 상대방과 합의하여 공통 분모를 공유하는 과정, 의견이 맞지 않을 경우에는 설득하거나 논쟁하는 과정 등이 요구된다. 또한 서로 관심 분야가 다를 경우에는 서로에 대해 교류가 심화되지 않더라도 그것을 문제 삼지 않는다. 정치적 관계는 계약적 과정을 통하여 공동의 목적을 추구하는 과정에서 생겨난 것이므로 가족관계에서의 정서적 배경이 아닌 계산적 이성에 기초한다고 볼 수 있다.

사회학자 클레어와 다니얼에 따르면 일차 집단은 강한 정서적 유대감으로 결합되어 있기 때문에 서로에 대하여 책임감이 강하지만, 한편 이차 집단은 자신의 목적을 위하여 선택적으로 모이기 때문에 결속력이 약하다.[35] 일차 집단은 자신의 이기적 목적을 추구하기 전

수 없는 구조에 따라 내용이 다른 예(禮)가 적용된다. 이와 같이 예에 의해서 친밀감의 차등을 상정함으로써 유가의 본말론은 묵가의 보편주의와 다른 길을 추구하고 있다.

35) Claire M. Renzetti and Daniel J. Curran, 1998, *Living Sociology*, Allyn & Bacon, pp.134～136.

에 먼저 구성원 간의 친화감이 선행하는 반면, 이차 집단의 관계는 자신의 관심과 목적을 위해서 계산적 이성에 의한 선택적 계약에 근거한다. 정치적 통치자가 백성을 자신의 자식처럼 대하는 것은 자연스럽지 않을 뿐만 아니라 그렇게 실천하도록 보장하기도 힘들다. 가족과 같이 자연스러운 친밀감이 확보되지 않은 상태에서 가족처럼 대하라는 것은 괴리가 심한 이상일 수밖에 없다. 이차 집단의 타인은 처음에는 낯선 존재일 수밖에 없다. 가족적 친밀감의 유비에 의해서 이차 집단에게 급작스런 비약을 감행하기보다 낯선 상태 그 자체에서 시작하는 것이 오히려 자연스럽다. 낯설었던 사회적 관계는 비약이 아닌 상호 간의 교류를 통하여 신뢰를 강화하거나 아니면 적대적 관계로 되어갈 것이다. 소원한 관계는 계약에 의해 서로에게 공유된 약속과 믿음을 저버리지 않을 때 친화감이 강화되어 갈 뿐이다.

이성에 근거하여 해석할 때 사회관계를 어느 하나로 환원하는 일방적 규정에서 벗어나 사회적 다양성을 확보할 필요가 있다. 사고력이 상대적으로 약한 유아기에 배우는 가족관계에서의 행위 규범이 다른 사회적 관계에서 배우는 규범보다 선행하는 것이 사실이지만 후자가 전자에 종속되는 것은 아니다. 가족관계에서 배웠던 행위 규범은 이차 사회에서 근본으로서 모델 역할을 한다기보다 참고 기능을 하는 것으로 보아야 할 것이다. 이성의 기능을 인정한다면 유가처럼 가족관계와 가족 외적 관계를 본말론에 따라 결합하는 것은 불합리하다. 오히려 이성적 사고를 통하여 본말론적 윤리를 해체해야만 다양한 사회관계의 개성을 회복할 수 있다. 가족관계 밖에 친구－친구 사이의 우정, 선배－후배 사이의 존경심, 지도자－구성원 사이의 협력 등에서 그 고유한 사회적 관계의 특성을 찾을 수 있다.

본말론적 윤리의 환원적 구조를 프로이트(Sigmund Freud)의 심리학에서도 볼 수 있다. 프로이트의 심리학은 유아기의 가족관계에서의 특징이 성인 시절의 활동에 중대한 영향을 끼친다고 주장하면서 유아기 가족관계로의 환원론적 태도를 취한다. 프로이트에 의하면 어른의 심리적 특징은 유아기의 가족관계에서 형성된다. 특히 결정의 권위를 가지고 있는 부모의 영향이 중시된다. 어린이는 권위적 부모에 의해서 해야 할 일과 해서는 안 되는 일에 따라 칭찬과 꾸중을 들으면서 심리적으로 도덕적 기준을 형성한다고 보았다. 선차적인 경험이 개인의 심리적 구조를 형성하고 나면 성인이 된 후에도 선차적 모델이 행위의 규범으로 기능한다고 생각한다. 이러한 경험주의적 심리 모델은 외부에서 유발된 성취 동기가 개인의 심리적 활동을 유발하는 근거이다.

프로이트와 같은 경험주의 모델의 가장 큰 약점은 권위자에게서 유입된 성취 동기에 의해서 경험을 환원적으로 해석하려는 데 있다. 만약 극대화 된 프로이트 심리학을 따를 경우 후차적 경험에서 새로운 심리적 개발을 통하여 즉자적이고 창조적인 성취 욕구를 습득하지 못하고 기성의 성취 동기에 의해서 행위하는데 익숙하게 될 것이다. 그러나 사실상 인간은 유아기부터 성장하면서 새로운 능력과 이제까지 몰랐던 것을 이해할 수 있는 사고력이 창조적으로 개발되는 과정을 겪는다. 인간은 유아기에서 성인기까지 계속하여 사물을 이해하고 조작하는 이성적 능력이 개발되어 간다. 인간의 심리적 과정이 외부에서 유발된 성취 동기가 아닌 개인에게서 발생하는 욕구에 의해서도 좌우된다. 이성주의자였던 롤즈(John Rawls)에 따르면 부모는 어린이에게 성취 동기를 심어주기보다 어린이의 성장에 따라 자생적으로 생겨나는 능력과 가치를 인정해 줄 것을 권유한다.[36] 부모의 권위는 억압하는데 있지 않고 어린이의 능력을 공감하고 돕는 과정에서 자연스럽게 생겨난다. 도덕적 규범 역시 어린이의 이해력이

36) John Rawls, 2000, *A Theory of Justice*(revised edition), The Belknap Press of the Harvard University Press, pp.405～409.

성장할수록 더 심화된다.

인간의 심리적 욕망은 외부의 성취 동기에 의해서 유발되는 측면을 피할 수 없겠지만 개인 스스로 판단할 수 있는 이성적 능력을 인정하지 않을 경우 성취 동기들 사이에 충돌이 생겼을 때 해결책을 구할 방법이 없다. 예를 들어 에스키모인은 딸 아이의 많은 수를 일부러 돌보지 않고 죽도록 방치한다.[37] 에스키모인이 사는 지역은 몹시 춥고 생활 필수품을 넉넉히 확보할 수 없었기 때문에 영아 살해를 통하여 출산율을 조절해야만 사회가 유지될 수밖에 없었다. 영아 살해는 우리의 도덕 관념에 따른다면 매우 패륜적인 행동임에 틀림없다. 만약 한국의 어떤 청년이 영아 살해가 있는 에스키모가 사는 지역으로 이민을 하여 여생을 산다고 한다면 한국의 도덕 관념과 에스키모의 도덕 관념이 충돌을 일으킬 것임에 틀림없다. 행위 규범의 충돌은 문화적 충돌뿐만 아니라 우리의 일상 생활에서도 자주 경험된다. 부모가 요구하는 행위 규범과 학교 선생님, 정치 지도자, 종교 지도자 등이 요구하는 행위 규범이 불일치하는 때가 많다.

인간의 이성적 능력을 적용하지 않는 한 다양한 성취 동기들 사이의 대립은 조정될 수 없을 것이다. 에스키모 사회가 최소한의 생존을 위해서 영아 살해를 어쩔 수 없이 택하였다고 한다면 이것은 인간의 생명을 무시했다고 보기 어렵다. 에스키모 사회에서는 자연 환경이 한국과 달랐기 때문에 인간을 존중하는 수단에서 차이가 있었지만 인간 존중이라는 이념에서는 공통분모를 갖는다. 이와 같이 이성적 고려는 서로 다른 관습의 대립을 해석하고 조정하는 역할을 한다. 가족 내적 규범과 가족 외적 규범이 갈등을 일으킬 경우에도 이성을 통하여 양쪽의 내용을 저울질함으로써 적절한 지점을 찾을 수 있다. 이와같이 인간은 대립하는 성취 동기들을 이해하고 조절하기 위해 이성적 판단을 해야 한다.

---

37) James Rachels, 1986, *The Elements of Moral Philosophy*, Random House, p.113.

가족관계를 가족 외부로 유비하는 본말론적 윤리는 프로이트의 유아기로의 심리적 환원과 마찬가지로 새로운 상황에 대한 이성적 사려를 약화시킨다. 반대로 인간에게 상황을 판단하고 이해하는 이성이 있다고 한다면 자신에게서 즉자적으로 발생한 성취 욕구와 타인에게서 유발된 성취 욕구를 어느 한쪽으로 환원하지 않고 양자를 이해하고 비교할 수 있을 것이다. 그러한 욕구 사이의 갈등에서 무조건 어느 하나에로 환원되기보다 각각을 차분히 이해하고 비교하여 자신의 행위 지침을 작성해야 현실에 더 잘 부합할 것이다.

제4절 혈연윤리 보편화의 조건

1. 공평한 관점

유가의 황금률을 비롯하여 황금률 일반이 타당성을 갖기 위해서는 몇 가지 조건이 요구된다. '자기가 원하지 않는 것을 남에게 베풀지 말라' 혹은 '자기가 바라는 것을 남에게 베풀라'는 황금률 일반은 자신과 타인의 차이성을 배제하기 쉽다. 오거스틴(Augustine)에 의하면 황금률에 의해 자신의 입장을 유비적으로 상대에게 투사할 경우 '술취하기를 원하는 사람이 술을 마시기 싫어하는 친구에게 억지로 술을 권해야' 옳을 것이다.[38] 이와 같이 자신의 이기적 충동을 막연하게 상대에게 투사한다면 상대방의 성취 동기를 해치게 된다. 자신의 욕구를 유비적으로 확대하는 방법은 사회적 교류의 시발점을 제공하는 계기가 될 수 있을지라도 일반화하기에는 구조적 취약점이

38) Jeffrey Wattles, 1996, *The Golden Rule*, Oxford University Press, p.176.

있다. 황금률은 공유된 가치 체계 안에서만 효력을 발휘한다. 개인 사이에 가치가 공유되지 않고 서로 특이성을 보일 때는 오히려 배려하는 이성적 노력이 필요하다. 사회적 교류가 성취되기 위해서는 황금률뿐만 아니라 상대의 입장을 차근차근 이해하는 과정이 동반되어야만 할 것이다. 황금률은 '자기가 바라는 것과 남이 바라는 것을 정확히 이해하면서 상대를 대하는 이성적 이해력'을 받아들여야 건강할 수 있다.

유가는 사회적 연대를 성취하기 위하여 가족 윤리의 유비적 확대를 주장하지만 그것은 불가능하다. 이차 집단에는 가족관계에서처럼 아직 고신뢰적 의사소통 구조가 형성되어 있지 않기 때문이다. 유가는 이차 집단을 가족관계의 말단쯤으로 여기기 때문에 이차 집단의 고유성을 확보하기 어렵다. 성급히 이차 집단에게 가족관계를 적용하려고 할 경우 외집단을 경시하고 내집단을 존중하는 소집단적 이기주의로 고착될 위험이 높다. 이차 집단에게는 고신뢰적 의사소통 구조를 그대로 적용하기보다는 처음부터 새롭게 의사소통을 시작함으로써 신뢰를 쌓도록 하는 것이 자연스럽다.

유가의 황금률에서 보이는 개인의 욕구를 타인에게 유비적으로 적용하는 경우 타인의 개성을 인정하지 않게 되고, 가족관계를 이차 집단에게 유비적으로 적용하는 경우 사회관계의 고유성을 해치게 된다. 유가처럼 내부－외부 혹은 근본－말단의 고정적 구도를 취하여 유비를 통하여 전자를 후자에 적용할 경우 인간 사회의 다양한 정서를 획일화할 위험이 있다. 그러므로 유가의 오륜에서 부모－자식, 형－동생과 같은 가족관계가 통치자－백성, 연장자－연하자의 관계로 유비적으로 확대되는 것은 불합리하다. 친구－친구의 관계는 가족관계와 상관없이 동일한 목적 추구에 따라 서로의 신뢰가 마련되어야 하며, 통치자－백성 사이의 관계 역시 정치적 의리에 의해서만 재단되어야 한다. 마찬가지로 가족 외적 연장자－연하자의 관계도 가족적 구도에서 이해되기보다는 친구－친구의 관계 혹은 전문가－초보자의 맥락에서 이해되어야 할 것이다.

통치자－백성의 정치적 관계, 친구－친구의 우정, 전문가－초보자의 존경심 등과 같이 혈연적 유대를 초월하여 사회적 교류의 고유성을 확보하기 위해서는 유가에서 말하는 혈연적 환원주의 또는 가족관계의 유비적 확대는 수정되어야 할 것이다. 유가에서 주장하는 연민, 공감, 측은지심 등은 황금률에 따른 상대방의 마음 읽기나 가족관계의 유비적 확대로 해석해서는 안 된다. 개인 정서의 황금률적 공감 혹은 유비적 확대는 상대방의 관점을 이해하는 시발적 도구쯤으로 이해해야지 사회적 교류의 규범으로 자리할 수 없다. 유가의 연민, 공감, 측은지심은 상대방의 관점을 있는 그대로 파악할 수 있는 정서적 또는 이성적 이해력의 차원에서 다루어져야 한다. 『孟子』의 '우물에 빠지려고 하는 어린 아이(幼者入井)'의 예처럼 교류하려는 상대방의 처지를 있는 그대로 이해해야만 사회적 교류에서 상호적 신뢰를 확보할 수 있다.

유가의 사상에서 유비적 확대주의와 같은 황금률만 고수한 것은 아니다. 장재의 사상에 이르면 황금률적 폐단을 극복할 수 있는 사상의 일단이 보인다. 장재는 상대와 자신의 입장을 동시에 고려하는 이성적 이해력을 제시한다. 상대에 대한 이성적 이해력 혹은 배려야말로 혈연 환원주의를 극복할 수 있는 유가의 대안이라고 생각된다. 이에 관련된 장재의 말을 들어보자.

> 사람은 마땅히 대상과 자신을 공평하게 취급해야 하고, 자신의 안과 밖이 어긋나지 않아야 한다. 신체적 욕구로 대상을 비추는 것은 편견(偏見)이다. 공적 이치로 비춘다면 남과 자신을 공평하게 고려(皆見)할 수 있다. 비유컨대 거울을 이쪽에서 가지고 있으면 상대를 비출 수 있을 뿐 자신을 비추어 볼 수 없다. 거울을 자신과 대상의 가운데 둔다면 다 비출 수 있다. 공적 이치는 보편적인 것이므로 자신과 대상을 균등하게 비춘다면(均見) 저절로 이기심이 사라져 자신을 그저 여러 사물

가운데 하나의 개체로 여기게 된다. 만일 사람이 자신의 이기적 욕구를 버린다면 이러한 이치는 자명한 것이다.[39]

이치는 사람에게 있지 않고 다 사물에 있다. 사람은 단지 사물 가운데의 한 사물일 뿐이다. 이러한 관점을 취해야 균형을 얻는다.[40]

장재는 대상을 공평하게 고려하는 균형 있는 시각을 주장한다. 자기자신을 여러 사물 가운데 두고서 사태를 바라본다. 이와 같이 자기감정을 무조건적으로 확대하기보다는 상대와 자신의 입장을 동시에 고려할 때 유가의 황금률은 편중되지 않는 확장을 할 수 있을 것이다.

2. 사회적 신뢰

보통 사회적 교류에서 일차적으로 유력한 도구가 언어이다. 의사소통 도구로서의 언어는 사람의 마음을 표현하거나 어떠한 사태를 기술한다는 점에서 실상이기보다는 거울과 같은 허상이다. 물론 본체와 쓰임의 분리를 허용하지 않는 유가의 정신을 고려한다면 허상이더라도 실상에서 분리되어서는 안 된다. 실상에서 분리되는 언어를 '참(讒)'이라고 하여 배척하였으며 진실과 부합하는 언어를 바로 '신(信)'의 범주에 넣었다. 언어가 거짓될 수 있기 때문에 언어를 통하여 타인을 곧바로 신뢰할 수 없다. 그러므로 공자는 "내가 처음에는 남의 말을 듣고 그 행위를 신뢰하였으나, 이제는 말을 들으면 행

---

39) 『經學理窟』「學大原下」. "人當平物我, 合內外. 如是以身鑒物便偏見, 以天理中鑒則人與己皆見. 猶持鏡在此, 但可鑒彼, 於己莫能見也, 以鏡居中則盡照. 只爲天理常在, 身與物均見, 則自不私, 己亦是一物, 人常脫去己身則自明"

40) 『張子語錄』「語錄上」, 313쪽. "理不在人皆在物, 人但物中之一物耳. 如此觀之方均"

동을 본다."[41]고 하였다. 이처럼 언어와 사실의 일치 즉 체용의 일치는 당위명제이지 필연성을 지니는 사실명제가 아니다. 타인과의 교제에서 신뢰를 얻기 위해서는 언행일치가 당위적으로 요구되지만, 한편 사실상의 행동에서는 타인과의 신뢰를 저버리고 자신의 이익만을 위해 행위하는 경우가 다반사이다. 결국 타인의 말을 믿는다고 할지라도 불신의 그림자를 떨칠 수 없는 곡예를 해야 한다.

이차 집단 사이의 교제는 가족관계와 달리 이미 형성된 결속력이 약하기 때문에 거기에서 사용되는 언어의 신뢰도 역시 약할 수밖에 없다. 이차 집단의 교제에서 상대방의 말을 자신의 가족의 말처럼 신뢰했다가는 배신을 당하기 쉬운 것이 사실이다. 이차 집단에서 사용하는 언어의 불확실성은 가족관계와는 다른 이기적 특성을 분명하게 보여준다. 가족관계에서는 다른 구성원이 잘될 수 있도록 자신을 희생하는 일이 자주 일어나지만 이차 집단에서는 이기적 쟁투의 양상이 더 많이 목격된다. 가족 집단과 이차 집단에서 모두 언어를 사용하고 있지만 선행하는 결속력의 차이에 의해서 언어의 신뢰도에도 차이가 난다.

사회에서 사용하는 언어는 실천 여부에 따라서 그 신뢰도가 변증적으로 강화되거나 퇴화되어 간다. '죄수의 역설'이라고 알려진 두 죄수의 상황을 생각해 보자.[42] 죄수 A와 죄수 B는 서로의 범죄 내용을 알고 있으므로 상대의 잘못을 발설하면 상대의 죄는 그만큼 무거워지고 자신의 죄는 감량 받는 혜택을 누리게 된다.

---

41) 『論語』「公冶長」. "子曰, 始吾於人也, 聽其言而信其行. 今吾於人也, 聽其言而觀其行"

42) Henry Rosemont, Jr., 1991, "Who Chooses?", *Chinese Texts and Philosophical Contexts*(ed. Henry Rosemont, Jr.), pp.253～256.
John Rawls, 2000, *A Theory of Justice*, p.234.

〈표 7〉 죄수의 역설

	죄수 B(사회적 지향)	
죄수 A(이기적 지향)	발설하지 않을 경우	발설할 경우
발설하지 않을 경우	A 1년, B 1년	A 10년, B 0년
발설할 경우	A 0년, B 10년	A 5년, B 5년

위의 표에서 단기적 이득을 지향한 죄수 A가 상대의 죄를 발설했지만 사회적 약속을 지향한 죄수B는 끝까지 발설을 거부했다고 한다면 표의 검은 부분의 형량이 결정되므로 A는 석방되고 B는 10년의 감옥생활을 할 것이다. 결과적으로 죄수 A가 목전의 이득을 위해서 약속을 배신한 것과 달리 죄수 B는 약속을 지킴으로써 혼자서 더 큰 피해를 입게 되었다. 이 경우 죄수 A는 이기적 욕구를 충족하였고 B는 사회적 신뢰도를 중시하였다고 볼 수 있다. 이후 두 죄수가 사회적 교류를 계속할 경우 죄수 A의 신뢰도는 훨씬 감소하여 상대를 이기적으로 이용하기가 어려워질 것이고, 죄수 B는 신뢰도가 향상하여 사회적 협력의 이득을 얻기가 쉬워질 것임에 틀림없다. 죄수 A의 선택이 단기적 이득을 지향하였다고 한다면 죄수 B의 선택은 장기적 약속을 지향하였다.

결속력과 의사결정 구조는 상호적으로 영향을 끼친다. 한편으로는 결속력의 차이가 두 죄수의 의사소통 구조를 결정하기도 하고, 다른 한편으로는 의사결정의 결과에 따라서 이후 서로에 대한 결속력의 강도가 정해지기도 한다. 따라서 현재의 두 죄수가 서로를 발설하느냐 하지 않느냐가 이후의 신뢰 구조에 많은 영향을 끼칠 것임은 자명한 사실이다. 상대에 대하여 단기 지향적 결정을 하느냐 아니면 장기 지향적 결정을 하느냐에 따라서 이후 상호 신뢰도에 많은 차이를 야기한다. 즉 의사 결정 태도가 이후의 신뢰도를 가늠하는 징표가 된다. 따라서 이차 집단에서의 사회적 관계는 가족관계처럼 신뢰할만한 강한 징표가 형성되어 있지 못하므로, 서로에 대한 장기 지향적 교류를 통하여 신뢰의 징표를 축적할 필요가 있다. 만약 이차 집단에서 신뢰의 징표를 획득하지 못한 채 계속적으로 개인의 이기적 욕구만을 추구한다면 사회의 결속력은 급격히 악화될 것이다.

유가의 사회적 교제는 이기적 단기 지향보다는 사회적 교류에서 얻어지는 이득까지를 포괄하는 장기적 지향을 택하고 있다. 이기적 욕구의 성취는 사회의 유기적 연대를 해치지 않을 때라야 정당한 것으로 인정하였다. 유가 사상에서 사회적 교류란 곧 신뢰를 뜻하며,[43] 교제는 신뢰로써 맺어야 서로 배반하지 않는다.[44] 유가 사상에서의 신뢰는 공동체를 성립시키는 부수적 특성이 아니라 본질적 특성이다. 공자는 정치를 할 때 식량과 군사력과 신뢰 세 가지가 필요한데, 부득이한 경우 군사력과 식량은 포기할 수 있어도 신뢰가 없으면 안 된다고 말한다.[45] 유가는 개인의 이익을 우선하기보다 사회에 고신뢰적 인프라를 구축함으로써 공동체적 연대를 강화시키는 것이 장기적으로 더 많은 복지를 가져온다고 보았다.

그러나 유가에서의 신뢰가 무조건적 장기지향을 추구하는 것은 아니다. 신뢰에는 일정한 조건이 따른다. 합리, 정의, 적실성 등이 배제된 신뢰는 인정하지 않는다. 이 점에서 합리적 정의가 신뢰보다 본질적인 것임을 알 수 있다. 유가의 다섯 가지 덕목인 인, 의, 예, 지, 신 등에서 의와 예가 신(信)에 앞선다. 장재의 설명을 보자.

> 군자는 자신의 말이 받아들여지지 않을지언정 의롭지 못한 신의에 얽매이지 않는다. 몸이 곤욕을 치를지언정 예법에 벗어난 공손으로써

43) 『禮記』「曲禮上」. "交遊稱其信也"
44) 『禮記』「緇衣」. "信以結之, 則民不倍"
45) 『論語』「顏淵」. "子貢問政. 子曰, 足食, 足兵, 民信之矣. 子曰, 足食, 足兵, 民信之矣. 子貢曰, 必不得已而去, 於斯三者何先? 曰, 去兵. 子貢曰, 必不得已而去, 於斯二者何先? 曰, 去食. 自古皆有死, 民無信不立"

남을 따르지 않는다. 고립되어 아무도 도와주지 않을지언정 천박한 사람에게 친밀감을 팔지 않는다. 이 세 가지는 조화를 알되 예법으로 절제할 줄 아는 것이다.46)

위의 인용문에서처럼 정의와 예법에 근거한 유가의 장기 지향적 경향은 개인주의보다는 집단주의를 추구한다. 개인의 욕구 성취를 중요시하는 개인주의에서는 자기 자신과 직계 핵가족만을 돌보는 것으로 가족의 의무를 다하지만, 집단주의 사회에서는 확대 가족 또는 정서적으로 일체감을 느끼는 내집단에 대한 소속감과 충성심을 중시한다. 유가적 집단주의에서는 정체감이 개인 안에 내재하기보다 개인이 속해 있는 사회적 그물망 속에서 확립된다. 그래서 '나'라는 개념보다 '우리'라는 개념을 자기의 정체적 언어로 배운다.47) 유가의 장기 지향적 의사결정은 '나'라는 개인에 머물기보다 공동체적 교제의 기준을 설정함으로써 '우리'라는 집단주의적 측면에서 정당한 고 신뢰 구조를 형성하려고 하였다.

3. 사회성의 지표

장재가 제시하는 사회적 신뢰를 달성할 수 있는 또 하나의 카드는 징험(徵驗)의 논리이다. 의사소통 도구인 언어는 항상 그 자체만으로 진실을 확보할 수 없고 사실을 통해서만 진실이 확보된다. 따라서 말해진 것을 넘어 징험된 것이라야 확실성을 담보할 수 있다.

---

46) 『正蒙』「有德」. "君子寧言之不顧, 不規規於非義之信. 寧身被困辱, 不徇人以非禮之恭. 寧孤立無助, 不失親於可賤之人. 三者知和而能以禮節之也"

47) 기어트 홉스테드(Geert Hofstede), 차재호 나은영 역, 1996, 『세계와 문화의 조직』, 학지사, 106쪽.

징험함이 없이 말하는 것은 불신을 얻고 거짓을 여는 길이다. 공자는 기(杞) 나라와 송(宋) 나라가 내 말을 징험하지 못하므로 말하지 않았다. 주(周) 나라는 징험할 수 있으므로 주 나라에 따랐다. 징험함이 없으면 불신하므로 군자는 말하지 않는다.[48]

실제 행동으로 확인되지 않는 사람의 말은 믿을 근거가 하등에 없는 셈이다. 장재가 말한 징험의 논리는 공자에게서 연원한다. 공자는 "윗 자리의 사람이 비록 선할지라도 징험이 없으면 신뢰할 수 없고 신뢰할 수 없으면 백성이 따르지 않는다."[49]라고 말하였다. 즉 사실과의 일치가 확보되어야지 신뢰할 수 있다는 것이다.

사회적 연대를 위한 징험의 본보기는 먼저 가족 내에서의 생활과 개인의 성실함이다.[50] 부모와 잘 협동이 되지 않거나 개인 생활에 성실함이 없다면 사회적 교제를 잘하기 어렵다. 유가는 가족의 구조와 사회의 구조를 유사하게 취급한다. 더 나아가 가족윤리를 사회윤리의 하나로 삼는다. 가족에서 튼튼한 상호연대를 획득한다면 그것을 확장하여 사회적 연대에 대한 가능성을 제시한 셈이다. 태어날 때부터 피를 같이하고 몸을 부대끼는 친밀한 가족관계에서조차 신뢰를 얻지 못하는 사람이 사회에서 신뢰를 얻기는 어려울 것이다. 이점에서 유가의 논의는 설득력을 얻는다. 가족 공동체에서 연대에 대한 지향성을 올바로 획득한다면 사회공동체에서의 연대가능성이 커진다.[51] '수신, 제가, 치국, 평천하'와 같이 가족 내에서의 윤리적 수양을 사회에까지 확장하려는 유가의 노력은 친근하게 짜여진 거대 공

48) 『正蒙』「有德」. "無徵而言, 取不信, 啓詐妄之道也. 杞宋不足徵吾言則不言, 周足徵則從之. 故無徵不信, 君子不言"

49) 『中庸』 29장. "上焉者, 雖善, 無徵, 無徵, 不信. 不信, 民弗從"

50) 『中庸』 20장. "信乎朋友有道, 不順乎親, 不信乎朋友矣. 順乎親有道, 反諸身不誠, 不順乎親矣"

51) 『論語』「學而」. "有子曰, 其爲人也孝弟而好犯上者, 鮮矣. 不好犯上而好作亂者, 未之有也"

동체(대동사회) 건설에 대한 희망으로까지 이어지기도 한다. 이러한 구도에서 가족 관계란 다른 사회 관계에 유비적으로 모사해야하는 원본이 아니라, 누구나 가장 먼저 접하는 사회적 관계의 시작점이다.

인간이 사회적 연대에 참여하고자 한다면 가정생활도 그 중의 하나이다. 가장에서 한번 잘못한 일도 사회 생활의 징험과 단서가 되기 때문에 행동에 신중하지 않을 수 없다. 가족 공동체란 가만히 방치하더라도 저절로 조화가 이루어지는 것이 아니라 그 구성원들 사이의 존중과 배려를 통해 연대를 이루는 소규모 사회집단이다. 심지어 아직 교제가 일어나지 않은 홀로 있을 때부터 자신에게 신중을 기하는 유가의 엄격주의가 등장한다.[52] 조그만 잘못이라도 연대의 조화를 해치는 계기가 되기 때문에 평소의 언행을 삼가지 않을 수 없다. 일의 시작은 쉽고 간단한 것 같지만 사실은 일의 결과를 결정하는 중요한 원인이므로 그 기미에서부터 신중을 기한다.

> 그 시작에는 미미하고 간단하지만, 그 구극에는 광대하고 견고하다.[53]

시작과 끝, 미미함과 광대함, 간단함과 견고함 등은 서로 유기적으로 통일되어 있으므로 처음의 미미할 때부터 마음을 써야만 한다. 바꿔 말한다면 유가는 사소한 것 하나도 놓치지 않는 섬세함이 있다. 아무리 조그만 것이라도 그냥 지나쳐선 안 된다. 이렇게 본다면 맹목적으로 사회적 연대에 참여하는 것은 아니다. 자신을 신중히 한다는 것은 상대방과의 교제도 그만큼 까다롭다는 것을 의미한다. 상대방의 조그만 잘못일지라도 나중에 불화의 씨앗이 될 수 있으므로 미리 신중을 기한다. 만일 작은 일에서부터 살피지 못한다면 가정적으로는 자기 자식을 망치게 되고 사회적으로는 좋은 사람과 연대할 수

52) 『中庸』 1장. "莫見乎隱, 幕顯乎微. 故君子 愼其獨也"
53) 『正蒙』 「太和」. "其來也幾微易簡, 其究也廣大堅固"

없을 것이다.[54]

엄격주의를 표방하는 장재의 징험의 논리를 따른다면 가족관계는 사회적 관계의 징표이다. 대부분의 사회적 관계가 가족관계에서부터 시작된다는 점에서 가족관계는 여타의 사회적 관계를 강화할 수 있는 중요한 지표인 셈이다. 가족관계에서부터 사회적 연대를 위한 동정심, 배려, 책임감 등을 배워 나간다면 여타의 사회적 교제에서 중요한 참고 기능을 할 것임에 틀림없다.

---

54) 『大學』 8장. "諺有之曰: 人莫知其子之惡, 莫知其苗之碩"

제 6 장

결 론

이 책은 유가, 불가, 도가 등 동아시아 전통에 편재하는 기 사상을 탐구하는 첫 발로서 장재의 기 철학을 연구하였다. 장재의 기 철학은 당시의 노불을 비판하기 위하여 유교를 재해석함으로써 성리학적 지평을 새롭게 개척하였다. 장재의 사상은 나중에 주희의 이기론적 구도에서 상당부분 수용되었다. 이제 장재 기 철학의 함의를 음미하면서 글을 맺고자 한다.

1.

장재는 일반적 존재(being)의 '현존(presence)'[1]에서부터 존재의 일

1) 커뮤니케이션 이론을 보면 의미의 표현매체로서 현시매체와 재현매체로 나눌 수 있다. 현시(presence) 매체는 목소리, 얼굴, 신체 등 '자연스런' 구어적인 언어, 표현, 제스처 등을 사용한다. 현시매체는 송신자가 곧 매체이기 때문에 송신자가 의사소통 현장에 있어야만 한다. 따라서 현시매체에서 송신자는 '여기 그리고 현재'라는 시공간에 묶여 있으면서 커뮤니케이션 행위를 낳는다. 한편 재현(represence) 매체는 책, 그림, 사진, 건축물, 인테리어, 정원 등 어떠한 유형의 '텍스트'를 창조하기 위해

차적 특성을 규정한다. 도대체가 부재하지 않고 현존하고 있다는 것,[2] 그것에서부터 이미 기(氣)의 의미가 함장되어 있다. 존재는 현재에 출석하고 있기 때문에 타자에게 목격되고 계시된다. 이러한 현존은 무엇의 현존인가 혹은 어떠한 현존인가라는 물음을 필연적으로 동반한다. 장재의 기는 어떠한 현존을 말하는 것일까? 자동차 바퀴에 묻은 먼지처럼 그저 현재에 출석하는 것으로서만 존재를 해석하는 것은 존재에 대한 지나친 단순화에 머물 수밖에 없다. 불교에서 '먼지 하나에 우주가 들어있다.'고 하였듯이 존재는 현존하는 것을 넘어서 더 심오한 의미를 띠지 않을 수 없다. 장재에 의하면 현존하는 기는 존재론적으로 모이고 흩어지는(聚散) 순환의 연속된 과정이다. 사람이 살고 있다는 것은 새로운 기가 모이는 과정이고, 사람이 죽는다는 것은 모였던 기가 흩어지는 과정이다. 기의 일차적 존재 양식은 취산에 의한 형태의 변화(metamorphosis)라고 할 수 있다. 마치 유생 시절의 애벌레와 올챙이가 완전한 성체가 되었을 때 나비

문화적이고 심미적인 관습을 사용하는 수많은 매체가 이에 해당된다(존 피스크, 강태완 김선남 번역, 1997, 『문화커뮤니케이션론』, 한뜻, 49쪽). 피스크가 말하는 재현 매체는 단순한 동일성의 반복을 위한 것이 아니라 매체에 의한 창조적 표현을 허락한다. 현시매체가 현재에 제한되는 즉흥적인 매체라고 한다면 재현매체는 이차적 기술과 도구를 써서 새로운 방식으로 표현하는 것이다. 이 점에서 현시매체는 현재에 구속적인 반면 재현매체는 그러한 구속성을 벗어날 수 있다. 예를 들어 중국 전국시대의 파란만장한 영웅들의 싸움은 당시에 현실적으로 존재했을 것이지만, 그것이 『史記』와 같은 재현 매체를 통해서 재현되지 않았다고 한다면 우리에게 아무런 의미도 알려주지 못했을 것이다. 이와 같이 재현은 다른 시간에 다른 매체에 의해서 의미를 재창조한다는 의미에서 표현의 한 범주로 생각해야 한다. 장재의 기(氣)도 형이상자의 표현을 통해서 존재의 의미를 심화시키고 있다.

2) 하이데거 역시 "왜 있는 것은 도대체 있고 차라리 아무 것도 아니지 않는가?"라고 이러한 질문을 제기하고 있다(하이데거, 박휘근 번역, 1994, 『형이상학 입문』, 예문출판사, 23쪽).

와 개구리로 형태를 변화하듯이 어떤 기에서 다른 기로 바뀌는 현존이다. 따라서 이 세계에 대하여 부재로부터의 생성 혹은 창조를 상정하기보다 어떤 현존으로부터 다른 현존으로의 변화로서 이해한다. 장재의 기에는 완전한 부재로부터 생성되는 현존이 존재하지 않으며, 변화를 포함하지 않는 영원한 현존 역시 존재하지 않는다. 즉 늙어죽지 않고 영원히 사는 개체, 흩어지지 않고 영원히 뭉쳐있는 기 등은 상정되지 않는다. 장재의 기는 헤라클레이토스의 불처럼 계속해서 다른 어떤 것으로 변화하는 과정 안에 있다.

장재 기 철학에서 기의 운동은 신탬적 상관성과 패러다임적 상관성에 의해 추동된다. '하늘－양－더위－불－해' 등과 같은 자연의 구성 요소들은 함께 인접함으로써 서로에게 유사한 감응을 유발하면서 일련의 신탬적 계보를 형성한다. 한편 '하늘/땅, 양기/음기, 여성/남성' 등의 관계는 패러다임적 쌍으로 결합함으로써 상호보충의 감응을 일으킨다. 이와 같이 장재의 기는 신탬적 상관성과 패러다임적 상관성의 수직과 수평의 교직으로 짜인 직물과 같다. 장재의 기는 궁극적으로 신탬과 패러다임의 상호작용에 의해 불가분의 것으로 서로 연계된 혼연(渾然)적 개체(holistic particular)를 성립시킨다.

장재의 기는 불가분의 동일자보다는 상관적으로 감응하면서 변화하는 측면을 중시하기 때문에, 원자론자가 취하고 있는 원자의 독립성, 실체/속성, 불가분성, 동일성, 본체/가상 등의 개념을 찾을 수 없다. 오히려 장재의 기는 '사랑과 증오'와 같은 존재 간의 감응을 다루었던 엠페도클레스, 존재는 불과 같이 변화하는 과정이라는 헤라클레이토스 등의 사유에서 유사성을 발견할 수 있다. 장재는 "하늘과 땅을 채우고 있는 모든 것을 나의 몸으로 삼고, 하늘과 땅을 통솔하고 있는 것을 나의 본성으로 삼는다."고 함으로써, 개체의 존재됨이 전체에 혼융되어 있는 부분으로서 의미를 갖는다고 생각하였다. 개체는 우주론적으로는 천지의 부분으로서, 혈연적으로는 가족의 후손으로서, 사회적으로는 이웃으로서, 정치적으로는 국가의 일원으로서 그 의미를 획득한다.

2.

장재는 존재론적 본체로서 태허(太虛)를 세웠음에도 태허에서 정주학적 이(理)의 측면이 적극적으로 드러나지 않는다. 장재의 태허에서 정주학의 이(理)가 명시적으로 드러나지 않았던 이유를 장재가 이기불상잡(理氣不相雜)보다는 이기불상리(理氣不相離)의 입장을 철두철미 고수하면서 형이상자와 형이하자를 기(氣) 개념 안에서 포괄한 데서 찾을 수 있다. 태허는 인성론에서 우주론까지를 아우르는 포괄적 본체로서 천체, 기상, 인간 등을 포함하여 모든 존재를 해석할 때 적용되었다.

장재가 유교의 형이상자를 본격적으로 언급하는 곳은 천지지성(天地之性)을 인성론적 본체로 삼은 데서 드러난다. 천지지성은 참화불편(參和不偏)하고 순선(純善)한 것으로서 하늘에서 유래하며, 모든 사람에게 보편적으로 내재한다. 장재가 추구한 순선한 천지지성은 공맹(孔孟)의 인의예지(仁義禮智)처럼 인위의 소산이 아닌 자연스러운 발로이며, 인간이 삶을 추구할만한 원초적 근거로서 기능한다. 천지지성으로서의 본체는 맹자의 성선설을 계승한 것으로서 정주(程朱)학에서 주장하는 "성즉리(性卽理)"의 학설과 상통한다.

천지지성은 이미 완성된 이념이기 전에 인간 현존재에게 생득적으로 주어진 심성론적인 한 조건일 뿐이다. 따라서 천지지성은 발생에서 보면 무위에 근원하지만 온전한 획득의 측면에서 보면 유위적 수양을 요구한다. 천지지성을 체득하는 데 유위적 노력의 과정이 필요한 이유는, 천지지성이 인간의 생리적 욕구인 기질지성이라는 환경 속에 있기 때문이다. 기질지성은 형체(形)에서 유래하는 것으로서 강(剛)/유(柔), 완(緩)/급(急), 재(才)/부재(不才) 등의 편차를 지니므로 그 안의 천지지성은 기질에 대한 적극적 수양을 통해서만 확보할 수 있다. 천지지성은 구하면 얻을 수 있지만 놓으면 어디론가 사라지고 만다. 장재는 기질적 환경에서 천지지성을 구현하는 과정을 일지(一之), 겸체(兼體), 반지(反之) 등으로 설명하였다. 인간은 기질적 욕구의 환경 속에 살면서도 천지지성을 찾아 그것에 일치하려는 노력(一之)을, 음기/양기의 상관성 중에서 한쪽으로 편향되지 말고 양쪽을 동시에 고려하는 포괄적 노력(兼體)을, 기질지성 안에 있는 천지지성에 돌아가려는 노력(反之)을 통해서만 인간의 본원적 근거를 체득할 수 있다. 본성을 현실에 구현하려는 장재의 노력은 나중에 "자기의 본성으로 돌아가야 한다(復其性)."고 주장했던 주희에 의해서 계승되었다.

장재의 "천지지성에 돌아가는 것"은 마치 노자(老子)가 말하는 "아무 것도 하지 않는(無爲)" 인간의 소박한 자연 상태를 의미하는 것으로 들릴 수도 있겠으나, 장재는 인간의 자연 상태에 대해서 기질지성보다 천지지성을 즉 개인의 생리적 욕구보다 사회적 선의지(善意志)를 원초적인 본성으로 삼고 있다. 장재가 사회적 선의지를 지향하였던 것에 반해, 도가는 '무명(無名)'이나 '무위(無爲)'와 같은 무(無)를 기 본체로 삼으면서 인간의 사회적 정감과 사회적 체제를 성립케 하는 유가의 인의예지(仁義禮智)를 허식으로 본다. 마찬가지로 불가의 윤회설은 인간의 사후 세계를 논함으로써 비현실적인 사변을 설한다. 장재는 당시 사회에서 성행하던 도가와 불가의 사상적 대안으로서 음기/양기의 현실적 세계 안에서 유교 이념을 구현하려고 하였다. 장재는 유교야말로 가족에서 효(孝), 사회에서 인(仁)이라는 이념을 설정함으로써 허학(虛學)이 아닌 실학(實學)을 추구하였다고 보았다. 장재가 파악한 '현실'에서 본다면 비록 성인일지라도 기질의 욕구를 초탈할 수 없고, 비록 우인(愚人)일지라도 천지지성을 본성으로 얻고 태어났으므로, 인간은 기본적으로 그 사이에서 갈등하는 존재일 수밖에 없다. 장재가 말하는 수양론은 그러한 갈등에서 천지지성으로 돌아갈 것을 제안한다.

형이상자로서의 천지지성은 인간의 마음을 통하여 현시되며, 식물의 새싹이나 처음 타오로는 작은 불꽃과 같은 것에 비유된다. 인심(人心) 속에는 이념이 현실화되는 최초의 장으로서의 도심(道心)이 미미하게 발출하고 있다. 도심이란 이념적 형이상자가 형이하자에 구현됨으로서 마음에서 발출되고 있는 현실적인 것이다.[3] 다만 형이상자의 현실적 단초인 도심은 애초 미미하지만 함양(涵養)의 과정을 통해서 왕성한 것으로 성숙될 수 있다. 이러한 의미에서 인간은 감각적 현존에 형이상자적 이념을 구현(embodiment)하는 존재이다. 인간의 감각적 욕구는 충족(sufficiency)됨으로써 해소되는 것임에 반해 형이상자적 본성은 이념의 구현, 계시의 실현(realization), 도심의 육화(incarnation)로써 확장된다. 형이상자는 은미한 것에서 현현한 것으로, 비감각적 이념에서 감각적인 현장으로 현상함으로써 형이하자와 불가분의 짝을 이룬다. 이렇게 볼 때 장재를 포함한 성리학 일반은 기(氣)에 내재한 형이상자로서 이(理)를 현실화하려는 이기론적 구도의 정당화라고 할 수 있다.

장재는 감각적 욕구 자체를 부정하지 않지만 그렇다고 감각적 욕구로만 이루어진 세계를 긍정하지도 않는다. 기의 현실은 감각적 본능과 형이상학적 본성의 동시적 현시(presentation)이지만, 거기에는

3) 마음을 기(心是氣)라고 보았을 때 인간의 마음은 기본적으로 형이하자의 세계에 형이상자가 구현되어 있다. 형이하자에 형이상자가 내재할 때, 즉 심기(心氣)에 성리(性理)가 내재할 경우에 이를 도심(道心)이라고 할 수 있다. 그러나 형이상자가 내재해 있는 도심을 방치하고서 형이하자적 감각기관의 욕구만으로 경도될 때 도(道)의 세계에서 벗어나게 된다. 그래서 도심은 미미하고 인심(人心)은 위태롭다. 장재의 구도로써 환언한다면 도심의 양성이란 기질지성 안에 있는 천지지성을 회복하는 것을 가리킨다.

반드시 현시된 본성에 대한 표현(representation)이 수반되어야 한다. 이처럼 장재의 기는 형이상자와 형이하자의 중층적 구조이다. 그는 형이상자와 형이하자가 근본과 말단의 관계로 맺어진 상태를 선호한다. 장재는 형이상자가 도심에 드러나면 형이하자적 감각적 활동이 거기에 육화되는 것을 존재의 이상적 경지로 생각하였다. 도심은 선차적 근본이고 인심은 도심에 수반되는 지류여야 한다. 장재는 형이상자를 형이하자보다 근본적인 것으로 보았기 때문에 욕구의 현시로서의 삶보다 이념의 표현으로서의 삶을 더 심오한 것으로서 존경하였다. 인간 삶의 동기는 표면적 측면에서 볼 때 감각적 부귀영화를 누리거나 무병장수하는 것일 수 있지만, 심층적 측면에서 본다면 도심의 표현이다.

장재는 마음을 발견하여 그것을 실현하는 기술로서 유가 전래의 방법을 계승하고 있다. 인숙(仁熟), 의리(義利), 예악(禮樂), 유가 경전의 독서, 거경함양(居敬涵養) 등에서 형이상의 세계를 형이하의 세계에 실현하는 기술을 엿볼 수 있다. 형이상자의 실현은 예술가가 예술작품을 창조하듯 개인적 차원에서 가능한 것이 아니다. 개인적 차원의 기도, 명상, 좌선 등은 인(仁)을 실현하는 일차적 수단일 수 없다. 장재가 주장하는 형이상자의 실현은 다른 존재와의 관계 속에서만 가능하다는 점에서 철저히 사회적이다. 즉 형이상자의 실현은 음기/양기의 상관적 감응의 공간에서 이루어진다. 형이상자는 부모－자식 사이의 친근감, 부부 사이의 구별, 친구 사이의 우정, 통치자－피치자 사이의 정의 등과 같은 감각적 감응을 매개해서만 구현된다.

3.

장재의 천지지성을 실현하려는 노력은 사회철학에서 구체화된다. 장재는 당시 불교의 영향 아래 사라졌던 종법제도, 족보, 조상에 대한 제사 등을 복원하려고 애썼다. 이러한 장재의 시도는 공자의 주

(周)나에 대한 동경과 일치한다. 장재는 국가 공동체 혹은 사회 공동체를 조직하는 본질적인 근거를 혈연의 계보에서 찾았다. 유가 최고의 이념인 인(仁)이 정상적으로 실현되는 최초의 그리고 가장 중요한 계기는 혈연적 가족관계이다. 장재는 유가의 황금률인 충서(忠恕)에 근거하여 혈연적 유대감을 사회에 유비하려고 하였다. 그러한 혈연 중심적 유비 논리에 따르면 부모=천지, 종자=대군, 가상=대신, 동포=백성 등과 같이 비가족적 사회관계가 가족관계처럼 취급된다. 가족윤리는 국가의 정치윤리에 적용되는 것을 넘어 궁극에는 우주의 원리로까지 기능한다. 우주는 마치 하나의 거대한 가족과 같은 것이다.

그러나 장재의 혈연 중심적 유비는 소크라테스가 말했던 무지의 지(知)를 되새길 필요가 있다. 우리는 처음 접하는 사회 조직이나 이웃에 대해서 잘 모른다는 사실을 겸허하게 받아들여야 한다. 초면자에 대하여 마치 자신의 가족처럼 이미 속속들이 알고 있기나 한 듯이 대한다면 상대방의 처지는 옹색할 수밖에 없다. 초면자나 이방인은 이제 처음 만나는 생면부지의 사람이므로 가족 구성원에서처럼 이미 맺어진 관계가 아니라 앞으로 맺어질 관계이다. 타인과의 관계에서 무지의 지로써 새롭게 시작할 때, 가족관계 밖의 친구－친구 사이의 우정, 선배－후배 사이의 존경심, 지도자－구성원 사이의 협력 등에서 그 고유한 사회적 관계의 특성을 찾을 수 있을 것이다. 따라서 혈연 중심적 가족주의를 사회로 확장할 때는 타인의 입장을 그 자체대로 이해하려는 공평한 관점, 눈앞의 이익보다는 멀리 내다보는 장기지향의 의사소통, 경력에 기반 하는 사회적 교류 등이 동반되어야 한다.

4.

장재의 기 철학은 현대인에게 주관의 선의지와 욕구에 대해서 그 중요성을 환기시켜 준다. 근대에 접어들면서 인간의 생리와 병리가 의학에 맡겨지고, 인간의 행위 기준이 법에서 부과되면서, 인간의 선의지(善意志)에 대해서는 골동품 애호가의 퇴락한 소장품처럼 무관심하게 여기는 것을 당연지사로 여긴다. 개인의 사적 욕구에 대해서도 사회의 공적 기준을 어기지 않는 한 방치하는 것을 당연시한다. 그렇다면 사적 선의지와 사적 욕구는 방치하고서 내던질 그러한 것일까? 봄에 땅위로 머리를 내미는 초록을 보고서 대초원으로 내달리고 싶은 충동을 누구나 느끼겠지만, 언쟁 많은 세상사의 틈바구니에서 개인의 기질적 욕구를 시나브로 잃고 있는지도 모른다. 또한 우물에 빠지려는 아이에게 손길을 뻗치려는 선의지가 누구에게나 있겠지만, 일이 바쁘다는 이유로 알게 모르게 방관하는 습관에 익숙해져 있는지도 모른다. 인간의 감각적 본능에서 발생하는 기질지성과 양심적 본성에서 발생하는 천지지성이 비록 사회의 공적 담론의 대상과 구분되어 있을지라도 그것들은 개인의 내밀한 자아를 성숙시키는 근원적 동력임에 틀림없다. 근대에 접어들면서 한국 사회는 서구의 자본주의, 민주주의, 사회제도 등을 수용하느라고 개인의 사적 삶을 가꾸어 나가는 기술에 대해서 관심을 가질 여유가 없었다. 그러나 개인의 인생에 대해서 사회의 공적 제도가 모든 것을 충족시켜 주거나 책임질 수 없는 노릇이다. 사회를 다스리는 일과 개인이 자신을 가꾸어 나가는 일은 완전히 합일되기에는 불일치한 측면이 많다. 개인이 사회적 허가와 승인을 얻는 대신 자기 자신의 본성적 양심과 기질적 욕구를 단념해야 한다면 삶의 자발성은 그만큼 줄어들 것이다. 전통의 유자들이 통치자와 뜻이 맞지 않았을 적에 세속이나 자연으로 은퇴하여 자신의 내재적 가치에 열중하는 것을 볼 수 있다. 장재 역시 유교의 이념을 계승하였기에, 남을 다스리는 위인지학(爲人之學)보다 자신의 가치를 계발하는 위기지학(爲己之學)을 수양의 본원으로 생각하였다. 어쩌면 개인의 마음에서 메아리치는 내재적 본성과 본능의 소리야말로 인간의 삶을 의미 있게 하는 맑은 한 줄기로 부단하게 흘러나오는 한천(寒泉)일 것이다.

5.

장재의 기 철학은 성리학적 도학을 지향한다. 그러한 장재의 기(氣) 사상은 그 자신에게만 그치지 않고 중국 송(宋) 나라 이후의 성리학과 조선 시대의 성리학에 많은 영향을 끼쳤다. 앞으로 왕부지(王夫之), 서경덕(徐敬德), 이황(李滉), 이이(李珥) 등에 대한 연구를 통하여 기의 성리학적 지평을 더 포괄적으로 규정해야 할 것이다. 또한 이 책에서는 도가와 불가에서 기를 어떻게 보았는지 그 일차 자료를 충분히 언급하지 못하였다. 앞으로 노장 사상과 불교 문헌을 분석함으로써 거기에서는 자신들의 관점을 어떻게 정당화하고 있는지 다루어야 할 것이다. 이와 같이 유가, 불가, 도가 등에서 기를 어떻게 구조화하는 지 두루 연구한다면 기의 사상사적 지도를 더 종합적으로 그릴 수 있을 것이다.

부 록

1. 장재의 삶

장재(張載, 1020~1077)의 자는 자후(子厚)이고 봉상미현(鳳翔郿縣) 횡거진(橫渠鎭) 사람이다. 송(宋) 인종(仁宗) 천희(天禧) 4년(1020)에 태어나 송(宋) 신종(神宗, 1048~1085) 희령(熙寧) 10년(1077)에 죽었다. 인종(仁宗) 가우(嘉祐) 2년(1057)에 진사(進士)가 되어 처음에 기주사법참군(祁州司法參軍)에 벼슬하다가 단주운암현령(丹州雲岩縣令)과 첨서위주판관공사(簽書渭州判官公事)를 역임하였다. 신종(神宗) 희령(熙寧) 2년(1069)에 숭문원교서(崇文院校書)가 되었으나 다음해에 고향으로 돌아가 강학(講學)하였다. 신종(神宗) 희령(熙寧) 10년(1077) 봄에 동지태상예원(同知太常禮院)에 부임되었으나 그 해 겨울에 그만두고 집으로 돌아오는 중 12월에 임동(臨潼)의 관사(館舍)에서 병사(病死)하였다. 횡거진(橫渠鎭)에서 강학(講學)하였으므로 당시의 학자들이 횡거선생(橫渠先生)이라고 불렀다.[1)]

현재 장재의 사당(祠堂)이 위치하는 곳은 중국 섬서성(陝西省) 미현(眉縣) 횡거(橫渠, 西安에서 서쪽 100킬로미터)이다.[2)] 그곳에 가면 "송현횡거선생묘(宋賢橫渠先生墓)"라고 쓰인 비석이 하나 세워져 있다. 그 비석을 끼고 계속 오르면 소박한 기와집 한 채가 있는데 그곳이 횡거가 살았던 곳이다. 그곳의 지형이 좁은 것으로 보아 옛날에도 매우 작은 집이었을 것으로 추측된다. 횡거의 묘소는 진령산(秦嶺

1) 장재의 생애에 관해서는 여대림(呂大臨, ?~1076)의 『呂大臨橫渠先生行狀』과 『宋史』「張載傳」이 있다. 장재가 벼슬한 연대는 『呂大臨橫渠先生行狀』을 따랐다.

2) 宮埼順子, 1992, 『中國學志』 7호, 「張載故里探訪記」. 이 글에 장재가 횡거(橫渠)에서 살게 된 내력과 현재의 유적지에 대해서 상세하게 나와 있으므로 그것을 요약하여 싣는다.

山) 서북부에 있다. 북쪽에서부터 산, 평야, 위수(渭水)가 있고 남쪽에는 연이은 산이 태백산(太白山)에 달한다. 옛날에는 진령산 전역을 종남산(終南山)이라고 불렀다. 『宋史』「張載傳」에 보면 장재는 "명주(明州)에 묘맥(苗脈)의 옥(獄)이 일어나자 가서 그 죄를 말살하고 조정으로 돌아오는 도중에 남산(南山) 아래에 거처하여 종일토록 방에 위엄 있게 앉아서 좌우의 간편(簡編)을 내려다 읽고 올려다 생각하였다. 혹은 밤중에 일어나 앉아 불을 밝혀 글을 썼다." 이러한 대목에서 장재가 실무를 행하는 틈틈이 독서와 사유에 힘썼음을 엿볼 수 있다.

청(淸)나라 건륭(乾隆) 연간의 『郿縣志』 권수(卷首)에 기재된 『張氏墳圖』를 보면 장재의 묘와 나란히 동생 전(戩)의 묘가 있고 그 아래에 아버지 적(迪)의 묘가 있다. 묘를 싸고 흐르는 두 줄기 하천은 정전동거(井田東渠)와 정전서거(井田西渠)이다. 이것들은 장재가 정전제(井田制)를 부활하려고 팠던 하천이지만 현재는 없다. 정전동거의 뿌리는 대진곡수(大振谷水) 등 네 개의 계곡이다. 10세 연하의 동생 전(戩, 자는 天祺)에게 바쳤던 『張天祺墓誌銘』에는 "슬프고 슬프도다, 내 동생아. 이제 전전긍긍 몸을 보살피는 것을 면하는구나"[3]라고 나와 있다. 장재는 스스로 동생을 보장(報葬)하였다. 보장(報葬)은 사후 3개월 상을 기다리지 않고 묻는 것으로 가난한 자의 장례이다. 한편 장재의 묘는 놀랍게도 북향으로 경사면에 만들어져 있다. 일반적으로 중국의 묘는 남향이 많다. 위수(渭水)의 북쪽은 남쪽 경사면이기에 역대 황제의 묘가 집중되어 있고 위수의 남쪽에는 묘가 전혀 없다. 황제는 특별하다고 말할 수 있지만 이정(二程)과 소옹(邵雍, 1011~1077)의 묘도 남향이다. 더욱 놀라운 것은 아버지 적(迪)의 묘보다 장재 형제의 묘가 산 위부분에 있다는 것이다. 중국의 묘제에서 아버지 묘는 자식 묘보다 북쪽에 위치하므로 그렇게 되었을 것이

---

3) 『張載集』「張天祺墓誌銘」, 366쪽. "哀哀吾弟, 而今而後, 戰兢免夫."

다. 북향인 것을 제외하면 토지는 풍수상 좋은 곳이다. 몇 겹의 산이 뒤로 있고 하천이 묘지를 감싸고 앞으로는 위수(渭水)가 흐른다. 중국 북방의 풍수는 방위보다 지세를 중시하기 때문에 남북의 방향이 바뀌었는지 모른다.

이 곳에 아버지 적(迪)을 묻었던 것에 대해서는 여대림의 『呂大臨橫渠先生行狀』에도 언급되지만, 왕종현(王宗賢)의 『張載小傳』(眉縣文史資料選輯 제 8집 『張載專輯』에 기재)에도 부연하고 있다. "명도(明道) 2년(1033)에 장적(張迪)이 부주(涪州)에 재임하던 중 병으로 죽자 개봉(開封)에 돌아가 묻기 위하여 장재는 가족과 의논한다. 당시 14세였던 장재는 어머니와 동생과 함께 부친의 영구를 호송하며 예(豫) 땅을 거쳐 대파산(大巴山)을 넘고, 한중(漢中)을 달려 포사도(褒斜道)에서 나와 미현(眉縣)에 도달한다. 노자가 넉넉지 않고 수도인 동쪽 개봉(開封)으로 가는 길이 아득히 멀어 앞으로 나아갈 힘이 없자 마침내 미현(眉縣) 횡거(橫渠) 남쪽, 대진곡(大振谷) 서쪽에 있는 미호령(迷狐嶺) 위에 안장하였다. 이로 말미암아 횡거에 거처를 정하게 되었다." 부주(涪州)는 지금의 사천성(四川省) 부릉현(涪陵縣)에 해당하고 예(豫)는 하남성(河南省)의 옛 이름이다. 부주(涪州)는 미현(眉縣) 정남쪽에 있으며 그 거리가 약 490킬로미터나 된다. 장재는 아버지의 영구와 함께 대장정을 하였던 셈이다. 아직도 개봉에 도달하기 위해서는 다시 위수(渭水)와 황하를 따라 동쪽으로 600킬로미터를 가야만 했었지만, 도중에 횡거에서 정착하였다. 장재가 경유했던 포사도(褒斜道)라는 곳은 험준하기로 유명한 촉(蜀)나라 잔도(棧道)의 일부이다. 또한 태백산(太白山)의 동쪽 기슭의 경사면 계곡을 통하여 미현(眉縣)에 나오는 길은 제갈공명(諸葛孔明)이 오장원(五丈原)의 전쟁을 할 때 사용하였던 루트이기도 하다. 장재 모자의 이 험난한 여정에서 돌아가신 부친에 대한 애틋한 유가적 정서를 느낄 수 있다.

장재(張載)는 나중에 유자(儒者)가 되었지만 어렸을 적에는 병서(兵書) 읽기를 좋아하였다. 당시 서부(西部)변경에는 서하(西夏)가 빈번히 침략하였는데, 장재는 서하(西夏)를 탈환할 계획을 세워 섬서초토부사(陝西招討副使) 범중엄(范仲淹, 990~1052)에게 편지를 보내어 변방문제를 논의하였다. 그러자 범중엄은 "유자(儒者)는 명교(名敎)를 즐기는데 어떻게 병술에 종사하겠는가"라고 하며 장재에게 『中庸』을 읽으라고 권하였다. 그러나 장재는 『中庸』에 만족하지 못하고 불가와 도가 등에 거닐다가 마침내 유가에 돌아와 『易傳』을 근거로 자신의 사상을 건립하였다. 그 후 장재는 인생을 마감할 때가지 유가의 입장에서 노불 사상을 비판하면서 자신의 사상을 전개하였다.

장재의 사상은 주희(朱熹, 1130～1200)에 의해 후대에 널리 알려졌다. 주희가 주돈이(周敦頤, 1017～1073), 장재, 정이(程頤, 1033～1107), 정호(程顥, 1032～1085), 소옹 등 북송의 다섯 현자의 사상을 집대성할 때 장재의 기(氣) 사상이 중요한 원천이었음은 주지의 사실이다. 주희의 『伊洛淵源錄』에는 장재, 주돈이, 소옹, 이정(二程)을 함께 나열하였고 『近思錄』에도 장재의 학설이 많이 수록되었다. 한편 송(宋) 이종(理宗)은 장재를 미백(郿伯)에 봉하여 공자의 사당에 배향하였고, 원(元) 조복(趙復)은 주돈이의 사당에 장재와 정주를 함께 배향하였으며, 『宋史』「道學傳」에 <張載傳>이 실려 있는 것으로 보아 역사적으로도 유교의 계승자로서 인정되었다. 이러한 사실에서 장재의 사상이 선대의 공맹(孔孟)학을 계승하여 후대의 성리학으로 귀결되는 유가 발전의 과정에 있음을 알 수 있다.

2. 저작 및 주석[4)]

『近思錄』「引用書目」에 의하면 장재의 저작으로 『正蒙』, 『文集』,

---

4) 장재의 저작과 관련하여서는 『張載集』(四部刊要, 漢京文化事業有限公司) 서두에 나오는 장재의 저작에 대한 소개부분을 요약하였다. 한편

『易說』, 『禮樂說』, 『論語說』, 『孟子說』, 『語錄』이 있다. 이들 저작 중에서 『論語說』, 『孟子說』, 『禮樂說』은 사라지고 없다.

조공무(晁公武)의 『郡齋讀書志』에 의하면 장재의 저작 중에 『橫渠春秋說』 1권, 『信聞記』, 『橫渠孟子解』 14권, 『正蒙書』 10권, 『崇文集』 10권이 있다.

조희승(趙希升)의 『郡齋讀書志附志』 및 『郡齋讀書志後志』의 기사에 의하면 『語錄』 3권, 『經學理窟』 1권, 『橫渠易說』 10권이 있다.

진진손(陳振孫)의 『直齋書錄解題』의 기사에 의하면 『橫渠易說』 3권, 『經學理窟』 1권, 『正蒙書』 10권, 『祭禮』 1권이 있다.

위료옹(魏了翁)의 『爲周二程張先生請謚奏』의 기사에 의하면 "장재는 관중(關中) 지역에서 도를 강론했다. 세상에 『西銘』, 『正蒙』, 『經學理窟』, 『禮說』 등의 책이 전한다.－"라고 나와 있다.

이것들은 다 송 나라 사람들이 장재의 저작에 대해 기술한 것이다. 『近思錄』「引用書目」에만 『經學理窟』이 없는 점이 특징적이다. 조공무(晁公武)의 『郡齋讀書志』 권5하에 의하면 "『經學理窟』 2권은 김화선생(金華先生)이 제목을 붙인 것이다. 그가 누구인지 자세하지 않지만 이정과 장재에게 배운 학자이다."라고 하였다. 주희 당시 『近思錄』을 편찬할 때 『經學理窟』을 보지 못했거나 취할 것이 없어서 빠졌을 것이다. 『經學理窟』의 내용과 어투로 보았을 때 장재의 말임이 분명하지만, 그가 직접 지었다기보다는 장재의 주장을 문인이 편찬했을 가능성이 많다.

장재 저작의 일부는 원 나라와 명 나라 때 점차 사라졌다. 명 나라 여남(呂柟)이 가정(嘉靖) 5년에 편찬한 『張子抄釋』의 서문에 의하면 "횡거 장 선생의 저서는 매우 많았으나. 이제 남은 것은 『西銘』, 『東銘』, 『正蒙』, 『理窟』, 『語錄』, 『文集』 뿐이다. 『文集』은 또한 완전하

『正蒙』과 『西銘』 관련 주석서에 대해서는 山根三芳, 1970, 明德出版社, 『正蒙』, 32～36쪽에 나온 것을 열거하였다.

지 않아 삼원(三原)의 마백순씨(馬伯循氏)에게서 2권을 얻었을 뿐이다."라고 하였다. 그렇다면 『張子全書』는 여남의 『張子抄釋』보다 나중에 편찬되었을 것이다.

지금의 『張子全書』를 언제 누가 편찬했는지에 대해서 주의하는 사람이 거의 없었다. 『四庫全書總目提要』에 의하면 "이 책은 누가 편찬했는지 모른다."고 하였다. 청 나라 건륭(乾隆) 연간에 송정악(宋廷萼)이 간행한 『張子全書』 앞머리에 그가 붙인 「附記」에 의하면 "장자의 저작은 명 나라 이전에는 다른 책들에 흩어져 있었다. 만력(萬曆) 중에 도문(都門) 심자창(沈自彰)이 봉상(鳳翔)의 태수였을 때 문집을 수집하여 『橫渠全書』를 만들었다." 송씨의 말에는 증거가 있었을 것이다. 지금의 만역간본(萬曆刊本) 『張子全書』에는 원응태(袁應泰)의 서문, 장능린(張能鱗)의 서문이 있는데 모두 편찬경위를 말하지 않았다. 원응태의 서문에서는 겨우 말하기를 "심자창이 이학(理學)을 표창하여 횡거서원을 건립하고 그의 모습을 그려서 제사 지냈다. 아울러 『張子全書』를 판각하여 나에게 서문을 부탁하였다."고 나와 있다. 『張子全書』는 명 나라 만력 연간에 심자창이 스스로 편찬하여 드러낸 것이다. 명 나라 말기에 서필달(徐必達)이 판각한 『張子全書』는 심자창 이후의 것이다. 『張子全書』는 많은 결점이 있다. 그곳에서는 송 나라 판본 『張子語錄』을 채용하지 않고 『語錄抄』를 채용하였다. 『文集』도 『宋文鑑』을 참고하지 않고 겨우 『文集抄』만을 채용하였다. 이러한 측면이 결점이다. 여남(呂柟)은 『橫渠易說』을 제시하지 않았고, 『張子語錄』에는 그 전문을 실었으니, 이러한 측면은 장점이다.

현행 중화서국본 『張載集』은 『宋文鑑』을 참고하고 송 나라 판본의 『語錄』을 채록하였고, 또한 『周易繫辭精義』를 조사하여 비교적 완성된 판본을 만들었다. 장재 저작과 관련하여 가장 잘 완비된 판본이다.

『正蒙』 관련 주석

여남(呂柟), 『張子抄釋』 6권(嘉靖 5년).

장경암(張敬菴: 伯行), 『張書集解』 1권(청 나라).

야마자키 안사이(山崎闇齋), 『張子抄略』.(일본)

왕부지(王夫之). 『張子正蒙注』.

왕식(王植), 『正蒙初義』(乾隆刊本).

유기(劉璣), 『正蒙會稿』(明刊本, 淸刊本).

고반룡(高攀龍) · 서필달, 『正蒙釋』(明刊本).

이문소(李文炤), 『正蒙集解』(청).

이광지(李光之), 『正蒙注』(康熙刊本).

양방달(楊方達), 『正蒙集說』(雍正刊本).

『西銘』 관련 주석

주희, 『西銘解』 1권(송).

조단(曹端), 『西銘述解』 1권(명).

성리대전 중의 『西銘註』 1권.

나택남(羅澤南), 『西銘講義』 1권(청).

이황(李滉), 『西銘考證講義』1권(조선).

林恕, 『西銘私考』 1권(일본).

中村之欽, 『西銘筆記』 1권(일본).

淺見安正, 『西銘參考』 1권(일본, 甘雨亭叢書 제2집).

淺見安正, 『西銘師說』 1권(일본).

室直淸, 『西銘詳義』 1권(일본).

西依景翼, 『西銘口義』 1권(일본).

山崎道夫, 『近思錄』(중국고전신서, 명덕출판사) 안에 『西銘』에 대한 상세한 설명이 있다.

참고문헌

1. 한문문헌

郭象,『莊子注』, 文淵閣四庫全書, 臺灣商務印書館.

黎靖德 편찬, 1986,『朱子語類』전8책, 中華書局.

王夫之, 1996,『張子正蒙注』. 船山全書 제12책, 嶽麓書社.

王植,『正蒙初義』, 文淵閣四庫全書, 臺灣商務印書館.

王弼,『老子道德經』, 文淵閣四庫全書, 臺灣商務印書館.

李光地,『注解正蒙』, 文淵閣四庫全書, 臺灣商務印書館.

張載, 中華民國 57년,『張子全書』, 國學基本叢書, 臺灣商務印書館.

______, 1978,『張載集』, 中華書局.

______,『張載集』, 四部刊要, 漢京文化事業有限公司.

程顥·程頤, 中華民國 72년,『二程集』전2책, 漢京文化事業有限公司.

程頤·朱熹, 김석진 번역, 2003,『周易傳義大全譯解』, 대유학당.

周敦頤, 中華民國 57년,『周子全書』, 國學基本叢書, 臺灣商務印書館.

朱熹, 1971,『經書』(大學章句·論語集注·孟子集注·中庸章句), 성균관대학교 대동문화연구원.

______, 성백효 번역, 1990,『論語集注』, 전통문화연구회.

______, 성백효 번역, 1991,『孟子集注』, 전통문화연구회.

______, 성백효 번역, 1993,『詩經集注』, 전통문화연구회.

脫脫 등 편찬, 1977,『宋史』, 中華書局.

2. 한국어문헌

김두재 번역, 1994,『楞嚴經』권2, 민족사.

김백희, 2001,『『老子』해석의 두 시각, 本體生成論과 相關待對論』, 한국정신문화연구원 박사학위논문.

김태환, 2000,『朝鮮時代 詩歌文學의 素朴美 研究』, 한국정신문화연구원 박사학위논문.

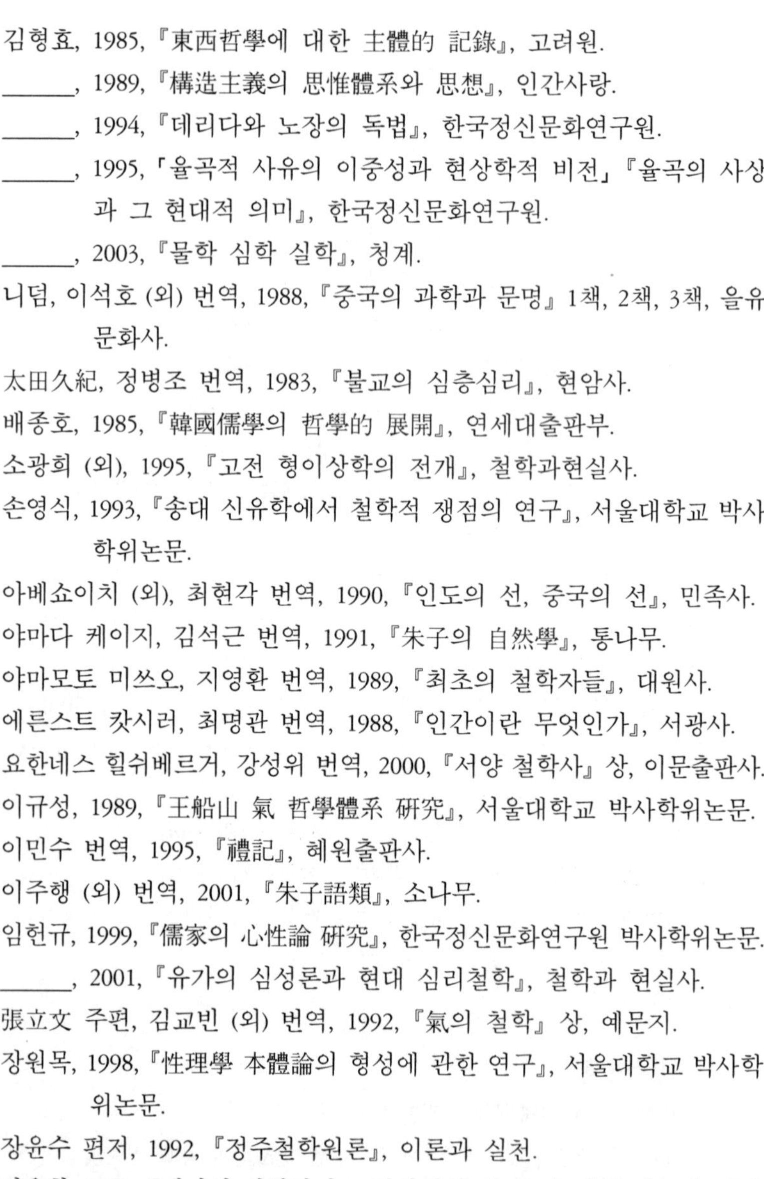

김형효, 1985, 『東西哲學에 대한 主體的 記錄』, 고려원.

______, 1989, 『構造主義의 思惟體系와 思想』, 인간사랑.

______, 1994, 『데리다와 노장의 독법』, 한국정신문화연구원.

______, 1995, 「율곡적 사유의 이중성과 현상학적 비전」 『율곡의 사상과 그 현대적 의미』, 한국정신문화연구원.

______, 2003, 『물학 심학 실학』, 청계.

니덤, 이석호 (외) 번역, 1988, 『중국의 과학과 문명』 1책, 2책, 3책, 을유문화사.

太田久紀, 정병조 번역, 1983, 『불교의 심층심리』, 현암사.

배종호, 1985, 『韓國儒學의 哲學的 展開』, 연세대출판부.

소광희 (외), 1995, 『고전 형이상학의 전개』, 철학과현실사.

손영식, 1993, 『송대 신유학에서 철학적 쟁점의 연구』, 서울대학교 박사학위논문.

아베쇼이치 (외), 최현각 번역, 1990, 『인도의 선, 중국의 선』, 민족사.

야마다 케이지, 김석근 번역, 1991, 『朱子의 自然學』, 통나무.

야마모토 미쓰오, 지영환 번역, 1989, 『최초의 철학자들』, 대원사.

에른스트 캇시러, 최명관 번역, 1988, 『인간이란 무엇인가』, 서광사.

요한네스 힐쉬베르거, 강성위 번역, 2000, 『서양 철학사』 상, 이문출판사.

이규성, 1989, 『王船山 氣 哲學體系 硏究』, 서울대학교 박사학위논문.

이민수 번역, 1995, 『禮記』, 혜원출판사.

이주행 (외) 번역, 2001, 『朱子語類』, 소나무.

임헌규, 1999, 『儒家의 心性論 硏究』, 한국정신문화연구원 박사학위논문.

______, 2001, 『유가의 심성론과 현대 심리철학』, 철학과 현실사.

張立文 주편, 김교빈 (외) 번역, 1992, 『氣의 철학』 상, 예문지.

장원목, 1998, 『性理學 本體論의 형성에 관한 연구』, 서울대학교 박사학위논문.

장윤수 편저, 1992, 『정주철학원론』, 이론과 실천.

정용환, 2005, 「맹자의 선천적이고 직관적인 선(善)의 실행 가능성」 『철학』 82집, 한국철학회.

정해옥 번역, 1991, 『正蒙』, 명문당.

제임스 레이첼즈, 김기순 번역, 1989, 『도덕철학』, 서광사.
조요한 (외), 1988, 『希臘哲學硏究』, 종로서적.
존 피스크, 강태완 김선남 번역, 1997, 『문화커뮤니케이션론』, 한뜻.
중국 북경대 철학과 연구실, 1997, 홍원식 번역, 『중국철학사 3』 송·명·청편, 자작아카데미.
진래, 안재호 번역, 1997, 『송명 성리학』, 예문서원.
최영진, 1989, 『易學思想의 哲學的 探求』, 성균관대학교 박사학위논문.
최진덕, 1992, 『羅整庵의 理一分殊의 철학』, 서강대학교 박사학위논문.
______, 1999, 「주자(朱子)의 노불(老佛)비판」 『헤겔연구 8』, 한길사.
풍우란, 박성규 번역, 1999, 『중국철학사』 상, 하, 까치.
한형조, 1996, 『주희에서 정약용으로』, 세계사.
______, 1999, 『무문관, 혹은 "너는 누구냐"』, 여시아문.
______, 2000, 『왜 동양철학인가』, 문학동네.
핫토리 마사아키 (외), 이만 번역, 1991, 『인식과 초월』, 민족사.
허탁 (외) 번역, 1998, 『朱子語類』 1·2, 청계.
______, 2001, 『朱子語類』 3·4, 청계.
候外廬, 박완식 번역, 1993, 『송명이학사』, 이론과 실천.
하이데거, 박휘근 번역, 1994, 『형이상학 입문』, 예문출판사.

3. 일본어문헌

宮崎順子, 1992, 「張載故里探訪記」 『中國學志』 7호, 73~90쪽.
大島晃, 1978, 「邵雍と張載における氣の思想」 『氣の思想』, 東京大出版會, 414쪽.
木下鐵矢, 1987, 「『正蒙』 太和篇の一條について－氣の認識形態－」 『中國思想史硏究』 第九號, 京都大學文學部 中國哲學史硏究室.
山根三芳, 1970, 『正蒙』, 明德出版社.
山際明利, 1993, 「張載의 孟子說－性善論を中心として」 『中國哲學』 22.
________, 1995, 「張載の性說について」 『中國哲學』 24, 北海道中國哲學會.

三浦國雄, 1983,「張載太虛說前史」『集刊東洋學』50, 東北大學中國文史哲研究會.

西晋一郎・小糸夏次郎, 1938,『太極圖說・通書・西銘・正蒙』, 岩波書店(岩波文庫).

宇佐美 文 理, 1992,「個物論序說」－張載を手がかりとして」『信州大學教養部紀要』26.

遠藤隆俊, 1993,「宋代蘇州の范氏義莊について」, 宋代史研究會研究報告第四集『宋代の知識人』, 汲古書院.

林文孝, 1997, 山口大學哲學研究會 編,『山口大學哲學研究』6,「他者の死と私/私の死と他者 － 張載・朱熹王夫之からの問い」.

湯淺幸孫, 1976,「宋學に於ける自然と人倫－張載の唯物論」『京都大學文學部研究紀要 16』, 京都大學文學部.

4. 중국어문헌

唐君毅, 中華民國 73년,『中國哲學原論』, 臺灣: 學生書局.

莫詒謀, 中華民國 80년,『從『西銘』看新儒家人的地位』, 哲學年刊9, 臺灣.

牟宗三, 中華民國 57년,『心體與性體』, 臺灣: 正中書局.

丁福保 편집, 1991,『佛學大辭典』, 上・下, 上海書店.

蔡仁厚, 中華民國 68년, 臺灣學生書局,『宋明理學』「北宋篇」.

王鈞林 편집, 1998,『中國儒學史』, 廣東: 敎育出版社.

5. 영어문헌

Ames, Roger T., 1991, "Reflections on the Confucian Self: A Response to Fingarette", *Rules, Rituals and Responsibility*(ed. Mary I. Bockover), Open Court.

______, 1991, "The Mencian Conception of Ren xing人性: Does it Mean 'Human Nature'?", *Chinese Texts and Philosophical Contexts*(ed. Henry Rosemont, Jr.)

Aristotle, tr. W. D. Ross, *Metahpysics*, Random House.

Birdwhistell, Anne D., 1985, "The Concept of Experiantial Knowledge in the Thought of Chang Tsai", *Philosophy East and West* 35, no. 1, University of Hawaii Press.

Ch'ien, Edward T., 1988, "The Neo-Confucian Confrontation with Buddhism: A Structural and Historical Analysis", *Journal of Chinese Philosophy* 15, Dialogue Publishing Company, Honolulu, Hawaii.

Chang, Carsun, 1958, *The Development of Neo-Confucian Thought*, Vision Press.

Chow, Kai-wing, 1993, "Ritual, Cosmology, and Ontology: Chang Tsai's Moral Philosophy and Neo-Confucian Ethics", *Philosophy East and West* 43, University of Hawaii Press.

Chung-ying, Cheng, 1991, New Dimensions *of Confucian and Neo-Confucian Philosophy*, SUNY.

Claire M. Renzetti and Daniel J. Curran, 1998, *Living Sociology*, Allyn & Bacon

De Bary, Wm. Theodore, 1991, Learning for One's Self: Essays on the Individual in *Neo-Confucian Thought*, Columbia University Press.

Ebrey, Patricia, 1984, "Conceptions of the Family in the Sung Dynasty", *Journal of Asian Studies*, vol.43, Association Asian Studies.

Elvin, Mark, 1973, *the Pattern of the Chinese Past*, Stanford University Press.

Fairbank, John King, 1992, *China: a New History*, the Belknap Press of Harvard University Press.

Fingarette, Herbert, 1979, "The Problem of the Self in the Analects", *Philosophy East and West* 29, University of Hawaii Press.

______, 1991, "Reason, Spontaneity, and the Li禮-A Confucian Critique of Graham's Solution to the Problem of Fact and Value", *Chinese Texts and Philosophical Contexts*(ed. Henry Rosemont, Jr.).

Fong, Grace S., 1990, "Persona and Mask in the Song Lyric(Ci)", *Harvard Journal of Asiatic Studies*, Vol. 50, Harvard-Yenching Institute.

Golas, Peter J., 1980, "Rural China in the Song", *Journal of Asian Studies*, Vol. 39, Association for Asian Studies.

Graham, A. C., 1989, "Rationalism and Anti-Rationalism in Pre-Buddhist China", *Rationality in Question*(ed. Shlomo Bilderman and Ben-ami Scharfstein), E. J. Brill.

______, 1989, *Disputers of the TAO*, Open Court Publishing Company.

______, *Correlative Thinking,*

Hansen, Chad, 1985, "Individualism in Chinese Thought" in *Individualism and Holism: Studies in Confucian and Taoist Values*(ed. Donald Munro), Center for Chinese Studies, The University of Michigan.

______, 1991, "Should the Ancient Masters Value Reason?" *Chinese Texts and Philosophical Contexts*(ed. Henry Rosemont, Jr.) Open Court.

Hartwell, Robert M., 1971, "Historical Analogism, Public Policy, and social Science in Eleventh and Twelfth Century China", *The American Historical Review*, Vol. 76, American Historical Association.

Hatton, Russel, 1982, "A Comparison of Ch'i and Prime Matter", *Philosophy East and West* 32, University of Hawaii Press.

______, 1982, "A Comparison of li and Substantial Form", *Journal of Chinese Philosophy* 9, Dialogue Publishing Company, Honolulu, Hawaii.

______, 1982, "ch'i's role within the Psychology of Chu Hsi", *Journal of Chinese Philosophy* 12, Dialogue Publishing Company, Honolulu, Hawaii.

______, 1988, "Is Ch'i Recycled? The Debate within the Neo-Confucian Tradition and its Implications with Respect to the Principle of Personal Identity", *Journal of Chinese Philosophy* 15, Dialogue Publishing Company, Honolulu, Hawaii,

Jochim, Christian, "Naturalistic Ethics in a Chinese Context: Chang Tsai's Contribution", *Philosophy East and West* 31, no.2(April, 1981), University of Hawaii Press.

Johnson, David, 1985, "The City-God Cults of T'ang and Sung China", Harvard Journal of Asiatic Studies, Vol. 45, *Harvard-Yenching Institute*.

Kong, Roberta Lion, 1979, "Metaphysics and East-West Philosophy: Applying the Chinese *t'i-yung* Paradigm", *Philosophy East and West* 29, University of Hawaii Press.

Lai, Whalen W., 1984, "How the Principle rides on the Ether: Chu Hsi's Non-Buddhistic Resolution of Nature and Emotion", *Journal of Chinese Philosophy* 11, Dialogue Publishing Company, Honolulu, Hawaii.

Locke, John, 1980, *Second Treatise of Government*(ed. C. B. Macpherson), Hackett Publishing Company.

Marks, Joel, 1991, "Emotions East and West: Introduction to a Comparative Philosophy", *Philosophy East and West* 41, University of Hawaii Press.

Munro, Donald J., 1969, *The Concept of Man in Early China*, Stanford University Press.

_____, 1977, *The Concept of Man in Contemporary China*, the University of Michigan Press.

_____, 1988, *Image of Human Nature*, Princeton University Press.

Neville, Robert, 1980, "From Nothing to Being : The Notion of Creation in Chinese and Western Thought", *Philosophy East and West* 30, University of Hawaii Press.

Rachels, James, 1986, *The Elements of Moral Philosophy*, Random House.

Rawls, John, 2000, *A Theory of Justice*(revised edition), The Belknap Press of the Harvard University Press.

Rosemont, Jr., Henry, 1991, "Right-Bearing Individuals and Role-Bearing Persons", *Rules, Rituals and Responsibility*(ed. Mary I. Bockover), Open Court.

______, 1991, "Who Chooses?", *Chinese Texts and Philosophical Contexts*(ed. Henry Rosemont, Jr.).

Russell, Bertrand, *History of Western Philosophy*, 1961, London: Routledge

Sahakian, William S., 1974, *Ethics: An Introduction to Theories and Problems*, Barnes & Noble Books.

Schirokauer, Conrad, 1986, "Rationality in Chinese Philosophy: An Exploration", *Rationality in Thought and Action*(ed. Martin Tammy and K. D. Irani), Greenwood Press.

Schurmann, H. F., 1957, "On Social Themes in Sung Tales", *Harvard Journal of Asiatic Studies*, Vol. 20, Harvard-Yenching Institute.

Searle, John R., 1998, *Mind, Language, and Society: Philosophy in the Real World*, Basic Books.

______, 1999, *The Rediscovery of the Mind*, The MIT Press.

Shen, Vincent, 1996, "Confucianism and Taoism in Response to Constructive Realism", *Journal of Chinese Philosophy* 23, Dialogue Publishing Company, Honolulu, Hawaii.

Streng, Frederick J., 1982, "Three Approaches to Authentic Existence: Christian, Confucian, and Buddhist", *Philosophy East and West* 32, University of Hawaii Press.

Twitchett, Denis, 1962, "the Fan Clan's Charitable Estate", *Confucian Personalities* (ed. Arthur F. Wright and Denis Twitchett), Stanford University Press.

Wattles, Jeffrey, 1996, *The Golden Rule*, Oxford University Press.

Wong. David B., 1991, "Is There a Distinction between Reason and Emotion in Mencius?", *Philosophy East and West* 43, University of Hawaii Press.

Wright, Arther F., 1959, *Buddhism in Chinese History*, Stanford University Press.

Yu-lan, Fung, tr. Derk Bodde, 1953, *History of Chinese Philosophy*, vol. 2, Princeton University Press.

찾아보기

ㄱ

ㄴ

ㄷ

ㄹ

ㅁ

ㅂ

ㅅ

ㅇ

ㅈ

ㅊ

ㅋ

ㅌ

ㅍ

ㅎ

정용환

전남대학교 철학과 BK21 연대와 소통을 위한 철학교육 사업단 박사후연구원
전남대학교 철학연구교육센터 전임연구원
미국 아리조나대학교 동아시아학과 연구학자
한국학중앙연구원 한국학대학원 문학석사 및 철학박사
전남대학교 철학과 졸업

논 문

「성리학에서 본질 환원론적 구도의 형성과 그에 따른 현실 제약에 대하여」
「성리학적 본체－쓰임의 관계에서 표현의 역할」
「맹자의 선천적이고 직관적인 선(善)의 실행 가능성」
「순자의 권위적 경험주의의 도그마」

번역서

『뚜 웨이밍의 유학강의』(청계, 1999)

장재의 철학—기(氣) 해석과 성리학적 개념 체계— 값 16,000원

2007년 2월 12일 초판 인쇄
2007년 2월 22일 초판 발행

저 자 : 정 용 환
발 행 인 : 한 정 희
발 행 처 : 경인문화사
편 집 : 김 소 라
서울특별시 마포구 마포동 324-3
전화 : 718-4831~2, 팩스 : 703-9711
이메일 : kyunginp@chol.com
홈페이지 : http://www.kyunginp.co.kr
등록번호 : 제10-18호(1973. 11. 8)

ISBN : 978-89-499-0459-7 93150